Carmen de Burgos
"Colombine"

Quiero vivir mi vida
(novela)
Puñal de claveles
(cuento)

Edición
Susan Larson

- STOCKCERO -

1st. Stockcero edition: 2009

ISBN: 978-1-934768-28-0

Library of Congress Control Number: 2009939266

Set in Linotype Granjon font family typeface
Printed in the United States of America on acid-free paper.
Published by Stockcero, Inc.
3785 N.W. 82nd Avenue
Doral, FL 33166
USA
stockcero@stockcero.com

www.stockcero

Carmen de Burgos
"Colombine"

Quiero vivir mi vida
(novela)
Puñal de claveles
(cuento)

Indice

Introducción

Carmen de Burgos y las paradojas de la reforma sexual española

Carmen de Burgos (Almería, 1867-Madrid, 1932) fue figura central en un Madrid que, en el primer tercio del siglo, vivió un acelerado cambio hacia la modernidad. Autora de una más que amplia obra (12 novelas, 57 relatos cortos, un sinfín de traducciones, artículos periodísticos, libros de comportamiento para la mujer moderna…) junto a su obra escrita habría que destacar su papel público como conferencista, reivindicando temas de importancia para el bienestar de la mujer como el derecho al divorcio y la educación.[1] Y sin duda por la singularidad, repercusión y trascendencia de su obra, en los últimos años el interés por recuperar el pensamiento de la autora almeriense se ha hecho más que evidente.

Carmen de Burgos fue una de las autoras de mayor influencia en su época, y también una de las más leídas. Analizar su obra hoy permite no sólo investigar sobre aspectos poco conocidos de lo que fue la literatura y la vida social de aquella época sino también comprender la singularidad misma de su trabajo. Al publicar entonces una nueva edición de la novela *Quiero vivir mi vida* así como del relato corto «Puñal de claveles» se busca ofrecer dos textos narrativos más que representativos de Burgos (y de difícil acceso) y abrir la reflexión sobre la técnica narrativa y preocupaciones de la autora.

Ambos textos fueron publicados en 1931, un año antes de la muerte de su autora, cuando su preocupación fundamental se centraba en la actividad política del Partido Republicano Radical Socialista. Radical en los últimos momentos de su vida, sus ideas habían sufrido una más que interesante evolución: feminista de gran influencia

1 Sobre la biografía y bibliografía de Carmen de Burgos, ver tanto Larson como Núñez Rey.

en la sociedad de su momento, si en 1902 dudó sobre si convenía o no reclamar el sufragio femenino (puesto que, en su opinión, la mujer española carecía de educación suficiente para discernir libremente, condicionada tanto por el marido como por el confesor) en 1929 abogaba ya claramente por el voto femenino.

Sus libros contienen tal crítica social que, durante la larga noche del franquismo, obligadamente quedaron olvidados; paralelamente, los complementó con una literatura frívola, concebida para educar en el nuevo gusto a la naciente burguesía urbana. Su periodismo abarcó gran variedad de temas y de actitudes. Esto se refleja en que en determinado momento escribiera una banal crónica de moda, comentando cómo conjuntar los sombreros con los nuevos peinados y, al poco, reclamara la necesidad de organizar en un sindicato a las mujeres que trabajaban en las fábricas textiles donde precisamente se fabricaban estos sombreros, exigiendo consecuencia un cambio en las inhumanas condiciones de trabajo. Por lo mismo, Carmen de Burgos fue la primera corresponsal de guerra del periodismo español al tiempo que escribió libros con títulos tales como *El arte de seducir* (1916), *El arte de ser amada* (1920) o *¿Quiere Ud. saber los secretos del tocador?* (1918).

Nacida en Almería, con menos de treinta años huyó a Madrid –junto con una hija de tres– contando sólo con la imprecisa vocación de ser escritora profesional. Carente de cualquier tipo de apoyo económico por parte de su familia andaluza, Burgos no volvería nunca más a casarse: para ser independiente tuvo que aceptar cualquier trabajo que le fuera ofrecido. Y para comprender sus escritos debemos considerar cuánto sus novelas participaron de la nueva sensibilidad sobre la sexualidad femenina difundida en la España de aquellos años.

Carmen de Burgos dedica su novela *Quiero vivir mi vida* al doctor Gregorio Marañón, destacando como esta es «una ofrenda al ilustre doctor Marañón, que de modo tan competente, sereno y noble, ha estudiado la intersexualidad, iluminando este problema con luces de ciencia y de piedad» (xx).[2] Algunos críticos no han querido entender la novela como extensión del concepto de intersexualidad definido por Marañón (Mangini). Frente a quienes opinan que Burgos creó el personaje de Isabel como «caso patológico» para probar las teorías de

2 Marañón tomó el término «intersexualidad» del biólogo alemán Richard Goldschmidt (1878-1958) quien había estudiado la genética y la sexualidad de la llamada «polilla gitana». Sobre el origen y significado del término «intersexualidad» ver Lacadena (150).

Marañón (Cavallo) o quienes –de acuerdo con la aceptación que hiciera la clase media intelectual de las opiniones de Marañón– responsabilizan al hombre (marido) de la degeneración psicológica de la mujer (Establier Pérez) quisiera, al presentar esta nueva edición posibilitar nuevas lecturas y abrir debates sobre el tema.

Sabemos que en la España de aquellos años se produjeron importantes cambios en la conceptualización de los desórdenes mentales, enfermedades nerviosas y preguntas médico-legales relacionadas con la sexualidad. Del mismo modo que lo planeara Hoyos y Vinent, para Carmen de Burgos la cuestión del hermafroditismo y los estudios desarrollados por los investigadores de las ciencias médicas abría –en los primeros años veinte– una nueva forma de pensar en el género sexual y en la llamada desviación sexual. La cuestión sexual, que había caracterizado los últimos años del siglo diecinueve, adquiría singular relevancia en la década de los veinte, planteándose como tema interdisciplinario que afectaba tanto a los supuestos psicoanalistas como endocrinos, políticos, sociólogos: de manera tal que pronto se convirtió en tema característico de la época (Cleminson y Vázquez García).

Los textos que aquí se presentan (*Quiero vivir mi vida* así como *Puñal de claveles*) reflejan cuánto Carmen de Burgos conocía los debates bio-políticos sobre la sexualidad femenina, llevando dicha preocupación a sus novelas y mostrando cuánto las mismas determinaban el comportamiento de sus protagonistas. Caber rastrear en ambos textos la influencia de una teoría de la sexualidad o –para ser más precisos, la llamada teoría de la intersexualidad– formulada por el mismo Marañón. La hipótesis del endocrinólogo sobre el papel de la mujer moderna en España formaba parte de un proyecto nacionalista y eugenecista donde la mujer debía buscar su destino biológico en la maternidad. Interesado en comprender cómo las leyes biológicas de la herencia influían en el perfeccionamiento de la especie humana, en 1930 Marañón publicaría su ensayo *Evolución de la sexualidad y los estados intersexuales* basado en la teoría de las «secreciones internas» que había empezado de desarrollar en 1918. Aquel concepto llegó a ser uno de los más importantes paradigmas para comprender la sexualidad en la España de aquellos años, si bien para algunos no fue sino un entendimiento equivocado de Freud y del determinismo biológico alemán del siglo diecinueve.

Con su teoría Marañón no hacía sino negar la existencia de dos sexos opuestos: según él, dentro del mismo cuerpo se encuentran las características de ambos, y es mediante la acción de las glándulas como se determina uno u otro dentro del organismo. Notó que «esta diferenciación de la gónada en uno u otro sentido sexual y esta diferenciación paralela de la morfología y de la fisiología hacia la feminidad o la masculinidad, no se verifican de una manera absoluta. No es que un sexo se desarrolle y el otro desaparezca: lo que ocurre es que uno se hipertrofia y el otro se atrofia» (*Los estados* 165). Para resolver esta bisexualidad de forma satisfactoria Marañón apuntaba como el trabajo de cada individuo era destruir lo que él llamaba «el fantasma del otro sexo que cada cual lleva dentro: ser hombres, ser mujeres, y entonces las mujeres y los hombres que andan por el mundo no serán para vosotros sino fuentes de castidad» (*Tres ensayos* 345). Cuando este proceso evolutivo no termina con la destrucción de un sexo por el otro, el resultado es un estado intersexual y la pervivencia de esta perjudica seriamente la salud mental del individuo.

En su estudio sobre el impacto de Freud en España (*Sexual Reform*), Thomas Glick apuntó cómo Marañón no pudo separar su proyecto científico de las preocupaciones sociales y científicas de los intelectuales involucrados en el movimiento de la reforma sexual, movimiento que había comenzado en la década de los veinte, y tuvo su mayor auge diez años más tarde (74). No sorprende que en consecuencia fuera durante los primeros años de la República cuando se buscó criminalizar lo que entonces se llamó «comportamiento sexual de desviación». Así, en 1930, el penalista Quintiliano Saldaña proponía en su libro *Nueva criminología* (prologado asi mismo por Marañón) una más que importante relación entre vida sexual y criminalidad al señalar cómo «...si el Psicoanálisis enseña como toda la vida del hombre es vida sexual, todo delito, en su psicología profunda, sería delito sexual» (124).

El argumento de *Quiero vivir mi vida* se ajusta a los señalados: una orgullosa, bella y rica Isabel, que sufre lo que repetidamente en el libro se denominan «características viriloides» en su deseo de ser libre de las limitaciones que le impone la sociedad burguesa, se da cuenta que debe casarse antes de cumplir treinta años, decidiendo como mejor opción a quien comprende su deseo de no tener hijos y de «vivir su vida», frase citada no menos que veinte veces en la novela. La degeneración psicológica de Isabel hacia un pronunciado estado de intersexualidad motiva la violenta ruptura de la pareja, culminando esta con una dramática escena final en la que el marido muere apuñalado por su mujer, quien esgrime unas tijeras de coser.

> En sus ojos, extraviados por la locura, brillaba la mezcla de amor y de odio, de atracción y repugnancia, de piedad y de fiereza. Todo lo que en su ser había mezclado y confundido de todos los sexos y de todas las razas. (243)

El fuerte tono gótico en el final de la novela se advierte cuando Isabel se convierte en vampiresa descontrolada que busca no la vida eterna sino ser hombre, deseo expresado en diferentes ocasiones en las conversaciones mantenidas tanto con su marido como con sus amigas.

> Pero la idea fija, que predominaba en el cerebro, deshecho por la lucha de elementos antagónicos, venció. Sin conciencia de lo que había hecho, aproximó sus labios a los labios del moribundo y le sorbió el último aliento en un beso largo, largo... aspirado, profundo. Quería apoderarse de su espíritu... bebérselo... hacerlo suyo, lograr su aspiración suprema... Tuvo un grito de triunfo al creer que lo había conseguido:
> —¡Al fin le he robado su alma de hombre! (244)

El dramático desenlace final es coherente con las ideas de Gregorio Marañón antes citadas: de hecho, en el prólogo del mismo Marañón que precede la novela se refleja su satisfacción con la ampliación ficticia de su concepto de intersexualidad en la vida y muerte de los protagonistas al señalar que

> [e]l matar por amor es un trasunto de la lucha de los machos por la posesión de la hembra. Los hombres están muy próximos a la animalidad todavía, por eso matan a puñaladas para ganar la mujer deseada. En otro lugar he dicho que gran parte del sentido actual de los deportes es un reflejo de esa contienda entre varones para que el más fuerte alcance el galardón del amor. Cuando una mujer mata a su amante, este mismo fenómeno se repite: se trata, en efecto, casi siempre de una mujer intersexual; y no es ella, sino su componente viril el que lucha con el otro varón, para defender a su propia feminidad disminuida de la feminidad triunfante de la otra, de la

> amante... En esta novela ella (Burgos) se traza, con fina intuición, la trayectoria del alma de una mujer, desde su fase de feminidad intacta, hasta que esta feminidad es resquebrajada por el crecimiento oculto de sordas raíces de virilidad. (5)

Gregorio Marañón fue, sin duda, el más conocido y popular, pero no el único miembro del movimiento de la reforma sexual en la España de los años 20 y 30. Sin embargo, como apunta Glick (*Marañón* 125-128), hubo también un amplio núcleo de abogados y médicos que se enfrentaron –a través de la investigación científica y la reforma legislativa– a la prostitución, las disfunciones sexuales o la falta de identidad entre los distintos géneros. Reconocidos legisladores republicanos tales como los doctores Roberto Nóvoa Santos, César Juarros o José Sanchis Banús o el criminólogo Luís Jiménez de Asúa, legisladores en las Cortes Constituyentes de la Segunda República, participarían activamente en las Jornadas Eugénicas celebradas en Madrid en 1933, llevando al debate académico sus iniciativas políticas. Recordemos que el estatuto del 1931 durante el cual se legalizaba el divorcio en España fue escrito por el mismo Giménez de Asúa, contando con el apoyo de los ya citados doctores Juarros y Sanchis Banús.

Sorprendentemente, la reforma sexual que se desarrollaba en España a comienzos del siglo veinte estaba muchas veces basada en el antifeminismo. Burgos no fue la única voz contraria durante casi toda su vida al sufragio femenino. Nóvoa entendía que la mujer carecía de capacidad para razonar y Marañón pensaba que la función principal era la maternidad, por lo que ésta era física e intelectualmente incapaz de cumplir las funciones sociales del hombre. Cada uno, desde criterios diferentes, participaron en el debate sobre el papel de la mujer moderna en la vida española y una anécdota referida por Glick comenta cómo, cuando en 1927 con Marañón y Nóvoa viajaron a La Habana para exponer sus teorías sobre la mujer, un grupo de mujeres asistentes a su exposición en el Lyceum Femenino les atacaron, arrojando sus zapatos al estrado de los conferenciantes.

Dos versiones del «crimen de Níjar»: *Puñal de claveles* y *Bodas de sangre*

Si en *Quiero vivir mi vida* Carmen de Burgos buscó reflejar una crítica social, en *Puñales de claveles*, cuento breve basado en el evento conocido como «el crimen de Níjar», su pretensión fue jugar con la fantasía femenina de la mujer que –como en cierta medida la misma le ocurriera– buscaba huir del marido. Los hechos reales son conocidos: a finales de julio de 1928 debía celebrarse, en el pueblo almeriense de Níjar, la boda entre Francisco Pérez y Francisca Cañadas. La noche antes de la ceremonia la novia desapareció, acompañada por un primo suyo, y, llegada la noche, al percibir los invitados su ausencia, se inició la búsqueda de ambos. Un familiar encontraría, horas más tarde, el cadáver del muchacho y, escondida a pocos metros, a la novia, que en el cuento de Burgos recibe el nombre de Pura. En una entrevista publicada días después en la prensa local, la novia declararía cómo había sido el hermano del novio el autor de los disparos que acabaron con la vida de su primo y cómo su propia hermana «esposa del asesino», había intentado ahogarla. La tragedia, es bien sabido, tuvo fuerte impacto en los medios populares difundiéndose en pregones de ciego o literatura de cordel. El suceso de Níjar quedó no ya como un simple crimen pasional sino como una historia de amor inacabada que, transcendiendo, sobreviviría a los hechos ocurridos. La novia no volvería a conocer el amor y de las muchas crónicas orales y escritas sobre el evento o de los varios romances que relataban lo ocurrido en el Cortijo del Fraile, inmediato al campo de Níjar, quizás el más conocido fuera la obra de Federico García Lorca, *Bodas de sangre*, concluida en 1932 y estrenada en marzo de 1933.

Carmen de Burgos había escrito frecuentemente sobre su Almería natal: pese a ser una escritora claramente urbana, integrada en los debates culturales de la gran ciudad, buscaba sin embargo tomar de referencia un mundo rural que conocía bien (si Goytisolo describió dramáticamente el atraso de Níjar en los años cincuenta, imaginemos cuál debía ser la situación en la década de los veinte) para, elevando la anécdota a nivel de categoría, mostrar las tensiones en un mundo más primitivo. Escrita seis meses después de la ya comentada *Quiero vivir mi vida*, ahora su pretensión será explorar los trágicos efectos de la frustración que aparecen cuando se obliga a una mujer a aceptar un rol que no quiere. Es cierto que ya en una anterior novela, *La malcasada*, (publicada en 1925), destacaba esta realidad: lo notable, sin embargo, de *Puñal de claveles* radica en que, a diferencia de cuanto ocurriera en el crimen de Níjar, finaliza ahora su relato con la muerte del novio y la feliz huida de los amantes. Concluyendo el cuento, al señalar

> [s]ólo respiraron al comprender que llevaban ya delantera bastante para poder escapar hacia otro continente, hacia la promesa de una vida nueva, olvidados de todo, cegados de luz, en una gratitud suprema para el pasado y envueltos en la ola de aquella pasión duplicada por el triunfo sobre todos los convencionalismos y por el puñal afilado del aroma de los claveles. (284)

Si *Bodas de sangre* es una tragedia poética, estructurada por un coro griego, el cuento breve publicado por Carmen de Burgos apunta a una cultura de masas donde, con un final feliz, la mujer logra su sueño. Enfatizando el trasfondo natural del ambiente, el recurso al paisaje natural de Almería, al Cortijo del Fraile, a los cementerios oscuros o al aljibe donde se encontrará al novio muerto, recuerda otros relatos de la autora sobre su tierra. Pero no solamente preocupa Burgos describir el entorno sino que –a diferencia de Lorca– también comenta las varias clases sociales que conviven dentro de una economía basada en la agricultura, la crianza de los animales o el contrabando. Campesinos, jornaleros, labradores, ganaderos o terratenientes ricos viven bajo rígidas reglas de costumbres tradicionales, comunes en muchos casos para todos ellos. Así, las muchachas se casan jóvenes, las mujeres casadas tienen siempre las cabezas cubiertas, no pueden adornarse ni acudir a fiestas sin sus hijas de manera tal que, para unas y otras, el matrimonio representa la significativa reducción de un horizonte. En *Puñal de claveles* Burgos centra su atención en una mujer bella, aún soltera, ganada por la tristeza y con miedo a una inmediata vida «cansada y monótona». A diferencia de su anterior novela, ahora enfatiza cuánto el poder del amor, de un sensualismo representado por el fuerte impacto que sobre ella tiene el olor de los claveles, permite el triunfo de la pasión sobre los ya citados convencionalismos. La contradicción radica en que el cuento es un melodrama, una fantasía burguesa que muestra cuánto la mujer española precisa encontrar la auténtica salida a sus deseos, lo cual era imposible en la España rural de la época.

En *Puñal de claveles* la novia –recordemos, llamada ahora Pura y no Francisca, como fuera en la vida real– reiteradamente insistirá en su desinterés por el matrimonio. Describiendo a la joven, el cuento testimonia muchos de los piropos que ésta recibe, señalando como «la madre gozaba en ello seguramente más que Pura, la cual siempre seria y contemplativa, parecía no interesarse por nada. «Tenía deseo la madre de vivir la novela de amor de la hija y la desesperaba su indiferencia por los hombres.» (256). Inmediatamente antes de recibir las flores, Pura pensaba en haber soñado en cómo se divertía las mujeres en las ciudades: «había estado en Níjar y en Almería lo bastante para vislumbrar una vida distinta a la suya» (268). A su vez el novio (que en el cuento se llama Antonio) era un contrabandista «no muy joven; andaba cerca de doblarle la edad a Pura y a pesar del asedio que se habían puesto todas las muchachas del contorno, no se le había conocido ninguna novia» (256). Si Burgos cuestiona la masculinidad del novio, la del hombre con quien Pura huirá aparece clara y nítida. Él es quien llevará el ramo de claveles que da título a la obra y que cambian la inicial trayectoria del cuento: «un enorme ramo de claveles reventones, color de sangre de toro, con esa fuerza que le da la tierra de Andalucía a sus flores» (269). El olor de los claveles tendrá para Pura un simbolismo y un efecto abiertamente sexual: «aspiraba con hambre y con sed de todos los poros el perfume penetrante y sentía ganas de llorar sin saber por qué. Era una sensación fuerte y poderosa: la poseían los claveles, con el aroma que la penetraba como un puñal. Entonces pensaba en un hombre» (272). Desde esta idea, serán frecuentes las referencias (a menudo poco sutiles) al olor del clavel «que le envolvía en su caricia con aquel perfume penetrante como un puñal que penetraba en su carne» (276) –mostrando cuánto Pura es femenina pero su novio no era completamente masculino, lo cual justificaría la huida final de los amantes.

También la obra de Lorca se concibe desde la influencia de Marañón. Las mujeres se presentan con exageradas características masculinas, y los hombres, por el contrario, hablan desde una perspectiva femenina. La criada que aparece en la obra teatral comenta, a final del primer acto, cómo «la novia tiene más fuerza que el novio» (*Bodas de sangre,* 88) a lo que la novia responde diciendo «¿no he hecho yo trabajo de hombre?» (*íd*, 88). Comentarios de este tipo y la referencia a algunas de las características femeninas del novio sirven para cuestionar el papel tradicional de cada uno, cobrando además los claveles en la obra de Lorca –tal como ocurriera en el texto de Carmen de Burgos– un significado evidente al simbolizar la potencia sexual. Así, cuando la madre habla de su tristeza y soledad tras la muerte del marido, ocurrida tan solo tres años después de haberse casado, la madre dirá que «tu padre, que me olía a clavel, lo disfruté tres años escasos» (*íd*, 66). Chocando con esta opinión con cuanto proclama el coro de mujeres jóvenes que comentan sobre el novio, en el Segundo Acto, cómo este «parece la flor del oro cuando camina. Y se agrupan a sus plantas las clavellinas» (*íd*, 100).

A partir de este punto, la idea de Lorca sobre los papeles del novio y la novia dentro del matrimonio se desarrolla de forma paralela. Jugando con el recuerdo del padre muerto, la madre alecciona al hijo sobre cómo manejarse durante la noche de bodas, comentando «con tu mujer procura estar carioso, y si la notaras infatuada o arisca, hazle una caricia que le produzca un poco de daño, un abrazo fuerte, un mordisco y luego un beso suave. Que ella no pueda disfrutarse pero que sienta que tú eres el macho, el amo, el que manda. Así aprendí de tu padre. Y como no lo tienes, tengo que ser yo la que te enseñe estas fortalezas» (*íd*, 115). A lo que el hijo responde, débil, «yo siempre haré lo que Ud. mande» (*íd*, 115).

Carmen de Burgos fue una autora obviamente comprometida con el pensamiento social y sexual de su tiempo. Fue una política compleja y siempre en proceso, y Burgos escribió varios tipos de literatura, desde lo social hasta fantasías amorosas para la burguesía adinerada. Burgos formó parte de un ambiente intelectual dominado por el racionalismo burgués y miró en estas dos obras ofrecidas aquí hacia el progreso científico para encontrar soluciones a varios problemas sociales y sexuales que sufrieron las mujeres de principios del siglo veinte. Debemos de juzgar si tenía razón o no la autora al releer estas obras siendo conscientes de que nuestros hijos e hijas harán lo mismo con nuestro trabajo en el futuro.

Bibliografía

Burgos, Carmen de. «Puñal de claveles.» *La Novela de Hoy* 10.495, 1931.

_______________. *Quiero vivir mi vida*. Madrid: Biblioteca Nueva, 1931.

Cavallo, Susana. «El feminismo y la novela social española de los años treinta» *Letras Peninsulares* 6 (1993): 169-178.

Cleminson, Richard y Vázquez García, Francisco. *«Los invisibles». A History of Male Homosexuality in Spain, 1850-1939*. Cardiff: U of Wales P, 2007.

Establier Pérez, Helena. Mujer y feminismo en la narrativa de Carmen de Burgos «Colombine». Roquetas del Mar, Almería: Instituto de Estudios Almerienses, 2000.

García Lorca, Federico. *Bodas de sangre*. Madrid: Cátedra, 1998. [1933].

Glick, Thomas F. «Marañón, Intersexuality and the Biological Construction of Gender in 1920s Spain.» *Cronos* 8 (2005): 121-137.

_______________. «Sexual Reform, Psychoanalysis, and the Politics of Divorce in Spain in the 1920s and 1930s.» *Journal of the History of Sexuality* 12 (2003): 68-97.

Lacadena, Juan Ramón. «Protoginia y protandria: determisnismo genético y diferenciación sexual.» *La evolución de la sexualidad y los estados intersexuales*. José Botella Lluisa y Antonio Fernández de Molina, eds. Madrid: Díaz de Santos, 1998. 143-162.

Larson, Susan. Introducción. *La rampa*, por Carmen de Burgos. Buenos Aires: Stockcero, 2006. xii-xxi.

Mangini, Shirley. «The Female as Battleground: Carmen de Burgos' *Quiero vivir mi vida.*» *Visions and Revisions: Women's Narrative in Twentieth-Century Spain*. Amsterdam: Rodopi, 2008. 19-36.

Marañón, Gregorio. *Tres ensayos sobre la vida sexual*. Biblioteca Nueva, 1929.

Núñez Rey, Concepción. *Carmen de Burgos, Colombine, en la Edad de Plata de la literatura española*. Sevilla: Fundación José Manuel Lara, 2005.

Saldaña, Quintiliano. *Nueva criminología*. Madrid: Bolaños y Aguilar, 1930.

Nota a la edición

La desgraciada pérdida de los manuscritos originales ha supuesto que, para ofrecer a los lectores una nueva edición de estas obras casi ochenta años después, me he basado en las originales y únicas versiones. *Quiero vivir mi vida* fue publicada en 1931 por Biblioteca Nueva, en Madrid. El cuento «Puñal de claveles» fue publicado en el mismo año, en la serie popular madrileña *La Novela de Hoy*, año10, número 495. He mantenido la puntuación de las publicaciones originales pensando que es importante mantener el ritmo del lenguaje de la autora aunque quizás no sea lo usual para el lector contemporáneo. He modernizado la acentuación de las palabras a las normas actuales aunque no he alterado las palabras en cursivas porque dan énfasis a palabras que en aquel entonces eran nuevas o de origen extranjero.

Susan Larson

Quiero vivir mi vida
(novela)

Carmen de Burgos

Dedicatoria

Ofrenda al ilustre doctor Marañón, que de modo tan competente, sereno y noble, ha estudiado la intersexualidad, iluminando este problema con luces de ciencia y de piedad.

Carmen de Burgos

Prólogo

«Breve ensayo sobre el sentido de los celos»
por Gregorio Marañón

Carmen de Burgos, atenta siempre a los progresos del pensamiento, ha escrito una novela en la que desarrolla un conflicto de la psicología y del instinto de la mayor modernidad, de un interés actual apasionante. En la literatura clásica, los hombres y las mujeres representaban, cada cual, un tipo de pasión sostenida y única: Otelo, era los celos; Hamlet, la duda; Don Quijote, la generosidad suprahumana a fuerza de ser radicalmente humana (obsérvese la coincidencia final de Don Quijote con los místicos, y sin embargo, la divergencia total de sus raíces respectivas); Werther, esa pasión sexual, sin escape hacia el sensualismo pagano, que caracterizó al romanticismo; y así sucesivamente.

Los últimos años del siglo pasado iniciaron la intervención en la literatura de elementos psicológicos más complejos que los puramente pasionales de las etapas anteriores del arte. Ya en Stendhal se encuentra, detrás del argumento de muchas de sus novelas, una psicología complicada, exenta de la simplicidad esquemática de los sentimientos. Pero el tipo de la literatura psicológica culmina en Flaubert, cuya *Comedia Sentimental* es, a mi juicio (juicio de biólogo, no de crítico), una de las piezas representativas en la evolución del arte moderno. En ella se inicia ya lo característico de la fase actual, a saber: la comprensión de cada ser humano como un complejo infinitamente variable a través de su evolución, y no como un tipo representativo, invariable, sin otros cambios que los inherentes a la cronología de la edad, esto es, a la fragilidad juvenil, a la energía de la madurez y al abandono de las horas de la declinación.

Los seres humanos somos en lo morfológico «de una pieza»; cualquiera que sea nuestra edad somos altos o bajos, morenos o rubios, atléticos o enclenques. Pero en nuestra psicología somos un mundo complicado, lleno de fuerzas contrarias y diversas, que cambian con los momentos de la evolución y con las circunstancias de la vida, de un modo constante, y a veces radical. Una arquitectura simplicísima, de pocos rasgos invariables, encierra, dentro de la cáscara de barro mortal, el mundo agitado de nuestros instintos, de nuestros sentimientos y de nuestras actitudes psicológicas. Dentro del leve andamio, todas las fuerzas espirituales cambian y se renuevan de continuo. Hay momentos conocidos de crisis en la evolución, como la pubertad y el climaterio, en que todo se trastueca de un modo especialmente radical. Un hombre, a los veinte años, es ya un ser totalmente diverso de lo que fue a los diez; una mujer, a los cincuenta, apenas si lleva en sí estigmas irrepresentativos de lo que la caracterizaba a los treinta. Pero además de estas crisis fijas, sufrimos, a lo largo de la existencia, múltiples renovaciones más, que de continuo nos deshacen y rehacen. El alma que se exhala en el postrer suspiro de un ser humano de ochenta años, apenas tiene nada que ver con el alma entusiasta que estremeció su niñez y su juventud. Este es el conflicto maravillosamente planteado por Flaubert en la *Comedia Sentimental*. Un hombre se enamora de una mujer en plena juventud. La vida les impide unirse hasta que la cabeza de los dos está llena de canas. Pero en este momento, cuando vuelven a encontrarse, les basta esa mirada profunda de los ojos cansados de los que empiezan a ser viejos –esa mirada que ya no se detiene como la de las pupilas ardientes del joven en la superficie de las cosas– para que comprendan que la vida ha renovado todo lo que hay dentro de la cabeza gris y del corazón color de hoja seca; sobre todo en ella, en la mujer.

Nuestra vida interior evoluciona sin cesar y tan profundamente en el breve espacio de nuestra existencia, como las civilizaciones en el transcurso de los siglos. Restos numerosos de almas diversas, de sexos distintos, forman el mosaico de nuestra alma. La de la madre y la del padre, con soberanía inmediata y enérgica. La de los ascendentes remotos, con huella más leve, pero a veces cargada de dinamismo latente, que explota y hace revivir en nosotros virtudes o defectos ancestrales. Estas fuerzas múltiples tienen, claro está, una carga sexual diversa. El hombre, más enérgico, soporta sofocados elementos de feminidad variables; como en la mujer, de feminidad más pura, alientan simientes de varón. En un trance determinado, estos elementos de acento sexual contrario al auténtico, pueden erguir su vitalidad y conducirnos por conductas insólitas. Y así transcurre nuestra historia individual, unas veces en paz, otras, erizada de revoluciones, como la historia de los pueblos; por la acción contrapuesta e inesperada de la humanidad múltiple y confusa que se encierra en el recinto de nuestra alma.

Este concepto de la complejidad de nuestro espíritu individual y de su transformación radical a lo largo de la evolución, domina la psicología moderna y, por lo tanto, empieza a influir sobre el arte actual. El escenario de nuestro arte de ahora no es el mundo externo, donde se mueven diversos protagonistas representativos de actitudes netas e invariables. El escenario es el alma de cada protagonista, y en él se agitan fuerzas encontradas, de signo distinto y sobre todo de profunda capacidad evolutiva; más aún en la mujer que en el hombre, por lo mismo que es una forma intermedia y en ella todo es, por lo tanto, en el fondo, evolución.

Carmen de Burgos conoce, repito, al pormenor todas estas orientaciones de la psicología de ahora. En su vasta cultura ocupan un sitio fundamental las contribuciones de los psiquiatras, de los naturalistas y de los literatos que han aportado tantos materiales a la ciencia; porque cuando el artista lo es de verdad, tienen mucho de aquellas dos cosas, de naturalista y de psiquiatra, en el sentido actual que damos a esta disciplina, hecha, no de elucubraciones teóricas, sino de datos recogidos en la confidencia más recatada, en la auscultación más fina del alma de los seres normales; porque es en estos y no en los enfermos, donde se encuentra la raíz última de la anormalidad.

Este conocimiento la ha llevado a imaginar la novela que prologan estas líneas, que no quiero elogiar porque está bondadosamente dedicada a mí. En ella se traza, con fina intuición, la trayectoria del alma de una mujer, desde su fase de feminidad intacta, hasta que esta feminidad es resquebrajada por el crecimiento oculto de sordas raíces de virilidad. Una Isabel equívoca, enérgica, se va trasluciendo lentamente a través de la delicada Isabel primitiva. He aquí la tragedia.

Porque su marido, que es marido y amante, es, entretanto, siempre el mismo. Por ser hombre está menos sujeto a la desconcertante evolución interior; y son los mismos brazos viriles, conforme pasa el tiempo, los que ven huir de su círculo pasional el fantasma de la mujer, para estrechar a un ser inquieto y arbitrario, que termina irguiéndose, lleno de energía viril; con esa destructora energía de las fuerzas que aspiran a lograr lo que no lograrán nunca del todo; y esta mujer embravecida de rebelión profunda, acaba por matar en un rapto de celos. Certeramente observa la autora, que las mujeres que matan por celos a sus amantes, son, casi sin excepción, mujeres maduras, es decir, mujeres con la feminidad empañada por la progresiva evolución. Primero por eso, porque las fuerzas de destrucción en la naturaleza, son siempre fuerzas de sentido inlogrado. Sólo el que aspira a algo remoto, a algo que se escapa de entre las manos, es capaz de matar. La energía serena, en posesión de su objetivo, es, por ello mismo, benigna y protectora.

Pero, además, los celos tienen, sin duda, un significado sexual equívoco. Ninguna mujer de feminidad estricta mata al hombre que la abandona; porque el amor sabe siempre lo que se hace; y sabe, por ello, que el abandono del ser amado es muchas veces puramente formal; que el hombre huído, deja su corazón intacto en el seno de la mujer abandonada; y a ésta, entre ríos de lágrimas, le basta esa garantía para consolarse y esperar. Y cuando se va todo –el hombre y el amor– entonces, la mujer sabe también que no hay nada que hacer.

El matar por amor es un trasunto de la lucha de los machos por la posesión de la hembra. Los hombres están muy próximos a la animalidad todavía, por eso matan a puñaladas para ganar la mujer deseada. En otro lugar he dicho que gran parte del sentido actual de los deportes es un reflejo de esa contienda entre varones para que el más fuerte alcance el galardón del amor. Cuando una mujer mata a su amante, este mismo fenómeno se repite: se trata, en efecto, casi siempre de una mujer intersexual; y no es ella, sino su componente viril el que lucha con el otro varón, para defender a su propia feminidad disminuída de la feminidad triunfante de la otra, de la amante.

Los hombres que matan a una mujer por celos es frecuente también que acometan y apuñalen, en realidad, no a la mujer misma, sino al componente viril de la amante; porque es este el que le impide la plena posesión de la feminidad de la mujer amada; más que a los otros hombres que la rodean y aun que la poseen. Obsérvese, y esto demuestra nuestra tesis, que en casi todos los casos, cuando un hombre mata a una mujer, no es por arrebatarla de los brazos de un hombre determinado y fijo: en este caso, a quien odia y hiere es al hombre mismo. Sino por vengar la veleidad, el pasar incesante de unas manos a otras; que es obra del varón escondido en la mujer y no de ésta. Es indudable que este tipo de mujeres apasionadas y sensuales, son, por ello, no los prototipos muy femeninos, sino las de tipo intersexual. El ejemplo más demostrativo es el de Carmen, la gitana de Sevilla, cuya veleidad, de morena de contextura enérgica y de voz grave, es debida a su intersexualidad. Por eso, el pobre don José, hace bien en no matar al torero triunfante, sino a ella; porque era en ella y no en el espada chulillo, donde estaba su auténtico rival.

Claro está que en los celos influyen, además de estos impulsos biológicos, otros componentes externos, muy ligados a la ideología y sentimentalogía de cada época, que pueden deformar el esquema expuesto. De hecho, ha habido épocas determinadas de la historia –singularmente de la nuestra– en los que los celos eran una creación artificiosa del ambiente. Aun hoy, tienen un valor completamente distinto, entre los mismos españoles, los celos de la humanidad de las ciudades y los de la gente de los campos, sobre todo de los campos poblados de esos españoles fieramente incultos de Andalucía o de Levante. Esta influencia externa nos explica que Otelo, varón puro, mate a Desdemona, arquetipo de frágil y maravillosa feminidad, en lugar de destruir, como era lógico en buena ley natural, a Yago. Esta influencia deformadora del ambiente se debe, como siempre, a la creación de un prejuicio –aquí el del honor– que convierte el problema biológico en un problema de responsabilidad artificial. Para el hombre de honor lo importante es castigar a quien lo ha manchado y por eso mata a la culpable de la mancha, que se ha convenido previamente que sea la mujer. Hoy, caducados esos prejuicios, nos es difícil concebir a Otelo. Nos suenan sus rugidos a música celestial. A algunos de los jóvenes que han leído a Shakespeare –que son muy pocos, porque no tienen tiempo con eso del fútbol– les he preguntado su opinión sobre este drama, y, sin excepción, lo reputan absurdo. En tanto que cobra cada día mayor vigor actual la tragedia interior de Hamlet, mucho menos intelectual, mucho más cercana a las pasiones puras, en contra lo que se dice en todas partes, que la aparatosa y gesticulante rabieta del moro veneciano. Por la misma razón se aleja tanto de nuestra sensibilidad todo el Teatro Calderoniano fundado en ese honor que se llama precisamente así –calderoniano–; y se aquilata en cambio, el valor moderno e imperecedero de la figura de Segismundo, el hombre auténtico, que se paseaba como un funámbulo por la cornisa peligrosa que separa el sueño de la realidad.

He aquí el sentido de la novela de Carmen de Burgos. El sentido profundo, biológico, equivoco, de la pasión de los celos, limpio de componentes arbitrarios, creados por los prejuicios y la literatura.

Pero nada de esto que dejo ahora esbozado, con ser tan de mi predilección, me hubiera excusado ante mí mismo de detener al lector, impaciente, con estas reflexiones, en el umbral mismo de la novela de Carmen de Burgos. Lo que quería, sobre todo, era rendir un homenaje de admiración a la vida de esta noble luchadora, que no ha conocido un día sin una batalla; y en todas se ha puesto invariablemente del lado de la dignidad de la mujer y de la justicia y la libertad de las mujeres y de los hombres.

GREGORIO MARAÑÓN
Toledo, julio 1931

Cuadros

I

—¿Vas contenta, mi alma?

—Mucho.

No se dijeron más.

Ella experimentaba un desconcierto que no la dejaba darse cuenta exacta de las cosas. Julio le parecía otro distinto desde que dejó de ser su novio para convertirse en su marido.

Él no veía más que el camino... baches... piedras... árboles. Otro auto que pasaba... Iba embriagado por el perfume del campo y el perfume de la mujer sentada a su lado. Sentía la atracción poderosa del olor femenino, mezclado a las esencias y a las emanaciones de la tierra, abonos y fermentos. Pero no podía separar la atención del volante.

El camino largo, largo... quedaba atrás como una cinta que se desliara del carrete del auto y se hiciera más interminable conforme rodaba más.

Al frente senda blanca... blanca... polvorienta, estrechándose a lo lejos... siempre igual.

Isabel miraba a su esposo. Le parecían más grandes y más velludas sus manos aferradas al volante. Le daba la sensación de que sus facciones se habían agudizado y hecho más enérgicas... de que todo en él era más fuerte y más brusco.

Quería fijarse en el paisaje: árboles... muchos árboles... en grupos unas veces, solitarios otras. De vez en cuando casas... lugarcillos que le dejaban vagas imágenes: Una ventana... una terraza... gallinas... un perro... un carro... un labriego...

Otro auto... Mujeres dentro... risas... Sintió vagos celos de las desconocidas.

Un eucaliptus con las ramas tronchadas... Una tapia. Otras casas.

Las curvas del camino daban la esperanza de hallar, al pasarlas, un cambio de panorama.

Un valle... Un tejado rojo... Gallinas... Manadas de guarines[1] que parecían chiquillos juguetones y grupos de muchachos medio desnudos, revolcándose en la tierra, con hozar de guarinillos.

El sol convertía en estrellas los guijarros del despoblado. El paisaje árido se llenaba así de titileos de estrellas.

El frescor del viento bañaba su cara y convertía su nariz y sus pómulos en clavellinas rosas.[2]

Labios resecos del vientecillo frío. Sensación de sed en los poros y en la raíz del cabello.

Un perro... Otra tapia... plantas en un ribazo. El panorama se hacía más amplio y más frondoso. Pervincas azules fijaron su atención un momento... ramas de saúco... Campanillas multicolores, enredadas en árboles y tapias, daban optimismo al paisaje, como si sus minúsculos esquilones repicasen a gloria, estremecidos por el viento.

Un trébol amarillo cerraba su corola, haciendo un guiño, para guardarse el último rayo de sol.

El aire parecía más húmedo, de mayor frescor. Pasaban aldeanas con sensualidad de manzanas verdes...

Veía paredones viejos, desconchados, con carroñas lazarinas.

Más pinares. Las copas apretadas, vistas desde abajo, formaban una especie de bóveda al valle. Desde los altozanos parecían una alfombra verde.

Se detuvo el coche. Julio se volvió hacia su mujer y pasó por su hombro la mano cariciosa.

Isabel miró por donde había pasado la mano como si le hubiera dejado huella en el vestido claro.

Él abrió la portezuela. Parecía que llevaba dobladas las piernas, que se las habían empaquetado, según el trabajo que le costó estirarlas y salir andando, casi sentado aún, con movimiento de araña zancona.

---

1 *Guarín*: el último lechón nacido en una lechigada de cochinos u otro conjunto de animales que han nacido de un parto y se crían juntos en el mismo sitio.

2 El lenguaje de las flores fue un medio de comunicación decimonónico entre quienes no tenían posibilidad de hablar directamente: el clavel, en este sentido, representaba la juventud.

Luego prestó ayuda a su mujer para saltar a tierra, abrazándola más bien que sosteniéndola. Lo notaron los carreros que abrevaban allí las caballerías. A Isabel le pareció que todos la miraban y se avergonzó de que notasen su turbación. Quisiera poder decirles que iba con su marido.

Un chorro de agua brotaba de la gran ubre de la tierra que formaba el monte. Saltaba entre dos peñas y caía en el hueco de una roca. La cobijaba el ramaje sediento de un sauce.

Burbujeaba y hacía bailar a las burbujas una ronda saltarina, de enanitos encapuchados.

Acercó los labios ansiosa y le halló sabor a montaña.

Era preciso continuar... Vuelta a plegarse en el asiento... Maniobra de arranque... carrera nueva... Crujieron los huesos del esqueleto del auto.

El viento apagaba la respiración como apaga una luz. Se inhibía el pensamiento en la carrera. Sentía una voluptuosidad en la raíz del cabello, como si la fecundasen el frescor y el aire.

Se sensibilizaba todo su cuerpo igual que tierra regada.

Todo eran visiones repetidas... Una casa... un ribazo... flores... plantas... Un campanario con prestigio de miniatura de reloj antiguo.

Sentía cómo el automóvil clavaba la dureza de sus codos en las caderas.

No podía precisar bien nada. Faltaba tiempo para hacer un cuadro del paisaje. Al correr del auto se desplegaba solo en línea recta.

Las gentes pasaban envueltas en la capa de su impersonalidad.

—Estamos cerca –dijo Julio.

Al disminuir la marcha todo comenzó a precisarse. Parecía que el «Hotel de la Sierra» era una especie de nido, cobijado en la hondonada.

Se abrió la verja del jardín y el coche se detuvo al pie de una escalinata.

Experimentó Isabel el miedo a lo desconocido. Pasaba con su matrimonio de su vida de siempre a una vida distinta. Le parecía que acababa de saltar el puente que separaba todo su pasado de todo su porvenir. Algo que venía a interrumpir la continuidad de sus días.

II

Un salón grande... grandes ventanas... cortinas polvorientas... muebles de junco... mesitas... Algo frío y falto de intimidad.

Había varios grupos en torno de los veladores... Una pareja asomada a la ventana... Un señor solo ante su vacía taza de café... Tres señoras tricoteaban lana multicolor... Dos americanos leían, chicleando al mismo tiempo. El periódico inglés, sujeto a un palo, parecía un banderín.

Algunos jóvenes reían en un ángulo…

Una visión de trajes claros... brazos desnudos... pantalones blancos... cabezas descubiertas... boinas de lana... zapatos de deporte...

—¡Don Pablo y doña Rosalía!

Encontraban aquel matrimonio amigo de la familia de Isabel.

Esta exclamó con alegría, al ver a las dos hijas, que los acompañaban:

—¡Lía! ¡Ita!

Las últimas sílabas de los nombres de Rosalía y Paulita.

Eran de la edad de Isabel y compañeras de colegio.

No respondieron a su saludo con efusión. Parecía como si el casamiento de su amiga las separase. Adoptaron una actitud reservada.

La conversación giró sobre la belleza del lugar; las montañas pizarrosas, biombos que cerraban el horizonte con los extraños perfiles dibujados sobre el azul; del río fugitivo bajo las ventanas; de las sanidades del aire y de la pureza de las aguas.

Nadie escuchaba al pianista, cuya misión era hacer ruido para amortiguar el eco de las conversaciones.

Isabel se sentía molesta. Le parecía que Julio miraba demasiado a Lía. Experimentaba la sensación de que su matrimonio, en vez de representar ese triunfo social de la mujer que toma categoría en la vida, la inferiorizaba.

Era como el guerrero desarmado e indefenso en poder del enemigo. Recelaba haber perdido todo su poder de atracción, al no conservar ya su secreto íntimo. Sufría el prejuicio de la mujer a la que se enseña que su fuerza estriba en su misterio y en explotar el deseo insatisfecho. Pensaba que todas podían ofrecer a Julio más interés que ella.

Apresuró el momento de pasar al comedor.

Un comedor grande, blanco... paredes blancas, mesitas blancas. Búcaros con flores casi marchitas... Nada de cuadros. Grandes ventanas abiertas por donde entraba la noche con su cortejo de insectos... Hormigas aladas caían aturdidas sobre los manteles y los platos... mosquitos minísculos... mariposas alucinadas... libélulas transparentes...

En la mesa de al lado había otro matrimonio. Debían ser también recién casados.

Ir y venir de camareros... platos... botellas... olor de vinos y comidas.

Se fijó Isabel en la pareja. Tenía él hermosura de mujer rubia, con sus bucles rizados y sus ojos azules. Ella necesitaba ser todo lo frágil y delicada que era para parecer más femenina. Una de esas criaturas tímidas que tienen algo de cuerpo astral, y pasan disimulándose sin que repare en ellas.

Distraída observándolos, Isabel no prestaba atención a Julio que le ofrecía el menú. El camarero, de frac, continuaba inclinado, con ademán de caballero que invita a bailar.

Sin darse cuenta sentía una secreta envidia de la mujer que tenía un marido de aspecto tan dulce y femenil. Julio le parecía demasiado brusco y rudo. Ella, que era tan enérgica, que se había educado como un muchacho, hubiera querido, quizás por el contraste, hallar dulzuras y mimos femeninos en su marido.

El vecino de mesa notó la insistencia de Isabel y en ella esa mirada presuntuosa que los hombres bonitos tienen siempre para toda mujer.

Sintió ella una especie de cosquilleo en los labios, bajo el calor del rayo de los ojos azules, como si fuesen de cristal y le enfocasen el sol.

Turbada se volvió hacia Julio, como si buscase defensa; pero él estaba distraído mirando aquella hermosa mujer de los ojos empestañados que, sola en su mesa, apuraba la copa de Cazalla[3] y fumaba el cigarrillo, con aroma de opio. La mano ensortijada sostenía una larga boquilla. Sus ojos entornados no se sabía a quién miraban, y al salir la columna de humo de los labios purpurinos, puestos, en forma de O, parecía dirigir una seña provocativa.

No le había preguntado nada y él le respondía:

—¿Qué me dices?

Cubrió una película de sombra su rostro y con voz dura, seca, cortante, dijo:

—¡Nada!

Su propia culpa le hacía creer en la culpa de su marido; pero no se confesaba el que ella hubiese delinquido. Su enojo lo borraba todo.

Julio debió darse cuenta de los celos de su mujer. Concentró toda la atención en ella. Estuvo elocuente, cariñoso, tierno, sin poder lograr que Isabel le contestase. Aquel silencio acabó por desesperarlo como si fuese un insulto.

—¿Pero qué tienes? –preguntó.

—Nada.

—No comprendo por qué estás así. ¿Qué te pasa?

—Nada.

Acabó la comida. Él adoptó una actitud cortés ante las personas que los contemplaban y siguió a su mujer, saludando a los amigos al pasar; pero estaba demasiado dolido para no hacerle sentir su enojo.

—Sube... Dentro de un momento iré a buscarte –dijo.

Hubiera querido ella retenerlo, pero su orgullo se lo impedía. Escuchaba las risas de Ita y Lía en los salones, dominando las notas del jazz-band, y no pudo contener una lágrima. Le parecían más felices.

---

3 Cazalla es un aguardiente fuerte fabricado en Cazalla de la Sierra, población de la provincia de Sevilla.

III

Había olor a noche. Olía a noche de luna.

El balcón era tan alto que veía a sus pies las copas de los árboles y el cauce de azogue del río.

El ambiente inmóvil dejaba distinguir el rodar de las aguas y el eco quejumbroso, de silofón lejano, de los chorros de las fuentes, que parecían hilados, entretejidos en una trama sutil los hilos de cristal.

El olor del campo a aquella hora era distinto del perfume del día.

Era como si se esparciese el olor del disco platinado, cuyas oxidaciones lo manchaban tomando los perfiles de un rostro contrahecho y burlón.

Se adivinaba la vida de reptiles y de insectos entre el boscaje. Aquella dulce placidez inclinaba su naturaleza al reposo.

Era una evocación de las sensaciones experimentadas en su niñez, en las haciendas de su padre, al que acompañaba siempre en sus expediciones de caza y pesca.

No le había gustado nunca coser, jugar con muñecas, ni ningún entretenimiento casero, como a su hermana Rosita, pero era experta en cargar cartuchos, liar cigarrillos, tejer volantines de cerda de caballo y aparejos de pelo de gusano; y hasta en forjar los misteriosos nudos, cuyo secreto pertenecía a los pescadores, para afianzar anzuelos y poteras[4].

Su padre, al que le habían quedado soledades de tres hijos varones, muertos de pocos meses, se apoderó de ella para reemplazarlos. Creía que aquella educación varonil era la más a propósito para hacerle

4 *Poteras*: aparejos para pescar calamares, formados por una pieza de plomo cuya parte inferior está erizada de afilados ganchos.

vivir. Su única preocupación era que el tiempo la aferrara con sus garfios y no la dejase escapar. Fortalecerla contra esa cosa quebradiza y volátil de la vida de los niños. Gracias que Rosita fue la compensación de doña Milagros.

Don Ricardo abandonaba su segunda hija a la madre y ésta podía educarla a su placer, enseñarle a tocar el piano, a bordar y a las labores domésticas. Fue después de la muerte de don Ricardo cuando doña Milagros trasladó su domicilio a la ciudad. Era un deseo que había tenido siempre y que sólo con la libertad, alcanzada por la viudez, lograba satisfacer.

Isabel pensó morir de tristeza al dejar aquellos sitios queridos. Se sentía enjaulada en Madrid y se refugiaba en la lectura como en un mundo distinto, donde volaba a su sabor.

La madre se desesperaba achacando a su difunto marido haber formado aquel carácter excesivamente raro e independiente de Isabel, fomentando en ella una especie de virilismo.

Don Ricardo, que se había hecho la ilusión de *haber corrido mucho*, timbre de gloria de los hombres, aunque no hayan tenido *más correrías* que la de engañar a la esposa con la criada, tenía ideas muy extrañas. Experimentaba una gran contrariedad al pensar que sus hijas dejasen de ser niñas y despertasen pasiones. Por eso trataba de prolongar su infancia.

—Sólo la costumbre –solía decir– hace que no sea más ofensivo el amor de las hijas a un hombre que el engaño de la esposa.

Las ideas del padre rimaban con los instintos de Isabel. Sintió repugnancia a los galanteos, se hizo arisca, montaraz y hostil con los hombres. Sentía hacia ellos esa especie de repulsión que existe, paradójicamente, entre naturalezas afines, mientras que las opuestas se compenetran para marchar tan de acuerdo como las manecillas desiguales de un reloj.

Quebrantaba su salud la inquietud de su espíritu. Estaba cada día más pálida; sus ojos, tan grandes, se hacían más saltones, disimulando lo que el ahuevamiento podía afearla con la pureza de los trazos y la frescura de la boca.

La expresión era ansiosa y reconcentrada.

—¿Tienes fiebre? –le preguntaba a veces la madre, alarmada de su enflaquecimiento.

Pero las manos de Isabel ofrecían una desagradable impresión de humedad en vez del ardor de la calentura: como si las hubiese acabado de sacar de agua fría y no se las hubiese secado bien.

El viejo médico, amigo de la casa, no daba importancia a la dolencia. Era la crisis de la edad.

—Distracción y comer mucho –recetó.

Pero Isabel, sin llegar a los extravíos absurdos de algunas de sus amigas, que se aficionaban a comer tierra, cascarones de huevo y hasta las costras formadas por el enjalbegado en las paredes[5]; tenía también caprichos que le hacían no querer comer más que frutas agrias, y rechazar el pan y los demás alimentos.

Cuando se casó Rosita el estado de Isabel se agudizó. Tal vez sentía algo de mortificación en su amor propio con la boda de la hermana menor, aunque Antonio había pensado antes en ella y solo después de sentirse rechazado se decidió por Rosa.

Tenía días en los que no quería comer ni salir de su cuarto. Ni ella misma sabía la causa de la confusión y contradicción de su espíritu.

Otros días estaba alegre, animada, presa de una extraordinaria movilidad. Salía con sus amigas, comía con apetito y se mostraba amable y complaciente.

Pero de pronto volvía a caer en su descontento y su ensimismamiento. El trato con los hombres agudizaba su estado nervioso. Sentía ante ellos una turbación que no procedía de la castidad alarmada, sino de la lucha de los instintos femeninos y viriloides unidos en su naturaleza. Había formado su fantasía un tipo de hombre que no realizaba ninguno de los que conocía, por más que se esforzase en hacerlo encarnar.

A veces creía haberlo encontrado, pero la ilusión duraba poco. El más leve detalle bastaba para romperla: una frase, un rasgo físico, un gesto de cupidez.[6]

Al fin apareció en su vida Julio. Desde el primer momento Isabel experimentó una atracción extraña. Se persuadió de que estaba enamorada. La seducían la dulzura de su carácter y su aire tímido y distinguido. Además Julio tenía un tipo interesante. Alto, delgado, un poco rubio, sin llegar a serlo del todo; pues a pesar de la tez blanca, y del cabello dorado era ojimoreno.

---

5 El deseo irresistible de comer o lamer sustancias tales como tierra, tiza, yeso, virutas de la pintura, bicarbonato de sosa, almidón, pegamento, moho, cenizas de cigarrillo… se denomina geofagia, dándose entre mujeres embarazadas, niños y adolescentes.

6 *Cupidez*: un gesto de hombre enamoradizo y galanteador.

Al fin se produjo la crisis en que la feminidad triunfó.

Doña Milagros, temerosa del carácter de su hija, se dio maña para apresurar la boda y toda la familia conspiró en favor del matrimonio.

El mes que llevaba de casada lo había pasado como aturdida; presa de constantes contradicciones. Estaba convencida de que amaba a su marido y de que él la amaba; pero no se sentía feliz.

A veces la poseía una gran excitación, una emoción inexplicable, y se echaba a llorar.

—¿Qué te sucede? –le preguntaba Julio.

—No sé... tengo miedo de algo imprevisto... como si me amenazara una desgracia. Quisiera morirme.

—Eso es que no me quieres lo bastante para ser feliz a mi lado.

—Al contrario. Te quiero tanto que desearía parar de repente mi vida, en pleno goce de tu amor, y no exponerme a perderlo.

—Te adoraré siempre.

—Es el tiempo el que me da miedo. Me parece una cosa que lo gasta todo.

—No sé por qué piensas esas cosas.

Quería explicarse el carácter raro de su mujer por la impresión que el cambio de vida le causaba y se esforzaba en distraerla, con paseos y excursiones. Y aquella noche Isabel, mirando a su vecino de mesa, rubio y rosado como una señorita, se había dado cuenta de que la separaba de su marido el exceso de virilidad, su carácter enérgico, su brusquedad masculina. Se había engañado al creer hallar en él una especie de compañero, lleno de dulzura y nimiedades femeniles.

Y al mismo tiempo lo quería así, con toda su pasión y su vehemencia.

Le dolía haberlo enfadado y le guardaba rencor por su silencio.

El ambiente de la noche campesina la iba penetrando. La sensación dominaba a la idea. Deseaba que su marido no tardase en venir a buscarla, que la besase mucho y la dejase dormir como una niña sobre su hombro.

Mientras lo esperaba, su cerebro excitado parecía presentarle en proyección cinematográfica toda su vida anterior.

Recordaba su infancia, su adolescencia, sus familiares; revivía escenas pasadas... Todo sin apartar la vista del río que corría bajo la ventana.

Era como si viese todo aquello en el cabrilleo centelleante de la luna sobre las ondas, en las aguas que no habían de detenerse en su camino ni volver a pasar jamás por el que recorrían ahora.

IV

Grandes borrones caían sobre el paisaje. Nubecillas juguetonas hacían que la luna saltase a la comba[7].

Pasos en el corredor hicieron que Isabel despertara de su ensimismamiento... Pasaron de largo... No era Julio.

Volaban sobre su cabeza los murciélagos, que le parecían ratones con alas. Salían a centenares de los agujeros de los paredones viejos y la atemorizaban haciéndole recordar las consejas de los vampiros.[8] Venían hasta ella con su vuelo ciego y llegaba a sentir la impresión gelatinosa de las alas. Había algo malévolo en sus cabezas, que recordaban el San Benito[9] de los condenados de la Inquisición, y en la mueca de una risa siniestra, en la que lucían dientecillos blancos.

Cerró la ventana... Otra vez pasos... Ahora no se engañaba. Era Julio.

Se dirigió hacia Isabel con el rostro radiante de franqueza. En aquella hora pasada lejos había abierto su espíritu a las buenas influencias y volvía olvidado de su enojo.

Ella lo apartó bruscamente. Se sentía celosa de aquella corta ausencia; humillada de que la hubiese dejado.

Julio se sorprendió:

—¿Pero qué tienes? ¿Por qué me tratas así? –le preguntó.

—¿Te crees que no te he visto mirar a aquella mujer del comedor?

---

7 *Saltar a la comba*: juego de niños que consiste en saltar por encima de una cuerda que se hace pasar por debajo de los pies y sobre la cabeza de quien salta.

8 Esta mención del vampirismo dentro del ambiente gótico es la primera de muchas en la novela. Las narrativas góticas abundan con una iconografía conocida: cementerios, páramos y castillos tenebrosos llenos de misterio, villanos infernales, hombres lobo, vampiros, doppelgänger (transmutadores, o doble personalidad) y demonios.

9 Un sanbenito es el capotillo o escapulario que se ponía a los penitentes reconciliados por el Tribunal Eclesiástico de la Inquisición.

–respondió ella–. ¿Que no te ha visto todo el mundo? ¿Me crees una mujer capaz de soportar la humillación? Pues te equivocas. Esto no ha de continuar. Yo no soy una mujer de esas que se lo aguantan todo. Nos separaremos para siempre. Me haré cuenta de que no te he conocido...

Julio se asustó de la amenaza. Estaba hermosa con el seno desnudo, la cabellera desrizada por el relente y los ojos de fiebre y melancolía, reveladores de la maceración de su luna de miel.

Su miedo se tradujo en una cólera y un despecho que no podía contener.

—¡Está bien! –exclamó–. Será lo mejor que podemos hacer... Yo no pienso olvidarte como tú a mí... Recordaré unos días de felicidad a tu lado... Como si no fueras mi esposa.

Sintió Isabel aquella última frase como un azote en carne viva. Despertó todo su orgullo enérgico y varonil y se adelantó hacia su marido con aire amenazador.

—Te prohibo que hables así –dijo, clavando en él sus grandes ojos color tabaco, en los que el fuego de la cobra había secado las lágrimas–. Soy tu esposa y no debes recordarme unida a las mujerzuelas con que debes haber tratado.

Sin darse cuenta sintió Julio la ofensa que Isabel hacía a las mujeres que él había amado. Instintivamente acudían a su imaginación reminiscencias de días de placer y de pasión; escorzos de mujeres nobles y buenas con las que fue ingrato, o de las que el Destino lo separó.

La mente de Isabel opuso a las imágenes de aquellas mujeres evocadas rasgos imprecisos de hombres que la pudieron amar..., miradas apasionadas..., sonrisas prometedoras..., hombres cuyos rostros no había visto descompuestos en la intimidad.

Cada uno veía en los ojos de otro vestigios de otras mujeres y de otros hombres que los separaban.

—Me iré –gritó ella en el paroxismo de la ira apasionada–. ¡Te olvidaré! ¡Te aborreceré...! ¡Querré a otro...!

Hubiera querido inventar palabras con punta de lanza, más heridoras que cuantas conocía, para clavárselas y exasperarlo.

Él recobró la corrección.

—Seré yo quien se vaya. ¡Quédate tranquila! No me verás más.

Se dirigió hacia la puerta.

En medio de su furor Isabel sintió agonía de que fuese a cumplir su palabra.

Tuvo un acceso de desesperación: Se abrió el vestido..., se desgarró los encajes de la camisa..., se clavaba los dedos en la carne... Por último se dejó caer al suelo como muerta.

Julio sintió borrarse su cólera y renacer su pasión con el espolazo de los celos y el temor de la muerte. La estrechó entre sus brazos y buscó sediento sus labios. No le daba explicaciones ni las pedía.

—¡Isabel, Isabel mía, te adoro!

Ella se debatía. Experimentaba repugnancia hacia el hombre que la había insultado.

—¡No..., no me beses!... ¡Déjame!

Suplicó él:

—¡Perdóname!

—¡No, no!

Julio seguía suplicando y ella sentía que en aquella escaramuza de adaptación a la vida conyugal había ganado. Era el esposo quien quedaba sometido. Estaban ambos bajo la tensión de nervios, de esa cosa acérrima, que existe en el fondo del brindis lleno de acetomiel, en los primeros días del matrimonio. Poco a poco las caricias de su marido la fueron ganando. Sus músculos, en tensión para rechazarlo, adquirían flexibilidad. Cedía a un instinto superior a su voluntad; pero creía escuchar cómo protestaba de su debilidad femenina un gemelo del sexo contrario que vivía en el fondo de sus entrañas.

V

El olor a sahumerio y maternidad de la alcoba de Rosita molestaba a Isabel tanto como el perfume de incienso, flores marchitas y humedad de las iglesias.

Se había sentado en el gran butacón de piel cerca de la chimenea y trataba de fijar la atención en el libro que tenía en la mano, sin poderlo leer.

De vez en cuando se levantaba y se dirigía de puntillas a la alcoba. Desde la puerta contemplaba aquella habitación, engalanada como el día del casamiento. Rosita reposaba en la gran cama imperio bajo el dosel de encaje y la colcha de piel de gacela.

Se aproximaba medrosa. Le duraba aún la impresión que le había producido el alumbramiento de su hermana.

La había oído gritar, quejarse, aullar de dolor, dos días seguidos.

La veía allí, en el lecho, con la cabeza caída sobre los almohadones, pálida, macerada. No se atrevía a decirle nada y hubiera querido que le hablara para saber que no estaba desangrada y muerta.

Miraba con repulsión al niño, acostado cerca de la madre. Una masa de carne blanda, metida en la funda de trapos, con los ojos cerrados, igual que todo animal recién nacido, y una cara de vieja arrugada, como si hubiera nacido con la suma de años de existencias anteriores. Lo consideraba con algo de superstición. Le parecía un alma anciana que iba a despertar en aquel cuerpo nuevo. No había podido vencer aún su repugnancia para darle un beso.

Volvía de nuevo al gabinete a descansar de aquella visión macabra y fijaba los ojos en la pecera puesta sobre el velador.

Tres pececillos de vientres de plata, lomos anaranjados y reflejos metálicos, estaban en incesante movimiento.

Los veía bogar con los remos de gasa y balancearse dulcemente ondulando sus colas. Bajaban, subían, aspiraban con sus boquitas alargadas, y lanzaban perlas de burbujas. Le parecía que los ojillos negros, redondos, que no se podían cerrar, la miraban desde su blanca órbita.

Se sentía descontenta ante el misterio de aquellas existencias y se arrepentía de haberse quedado para velar a su hermana.

A la vuelta de su viaje de novios se había entretenido con las tareas de su instalación en Madrid, jugando a la dueña de casa, ya que de niña no había tenido muñecas ni cajas de costura, sino soldados de plomo, sables y balones. La novedad le hizo hallar cierto encanto en el juego, sin darse cuenta de que sentía la casa gravitar sobre ella como algo aplanador, con el peso agobiante de lo que se cree inevitable y definitivo, cuando es contrario a la inclinación. Tomaba su papel en el hogar con el mismo temor que experimentaría la actriz que hace de reina si se persuadiese de que no se podría quitar jamás el manto y la corona.

Verdaderamente la nueva casa era demasiado extraña. No habían aportado ni Julio ni ella las briznas para fabricar el nido. Unas habitaciones estaban dispuestas por el mueblista de moda; en otras, la previsión de doña Milagros había acumulado enseres y cachivaches. El gusto de Rosita se notaba en trapos bordados, flores y biscuits. Había toda la casa un desagradable olor a bazar, con la mezcla de maderas, tapicerías y ácidos de fregar metales. Todo demasiado nuevo e improvisado.

Faltaba intimidad. El comedor les parecía excesivamente grande y frío. Los brillos de la plata en los aparadores eran desagradables, hasta el punto de mandarse servirse la comida en el velador colocado cerca de la ventana de su gabinete. Sin confesárselo, los dos echaban de menos las habitaciones de solteros, que habían abandonado. ¡Se hubieran sentido felices juntos en ellas!

Isabel se distrajo con la necesidad de hacer y recibir visitas. La deslumbraba aquel medio social aristocrático que abría las puertas a la fortuna de su marido, con ese desinterés con que acoge siempre a los millonarios.

Sus antiguas amigas encontraban a Isabel cambiada para su bien. Esto le causaba una gran alegría. Se había mirado muchas veces al espejo con miedo de haber perdido toda su hermosura al convertirse de doncella en dueña.

Le faltaba alguien que la adiestrase en las prácticas de la nueva vida. Se encontraba demasiado sola y sin consejo para suplir la falta de instinto femenino con que se acoplan, casi por adivinación, las mujeres a sus hogares.

Doña Milagros había tomado desde el casamiento de las hijas una actitud de reina madre y no quería molestarse por nada. Su alejamiento hacía sufrir a Isabel. Sentía desde su matrimonio una especie de recrudecimiento de amor filial. El deseo de protección hacia la ancianidad venía a suplir el instinto materno, no sólo nulo en ella, sino hasta repulsivo.

Contribuía a aumentar su impresión el ejemplo de su hermana. La veía deformada, enferma, sufriente; tan cambiada, que no le parecía la misma.

Ella hallaba tan antiestético el período prematernal que no comprendía cómo, no sólo Rosita, sino hasta las mujeres más elegantes y coquetas, hacían ostentación de su fecundidad de un modo que le parecía impúdico, y fundamentaban su personalidad en la importancia que les daba la gestación y el alumbramiento.

—Si yo me viera en ese trance me escondería –pensaba.

Se admiraba de las conversaciones de sus amigas casadas, y comprendía ahora los motivos que tuvo su madre, cuando su hermana y ella eran solteras, para interrumpir las charlas a su llegada y guardar unos segundos de turbadora mudez. Se daba cuenta de la razón con que les aseguraba:

—Las niñas no deben oír las conversaciones de las señoras.

Era como si todas las casadas honestas no tuvieran más problema que ocuparse de confidencias respecto a sus secretos conyugales y de cumplir los fines que su religiosidad asignaba al matrimonio y a la maternidad.

Rosita, satisfecha de su estado, confesaba que ella había nacido para madre. Sus entrañas se habían abierto al instinto materno como las rosas de Jérico, que, puestas en agua, se despliegan fatalmente para cumplir, sin conciencia, la misión impuesta por las leyes físicas.

En aquellos momentos sentía Isabel verdadero pánico de que una traición de la naturaleza la pusiera, contra su voluntad, en ese trance.

Apoyó la frente en el cristal de la pecera para sentir en el cerebro frescor de agua.

—Yo no debía haberme casado –se repitió por milésima vez.

Sentía angustia de verse expuesta a una forzosa maternidad. En el fondo de su ser había una protesta contra el predominio femenino de su morfología.[10] Vagamente formulaba en su interior una aspiración suprema:

—¡Si yo fuese hombre!

Cuando vino a buscarla Berta, para pasar al comedor, tenía el semblante encendido y los ojos como una copa rebosante de agua.

10 La morfología, según Marañón, es parte de la biología del ser humano que trata de la forma de los seres orgánicos y de las modificaciones o transformaciones que experimenta.

VI

—¡Si yo fuese hombre! –se repitió al ver a Antonio tan satisfecho y contento presidiendo la mesa.

Parecía ufano de su paternidad como de una gran proeza. Se indignaba de pensar que no había en él bastante ternura y bastante gratitud para la mujer que le había dado el hijo.

—¿Y Rosita? –preguntó doña Milagros, que ya había comenzado a engullir un platazo de sopa.

—Duerme.

La buena señora apenas oyó la respuesta. Le interesaba ante todo la comida. Los años le habían dado una especie de bulimia, con tendencia a las gotitas de alcohol.

Una de las mayores alegrías de su vida era comer bien y beber mejor. Hablaba siempre de cosas relativas a la comida, se ocupaba continuamente del precio de los alimentos y de sus propiedades, sus vitaminas y sus calorías, aunque nada de esto tenía en cuenta cuando le agradaba una cosa.

En su gula no podía comprender cómo había mujeres desafectas a tan graves cuestiones. Ni siquiera Isabel se libraba de su censura. Experimentaba gran antipatía por las que se pintaban las uñas, refinamiento que creía incompatible con las tareas del hogar.

Se entendía en todo eso muy bien con Antonio, tan comilón como ella, apegado a todo conservadurismo, en su condición de pícnico[11] satisfecho de la vida.

Recibió a su cuñada con una broma:

—A ver cuándo nos das tú un buen día.

---

11 *Pícnico*: Un hombre pícnico es de cuerpo rechoncho y con tendencia a la obesidad.

No pudo ella ocultar su mal humor.

—¿Llamas buen día a esto?

—¡Naturalmente!

—Pues yo he pasado uno de los más malos de mi vida, viendo morir a Rosita. No comprendo cómo un hombre enamorado desee ver a su mujer en trance de muerte.

—En verdad –dijo doña Milagros, mascando a dos carrillos un muslo de gallina–, yo también he sufrido horriblemente... ¡pero es la vida! Todas pasamos por lo mismo. Ahora nos queda la alegría de tener un Antoñito tan lindo.

—Antonio no –rectificó el padre–. Se llamará Julito como el compadre.

—Debe llamarse como tú –dijo Julio.

—Ya vendrá más –respondió Antonio– agotaremos el Santoral.[12] Rosita quiere ser cadañera[13], como mi tía Lola, que tuvo veintiuno.

—Le costaría trabajo conocerlos –dijo burlona Isabel.

—No vivieron todos. Se le murieron diez y ocho.

—¿Para qué tener tantos entonces?

Fue doña Milagros la que respondió:

—Para hacer la voluntad del Altísimo. Van al cielo a rogar por nosotros. A mí los matrimonios sin hijos no me parecen benditos de Dios.

Berta vino en ayuda de Isabel.

—Eso es exagerar. Mi esposo y yo nos quisimos siempre mucho y fuimos felices hasta su muerte, sin haber tenido ningún hijo.

—Pero te hubiera gustado ser madre –insistió doña Milagros.

—No digo que no. Pero prefiero no haberlo sido a tener muchos hijos. No hubiera podido educarlos y atenderlos bien, y no existe espectáculo más doloroso que el de los pobres niños llenos de deseos incumplidos en una infancia atormentada.

La miró con simpatía Isabel. Berta, mayor que su hermano Antonio, poseía la belleza serena y matronil de las mujeres que tuvieron una vida noble y equilibrada. Parecía haber subido sin esfuerzo la cuesta de la vida y mirar serena desde arriba, con amable complacencia, lo que sucedía en torno suyo.

—Es que la mayoría de las gentes –dijo– no piensan la responsa-

---

12 Un santoral es una lista de los santos cuya festividad se conmemora en cada uno de los días del año.

13 *Cadañera*: una mujer que pare cada año.

bilidad en que incurren al traer un ser al mundo. Hay quien cree que los hijos son muñecos que se fabrican para tener con qué jugar.

—Las mujeres no debéis pensar así –dijo Antonio–. Precisamente vuestra importancia en el mundo es la maternidad. Por eso tenéis que atrincheráos en ella como en una fortaleza.

—Eso es cierto –asintió Julio.

Se enfureció Isabel.

—Pues yo no deseo tener hijos –declaró con violencia–. Fisiológicamente la maternidad me parece una porquería. Se engaña a las pobres mujeres cantando alabanzas a la madre, para que no se nieguen a dar a luz y no falten ángeles para el cielo y soldados para la guerra.

—¡No repitas eso donde te oigan! –exclamó tan escandalizada doña Milagros, que se le cayó de la mano la cucharada de crema–. Dirán que estás loca.

—Son bromas –disculpó Julio.

— ¡No lo creas! –afirmó Isabel resuelta.

—¿Acaso no me quieres bastante para desear un hijo mío? –preguntó él, herido ya en su amor propio.

—¡Como si eso tuviera que ver con el cariño!–respondió ella–. ¿Como si los hijos se necesitaran para ser los Cirineos del amor![14]

Estaba exaltada, nerviosa, próxima a echarse a llorar.

De nuevo la auxilió Berta.

—Conozco bien lo que le sucede a Isabel –dijo–, porque lo he sentido yo misma. No es culpa nuestra el no ser madres y nos mortifica la idea de estar inferiorizadas por eso ante nuestros maridos. Queremos persuadirnos de que la maternidad no tiene importancia. Mejor dicho, que la maternidad no es dar a luz, sino tener ternuras de madre. En eso sale el marido ganando cuando no hay hijos.

—¿Y crees –preguntó Antonio– que todas las mujeres tienen esa ternura con el marido?

—Sí... A veces sentimos una especie de rabia celosa, inconsciente y, como si escucháramos un mal consejo, en vez de aumentar la ternura que atrae el amor, buscamos ocasiones de riñas y disgustos. ¡Mimos de enamorados que provocan chubascos; pero pasan pronto!

Julio se levantó y fue a besar las manos a su mujer.

---

14 Un cirineo es una persona que ayuda a otra en algún trabajo penoso. La palabra elude a Simón Cirineo, que ayudó a Jesús a llevar la cruz en el camino del Calvario.

—Mi Isabel vale más que todos los hijos –declaró– y no quiero que sufra con esas ideas.

Ella se sintió conmovida por la paciencia de Julio.

—¡Qué bueno eres! –dijo.

—¡Bah! –exclamó Antonio–. Los hombres no somos nunca malos ni buenos. Queremos o no queremos. Eso es todo. No creas jamás en la piedad de los hombres.

Isabel no le prestaba atención; estaba en uno de esos momentos en que la ganaba la dulzura de Julio y se arrepentía de sus arrebatos.

En aquellas ocasiones solía caer en estados depresivos, de tristeza, de lágrimas, en los que hablaba de suicidio y de muerte. Julio tenía más miedo a estos accesos que a su cólera y sus contradicciones.

Pero de pronto, tan sin motivo aparente como había caído en la desesperación, tornaba a la alegría de un modo ruidoso; olvidaba los disgustos y envolvía a su marido en caricias violentas y apasionadas. Él era tan feliz con esas compensaciones del amor de Isabel, que ni siquiera se quejaba de su carácter arbitrario.

—Es más interesante así que una mujer gris y siempre igual –pensaba.

Sin saber cómo, no tardaba ella en sentirse de nuevo nerviosa, hostil para con su marido. Experimentaba una especie de deseo de vengar ofensas que no había recibido, como si fuese la representante de todo un sexo humillado por la fuerza y la arbitrariedad de otro sexo, cuando guardaba tantos elementos suyos que no se podía someter.

Llegaba a desear algo que los separase para siempre. Hubiera sido capaz de los mayores sacrificios por afrentarlo.

Luego, en sus ratos lúcidos, cuando lo veía triste y dolorido, se avergonzaba de sus sentimientos. Volvía entonces a encontrar su amor primero, los acentos de pasión y de ternura con que lo seducía y lo reconquistaba fácilmente. Ahora estaba en uno de esos momentos.

Hizo un esfuerzo sobre sí misma y le ofreció los labios a su marido.

—Tienes razón –dijo serenándose–. Las bromas con Antonio me han exaltado demasiado. Perdóname. Mis nervios han padecido mucho de ver sufrir a mi hermana y le guardo rencor.

Antonio se echó a reír con su bonachonería habitual.

Un vagido salía de la alcoba.

Todos corrieron hacia allí.

Rosita había despertado. Los sonrió con una dulzura de transfigurada. La expresión de sus ojos era más pura y más bondadosa, un poco bobina.

Berta cogió en sus brazos el paquetito de trapos y lo acercó a su hermano.

—¡Míralo! ¡Qué lindo! Te va a parecer... Me da cierto miedo ver cómo me mira. ¿No ves? ¡Qué cosa tan profunda tiene en los ojos!

En el espíritu contradictorio de Isabel mordía la envidia. Se sentía mal.

—Vámonos –le suplicó a su marido–. No estoy buena. Ponme la mano en el pecho. Siente mi corazón... Parece que va a estallar.

Era cierto. Julio experimentó pánico al pensar que la fuente de vida que sentía latir tan tumultuosamente se fuese aquietando y se pudiera quedar bajo su mano como un reloj sin cuerda.

VII

¿Por qué he hecho yo estos nudos? –se preguntaba Isabel. Miraba el minísculo pañuelo rodeado de encaje que, anudado en tres puntas, parecía un gorro pequeño.

Le era infiel aquel libro de apuntaciones en el que había querido grabar cosas que ahora escapaban de su memoria.

Resultaba peor que si no las hubiera anotado. Los nudos de su pañuelo se convertían en inquietante testimonio de que existía algo que debía recordar. Los miraba sin atreverse a deshacerlos, con la vacilación de quien tiene que borrar de la pizarra el problema sin resolver.

—¿Qué querría yo recordar con estos nudos? –se volvía a preguntar.

Escudriñaba ansiosamente en sus recuerdos, como si revolviera, con el brazo de la memoria, las más recónditas circunvoluciones de su cerebro, deseosa de encontrar la idea perdida entre ellas. Sus magníficos ojos oscuros buscaron el almanaque clavado en la pared del gabinete.

—¡Viernes!

Cuatro días que no salía de noche. A los tés y las visitas había llevado carteras y por las mañanas el gran bolso de piel. Le parecía raro haber olvidado tan por completo, en solo cuatro días, nada menos que tres cosas. Tal vez no usó el pañuelo y éste permanecía en el fondo de la bolsita mucho más tiempo del que pensaba. Lo acercó a la nariz y la memoria olfativa le hizo conocer la verdad de su última suposición. Conservaba el persistente aroma oriental del Chin-li y hacía más de un año que no lo usaba.

Le parecía ahora que aquellos nudos tenían la misión de recordarle cómo había cambiado de costumbres, de aficiones, de modo de pensar.

Hizo un gesto de disgusto ante la idea que acababa de surgir, y, presa del deseo de borrarla, sus uñas minadas en nácar mordieron en los nudos. Los deshizo y arrojó el pañuelo, al mismo tiempo que se encogía de hombros con un gesto de nadador cansado.

El espejo le enfrentó la silueta de su marido. Extendió, sin volverse, el brazo, con un aire lánguido, en seña de bienvenida. Él se inclinó, tomó la mano que se le ofrecía y la besó con amor repetidas veces.

—Te he esperado en el comedor para tomar juntos el desayuno, Isabel, hasta que Adela me ha dicho que no te habías vestido.

—No me siento bien, Julio.

Él notó entonces la frialdad húmeda de las manos de su mujer. La miró un momento con inquietud, pero en seguida se serenó y dijo:

—Pues estás bellísima. Tienes la hoja de la rosa en la cara.

Ella hizo un mohín de impaciencia.

—Es desesperante esto de que no la crean a una enferma porque tiene buena cara y piensen que es clicona[15] o que se queja de vicio. Me siento cansada, nerviosa, y no me meto en averiguar a qué llamáis buena cara.

—A tu aspecto general... luz en los ojos... animación… buen color...

—Y tú dices lo del vulgar proverbio: «Para creer en dolor hay que creer en color». Como si las mujeres no tuviéramos *la salud* en el tocador.

—Tú no debes nada al maquillaje.

—No seas niño. Me reía oyendo decir a Alfredo que él, para no engañarse con el color de las mejillas y de las uñas, les miraba las encías a sus enfermas. No ha llegado a sus noticias la pasta de esmalte que las enrojece.

—No eres justa en burlarte siempre de Alfredo. Es poco ducho en elegancias, pero tiene talento. Debíamos llamarlo.

—¿Para qué? Saldría con la socorrida neurastenia;[9] me recetaría tila o azahar, como si me mandara que rezase un padrenuestro. Se ne-

15 *Clicona*: (coloq.) mujer que expresa su desprecio moral con el sonido «clic» de su lengua.

16 La neurastenia es un trastorno funcional afectivo atribuido a la debilidad del sistema nervioso. Popularizado por la publicación de Sigmund Freud *La neurastenia y la neurosis de angustia* (1895), el término se usa en la narrativa de principios del siglo veinte para hablar del impacto físico y psicológico de la vida urbana en el ser humano.

cesita estarse muriendo para que los médicos crean que una tiene algo. Es preciso llamarlos con pulmonía, con cáncer, con viruelas, cuando ya se ha declarado la enfermedad incurable... pero nada de prevenirla.

—Alfredo no es un médico rutinario.

—Pero no tengo fe en él.

—Si las mujeres hacéis del médico cuestión de fe, van a triunfar los charlatanes sobre los hombres de ciencia.

—¡Te crees que soy una fanática ignorante!

—No te exaltes...

—¡Eso faltaba! Que tú tampoco me dejes quejarme, que te creas que me exalto... como si estuviera loca.

—No pienso tal cosa.

—¡Claro!... Por eso hacen tanta falta los médicos. Siquiera ellos tienen paciencia y piedad para oír nuestras quejas... y tomarnos en serio... Por lo menos en apariencia.

—Pero si estoy de acuerdo contigo.

Unos golpecitos dados en la puerta hicieron que Isabel serenase instantáneamente el rostro y dejase asomar a los labios frescos y gordezuelos una sonrisa apacible. Se verificó en toda ella una mutación de artista en escena. Había conocido a su hermana en el modo de llamar y no quería que la viese disgustada. Tenía ante ella más amor propio que con las demás personas.

—Adelante, Rosita.

Se parecían las dos hermanas, a pesar de tener rasgos distintos. Eran como dos cerezas de diferente tamaño y color, cuyos pedúnculos brotasen de la misma yema.

En la familia se decía que Isabel le había salido al padre y Rosita a la madre, cosa que debía marcar una gran diferencia, porque don Ricardo era andaluz y doña Milagros asturiana.

Las dos eran morenas, pero de una morenez diferente. Isabel tenía el moreno pálido, propio de las razas del sur, ricas en iodo, que daba a su piel algo de alagartado, con reflejo de escamillas plateadas.

El moreno de Rosita era norteño, colémico[17], con un ligero barniz aceitunado.

Isabel debía a su cabello negriazul y a sus cejas espesas algo de dureza en las facciones. Los magníficos ojos color tabaco, almen-

---

17 *Colémico*: en los años 20 y 30, esta palabra fue usada para describer a las mujeres sanas de cuerpo y de buen apetito. En esto Rosita contrasta con su hermana Isabel.

drados y un poco a flor de piel, suavizaban la expresión exaltada gracias a la orla de pestañas largas, fuertes y arqueadas que los velaba.

Rosita tenía un aspecto más dulce y plácido, debido a las cejas menos pobladas, el cabello más claro y ondulado, los ojos más hundidos y de color azul porcelana.

En los carácteres no existía ningún rasgo común. Eran dos temperamentos distintos. Se amaban con el rutinario amor de familia, engendrado por la costumbre y la convivencia; sin llegar a entenderse.

Sin darse cuenta, existía entre ellas una especie de emulación latente, por la que ambas se esforzaban en distinguirse y sobrepasarse.

—Me perdonarás que venga tan temprano –dijo Rosita besando a su hermana ruidosamente–, pero tengo que consultar contigo una cosa importante.

—Me alarmas.

—No hay motivo. Se trata sólo de que Antonio quiere invitar a comer a su corresponsal de París, a su esposa y a algunas otras personas... Vosotros no nos faltaréis...

—¿Y qué deseas?

— Que me aconsejes. Yo no soy mujer de sociedad como tú. No estoy al tanto de ciertas elegancias. Tengo siempre cosas más graves en qué pensar. ¡Cuando se tienen hijos!

Trató Isabel de ocultar el mohín de impaciencia que le producía la condición materna que su hermana invocaba constantemente.

— No sé si podremos ir –contestó Julio–. Isabel no está buena.

Se volvieron las tornas. Ahora que su marido aseguraba su enfermedad Isabel la negó, un tanto airada de que hablase de ella. La enfermedad era una cosa íntima, nada estética, debía ocultarse por pundonor. Nada le parecía más ridículo y enojoso como las mujeres que hablaban en público de sus males. Hallaba encantadora la frase «Estar sufriente» con que las francesas dignifican, pasivamente, el concepto de las miserias físicas.

—No tengo nada que merezca la pena de inquietarse –dijo.

Estuvo de acuerdo con ella Rosita, por esa facilidad con que se aceptan las opiniones que ofrecen menos molestias.

—Eso creo yo. No hay más que verte.

—Pues no está buena –afirmó Julio–. Insomnios, nervios...

—Mimos… que está acostumbrada a que la chacharées[18] demasiado. Es natural, porque no tenéis más que estar contemplándoos el uno al otro. Yo siempre digo que los matrimonios sin hijos no saben lo que son inquietudes y tareas.

Cuando después de charlar durante un largo rato de todos aquellos temas, que tanto desagradaban a su hermana, Rosita se decidió a marcharse, tan de improviso como había llegado, Isabel dio un suspiro de satisfacción.

—Es insoportable mi hermana –dijo–. Cuando viene, deja aquí, para todo el día, una mancha de resignación ovejuna, sombría. Dan ganas de abrir los balcones.

—Exageras un poco.

—Para ti siempre exagero. Parece que soy una mujer autoritaria, que te molesto... lo sé... y quizás tengas razón... Yo no me debía haber casado.

—¿Y que sería mi vida sin ti? Lo único que siento es que te mortifiques con esas ideas cuando no hay mujer en el mundo que pueda estar más satisfecha del cariño que inspira.

—Sí... Julio... Lo sé... Sé que me quieres... pero temo que no me vas a poder seguir queriendo... No puedo evitar ser así... No me debía haber casado... créelo... Hay en mí como dos naturalezas antagónicas... Yo misma no sé lo que deseo.

—Es que no me quieres.

—Te quiero... pero te guardo rencor.

—Quizá por el delito de amarte tanto.

—Porque me parece que desde que nos casamos tienes algo de amo... No te das cuenta... me tratas como si las mujeres fueramos algo muñecas... Como si no me creyeras tú igual.

—Me sorprende que se te ocurran esas ideas. No tienes motivo...

—¡Lo ves! Ya estás enojado. Y yo no puedo remedarlo. Soy rara.

—Eres un encanto, que ofreces hasta el de tener que conquistarte cada día.

Unió la acción a la palabra para abrazar a su mujer.

Ella se enfureció más.

—¿Lo ves? ¿Lo estás viendo, cómo no me tomas en serio?

Otros golpes en la puerta.

---

18 *Chacharear*: esto es un error en el original. La palabra es *chochear* (coloq.): extremar el cariño y afición a personas o cosas, a punto de conducirse como quien chochea.

Fue Julio el que preguntó con mal humor a Adela.

—¿Qué deseas?

—El peluquero...

Se precipitó hacia la alcoba para no cruzarse con el enojoso recién llegado, que interrumpía sus momentos de intimidad.

Isabel lo siguió con la mirada, que se había dulcificado. Lo veía bello, con su silueta gallarda y su rostro franco; pero instantáneamente pasaron por sus pupilas celajes[19] de odio. No podría decir si amaba o aborrecía a su marido en aquel momento. Se reflejaba en su rostro la mezcla de apasionamiento y de rencor que había confesado. Tuvo una sonrisa indefinible: un poco amarga, un poco irónica, un poco melancólica. Una mezcla de elementos antagónicos que bullían en su interior.

El peluquero respetaba la distracción de la señora y seguía en la puerta, inclinado, con el estuche de cuero bajo el brazo.

—Adelante, Mr. Luis. Hoy tiene también que cortar... Deseo cambiar la forma del peinado. Algo raro... nuevo... Algo que escandalice un poco... ¡Me gusta tanto variar!

19 *Celajes*: aspecto que presenta el cielo cuando hay nubes tenues y de varios matices.

VIII

Julio estaba sentado ante una gran mesa absorto en el examen de los papeles que tenía sobre la carpeta. Su aspecto era el del hombre que no puede pensar sólo en sí mismo y se encuentra satisfecho, sereno y tranquilo, entregado a su trabajo.

Adelantó Isabel silenciosamente, esparciendo un suave airecillo perfumado y dejó caer sus manos sobre los ojos de Julio.

—¡Mi Isabel! –exclamó éste, al mismo tiempo que besaba las manos juguetonas.

Lanzó ella una alegre carcajada.

—¡Atrevido! ¿Y si no hubiera sido yo?

—No podía ser otra. Mi corazón no se equivoca.

Se inclinó Isabel y lo besó en los cabellos, donde lucían algunas canas prematuras, cuya vista pareció aumentar su ternura. Era una mujer distinta de la que había sido horas antes.

—Venía a proponerte que no trabajaras hoy tanto –dijo.

Julio miró el reloj.

—Necesito ir al Banco.[20]

—Telefonea que no puedes. Vamos *a hacer novillos*[21] como dos chicos.

—¿Qué deseas?

—Dar un largo paseo en automóvil hasta Toledo... cenar allí... deambular por sus calles románticas a la luz de la luna... ¿Te gusta?

Él sonrió. Estaba ya acostumbrado al modo de ser cambiante y caprichoso de su mujer. No lograba saber nunca lo que pensaba o quería. Las cosas que le gustaban un día las odiaba otro, y le sucedía

---

20 Julio trabaja en al Banco de España cuya sede principal se encuentra en un edificio con fachadas a la Plaza de Cibeles, la Calle de Alcalá y el Paseo del Prado. Fue creado en 1856, como fusión del Banco de Isabel II con el Banco de San Fernando.

21 *Hacer novillos*: dejar de asistir a alguna parte contra lo debido o acostumbrado.

lo mismo con las personas. Cambiaba con igual facilidad de amigas y de sirvientes, sin volver a recordarlos.

Pero Julio tenía fe en su cariño.

Isabel había sabido reaccionar del profundo disgusto y el gran desaliento que experimentó en su matrimonio. La astucia femenil, única arma de defensa de la mujer, transmitida de generación en generación, le advertía que su interés estaba en mantener viva la pasión de Julio; y eso la obligaba a fingir una adaptación que no existía, y a buscar caricias que no le agradaban, como si fuese una mujer enamorada y sensual.

En el fondo de su espíritu existía una gran inquietud. Hubiera querido que cada día le trajese una impresión o una sensación nueva. La energía viriloide que se oponía a su instinto maternal no evitaba una voluptuosidad latente que necesitaba los triunfos de amor propio y las constantes diversiones.

Chachareaba a su marido para lograr con mimos sus caprichos.

—Hay que disfrutar ahora que todo encanta y satisface –le decía–. Cuando pasen los años ya no necesitaré joyas ni adornos. Ya no seré bella.

—Tú lo serás siempre, y cuando pasa el tiempo es cuando se necesitan mayores comodidades. Tal vez hay mayores ilusiones.

—Pero no es cosa de dar a rédito la felicidad real de hoy por un mañana, que quizás no tendremos.

Julio acababa por ceder siempre e Isabel lo recompensaba con su alegría y sus cariños. Mientras estaba ocupada en buscar un nuevo modelo de traje, un sombrero o un adorno, se la veía contenta y encantadora. Acostumbrada a no encontrar resistencia a sus deseos, oyó sorprendida que Julio se negaba a complacerla.

—No puedo faltar hoy a la reunión que vamos a celebrar –le dijo.

Se acercó a él, se sentó sobre sus rodillas y le hizo collar de sus brazos.

—¿Estás disgustado conmigo? –preguntó mimosa–. ¿No me quieres ya?

—¡Te adoro siempre!

Tuvo un acceso de alegría.

—¡Maridito mío! ¡Qué bueno eres! ¡Cuánto te quiero!

Julio la contemplaba, feliz de verla tan bella. Olvidaba en esos momentos de pasión todo lo que tenía de insoportable a lo largo de los días.

—No me quites el gusto de este paseo –insistió ella.

—¿Crees que no lo desearía yo tanto como tú? –dijo él.

Pero Isabel, en lugar de responderle, preguntó a su vez, cambiando de tono:

—¿Le gusta mi nuevo peinado?

Le mostraba su cabeza con el pelo corto.

—Sí... ¡Pero eran tan bellos tus rizos!

—Así parezco un muchacho... Me he rejuvenecido. Mírame bien.

Se alejó de su lado y comenzó a pasear por el despacho. Julio la miraba en silencio. Apreciaba la feminilidad de su modo de andar. La disposición del esqueleto, en la amplitud de toda su fuerza vital, hacía que convergiesen sus piernas e imprimía así al tronco una especie de rotación, que le daba un balanceo garboso y lleno de languidez.

Sentía la atracción de la novedad con que el cambio de atavío, en contraste con la feminidad, exaltaba su pasión. Se levantó y atrayéndola hacia sí le dijo:

—Bueno..., haremos lo que tú quieras... Nos iremos donde desees.

Isabel sonrió satisfecha en su amor propio, y, en vez de devolver el beso a su marido, sus ojos buscaron el espejo, como para convencerse de la razón de su triunfo.

Quedó satisfecha de su examen.

—Verdaderamente, este peinado me sienta bien..., pero parezco otra... Julio va a hacerme traición conmigo misma –se dijo.

Julio, a su vez, estaba contento con la alegría de su mujer, y pensaba:

—Cuando se la deja hacer lo que quiere está encantadora. Mientras pueda ¿por qué no he de complacerla y proporcionarme esta dicha?

IX

—Un amigo que se casa es un amigo que se pierde –le había dicho Alfredo[22] a Julio cuando le pidió que fuese testigo de su boda.

Recordaba Julio la frase, recriminándose el haber pasado tanto tiempo sin ir a ver a su amigo.

Cuando se abrió la puerta del ático tuvo la sensación de salir al campo.

Por el balcón del rascanubes veía un extenso horizonte: La Moncloa[23]..., con sus árboles amarillentos y ahornagados como si estuviesen maduros... Más allá, la llanura... El Guadarrama[24] al fondo. Un paisaje que rimaba con el espíritu recio, enterizo, de Castilla.

Alfredo estaba en pijama, como adormilado por el aire sestero de la altura.

—¡Te has atrevido, a pesar de este calor, a llegar hasta mi palomar! –dijo en tono de alegría–. ¡Hace tanto tiempo que no nos vemos!

—¡Sí, mucho tiempo!

Quedaron un momento silenciosos. Su amistad era una cosa fundamental en la vida de ambos. La habían heredado de sus padres, que habitaron en la misma casa. Su infancia había transcurrido partiendo juegos y estudios, con cariño de hermanos.

Alfredo, de más alto valor mental, ejercía sobre Julio la influencia de un hermano mayor.

---

22 Muchas de las ideas del personaje Alfredo reflejan en momentos claves de la novela algunos elementos del pensamiento científico de Gregorio Marañón.

23 La Moncloa se halla situado junto a la Ciudad Universitaria de Madrid y cercado por un complejo gubernamental que incluye, en torno al espacio aislado del Palacio y sus jardines, empleados hoy como vivienda presidencial, otro círculo más amplio y también protegido, que acoge edificios vinculados a la Presidencia del Gobierno.

24 La cercanía a Madrid (60 km) de la Sierra de Guadarrama ha hecho que tenga un papel importante en la historia del país y que figure como espacio poético en mucha narrativa española.

Cuando Julio, siguiendo las huellas de su padre, se dedicó a la Banca, en cuanto acabó la carrera de abogado, Alfredo le dijo riendo:

—Hacemos mala pareja. Tú eres un señor de esos que a fuerza de manejar dinero se convierten en su libro mayor, y yo no he soltado aún la blusa blanca de los internos.

Era cierto. Al acabar en Madrid su doctorado en Medicina se matriculó, para ampliar estudios, en la Universidad de París, primero, y en la de Berlín después, sin perder su aire de estudiante novato.

Cuanto más estudiaba era mayor su sensación de falta de sapiencia y ocultaba su anhelo de saber, con una especie de rubor, como si fuese algo que debía hacerse perdonar.

—Es que prolongo la vida de estudiante –decía–, sin más diferencia que la de no tener que acreditar mi sabiduría diciendo unas cuantas vaciedades ante un tribunal un par de veces al año. Así hago durar más la juventud. La primera arruga que se marca en nuestra vida es el portazo que da al cerrarse a nuestra espalda la puerta de la Universidad.

Al fin se decidió a ejercer su carrera y opositó una plaza de médico de beneficencia, pero renunció a ella a los pocos meses, declarando que era incompatible con las ordenanzas a que tenía que sujetarse.

Pero su carácter no era para permanecer inactivo; opositó la plaza de médico de un regimiento y pasó a África para asistir a los soldados.

—Lo hago para robustecer mi antimilitarismo –declaraba.

Desde entonces no se habían vuelto a ver, aunque Alfredo regresó al poco tiempo. Un botellazo dado en la cabeza de un oficial, al que sorprendió haciendo fullerías en el juego, una noche en el Casino, y la falta de respeto al jefe que quiso mediar en el asunto, le obligaron a presentar la dimisión de su cargo, y gracias a la intervención de amigos influyentes, no tuvo mayor transcendencia. Alfredo había dejado la milicia con alegría.

—Yo no podía estar en un sitio –dijo– donde el sargento tiene siempre más razón que el cabo y el capitán más que el teniente, y donde se aplica el Código Penal hasta a los caballos y a los carros que caen en falta, imponiéndoles ridículos arrestos. He visto un pobre automóvil condenado a prisión perpetua por habérsele roto el freno, sin respeto al general que lo ocupaba.

Unas nuevas oposiciones lo colocaron de médico de bomberos, pero, en lugar de limitarse a cumplir su misión de curar, fue el primero en subir por la escala y manejar las mangas, con un fervor que hizo necesario acudir en su socorro.

—He fracasado en todas partes –afirmaba muy satisfecho de sus contratiempos, como si ellos le hubieran servido para darle el conocimiento del valor exacto de la vida.

—Lo único que deseo –añadía– es tener la llave de mi espíritu y no dejar que me influya la opinión ajena, pues nada que esté fuera del radio de mi voluntad debe inquietarme.

Fiel a esta aspiración vivía encerrado con la vieja gobernanta que había heredado de su madre.

Julio había querido arrastrarlo con él al matrimonio. Le parecía que lo iba a dejar más solo al casarse.

—No quiero quitarte ilusiones –dijo Alfredo–. Pero yo no me casaré si no llego a encontrar un suero fabricado con sangre de los dos cónyuges; que haga consistir la ceremonia nupcial en ponerles una inyección, con la cual se aseguren el amor y la fidelidad, a fin de que el lazo sea verdaderamente indisoluble.

—Sin necesidad de eso –dijo Julio algo molesto– existen, afortunadamente, matrimonios dichosos. Algunos llegan a compenetrarse de modo que hasta se parecen en el tipo físico.

—Así deseo que sea el tuyo; pero yo no soy adaptable para el matrimonio. Este es como las plantas que no se pueden desarrollar sin abono y clima apropiado. Yo continuaré siempre soltero.

A pesar de que Isabel no le era simpática, no pudo negarse a ser testigo de la boda. La mirada perspicaz y analizadora de Alfredo no lograba penetrar bien en la esposa de su amigo; reconocía su hermosura; pero se le presentaba como un temperamento complicado y peligroso para la felicidad de Julio. Le molestó que la joven estuviese con él amable y complaciente.

—Yo siempre había creído que las antipatías eran mutuas –pensó–, y no había sentido la molestia de no corresponder bien a las personas que me tratan con afecto. Sin duda tengo una prevención injustificada hacia Isabel. Algo de suegra o cuando menos de cuñado, a quien le disgusta que se anteponga en su afecto otra persona.

Alfredo se sentía contento de ver a Julio de nuevo a su lado. Se borraba la idea de la larga ausencia para recibirlo con la misma sencilla alegría con que lo esperaba el día antes.

—¡Ha cambiado tanto todo para mí en este tiempo! –dijo Julio, contestando con esta disculpa a la exclamación de su amigo.

—Yo sigo encontrándolo todo igual –dijo Alfredo–. Manuela arranca todos los días, cuando limpia la habitación, la hoja de mi almanaque, y apenas me doy cuenta de los días que pasan.

—Es que tú no has cambiado de vida como yo.

—No lo achaques todo al tiempo y a las circunstancias –respondió Alfredo–. Tengo la suerte de ser un flaco fuerte, tipo atlético, lo que se llama un esquizotímico,[25] y de ahí mi carácter concentrado, inquieto y entusiasta, a pesar de mi materialismo. Tú has engordado y las grasas actúan sobre el temperamento; no quieren que las turben. Por eso, al pasar de flaco débil o leptosómico,[26] a gordo, se acentúa la tendencia conservadora. Cree que para variar de ideas basta un cambio de peso. Lo que más envidio es un gordo vulgar, un pícnico como tu cuñado Antonio. Pero no hablemos de mí, que soy invariable. Cuéntame tus cosas. ¿Cómo está Isabel? ¿Tenéis hijos?

—No... y ese es mi gran pesar. Isabel carece en absoluto de instinto materno. Sería capaz de divorciarse si le hablase de tener hijos.

—Es lástima. Aunque yo no soy de los que creen que la humanidad es cosa tan excelente que se deba perpetuar; en este caso se pierde una buena ocasión de producir un tipo superior.

—¿Por qué?

—Los hijos geniales nacen sólo de temperamentos dispares.

—Pues Isabel huye de la maternidad, que tanto seduce a las demás mujeres. Yo creo que han influído en ella las exageraciones de Rosita, que no habla más que de su chico a todas horas.

—Son dos hermanas muy diferentes. Rosita padece una ausencia de hormonas generales que le hace caer en la frivolidad más feliz; pero si las mujeres fuesen francas, muchas confesarían esa falta de instinto materno; unas porque guardan una energía viriloide que se opone a él; otras porque su voluptuosidad, manifiesta o latente, ve un estorbo en el hijo. Pero, aparte eso. ¿Eres feliz?

—Quiero mucho a Isabel y tengo voluntad de serlo.

---

25 La esquizotimia es un desorden de la afectividad caracterizado por retraimiento, hipersensibilidad, inhibición y conductas insolidarias.

26 Una persona leptosómica es caracterizada por la delgadez y altura del cuerpo.

—¿Lo consigues?

—Sí... en lo que cabe... Isabel es buena... de carácter un poco frío. Como está mimada, es algo caprichosa y tornadiza... Pero sabiéndola conllevar, es una chiquilla.

—Para eso le haría falta el hijo... Muchas mujeres son como instrumentos desafinados hasta que los tienen.

Julio se sentía molesto. Alfredo era como el espejo en que veía, a pesar suyo, lo que no hubiera querido ver. Varió la conversación.

—¿Sigues siempre decidido a continuar soltero? –le preguntó.

—¿Qué duda cabe? Hasta continúo siéndole fiel a Concha. Es la única mujer que me conviene. Ya la conoces.

—Te confieso con franqueza que no comprendo tu amor. ¡Es una mujer tan distinta de ti!

—¡Es claro! Por eso no reñimos. Yo no la amo ni la estimo. Pero no me distrae ni me molesta. Discurre como la punta de un colchón.

—¿Y cómo la soportas?

—Hago una obra de caridad librándola de otro hombre que la maltrate. Ella es feliz y yo estoy tranquilo. Eso es todo.

—Y no te propones ejercer seriamente la medicina.

—Proponérmelo, sí; pero no he tenido suerte de que se declare una buena epidemia para tener clientes. Ya ves. Esta es mi hora de consulta y tu visita es la única que ha hecho sonar el timbre.

—Es que tomas la vida en broma, Alfredo, y parece que tienes empeño en ocultar tu talento y hacer que se desconfíe de ti.

—No creas eso. Tomo la vida con toda su seriedad, aunque trate de librarme de su tragedia, sin adoptar aire transcendental. Es preciso que desaparezca la idea de que los hombres de ciencia deben ser hoscos, graves, incapaces de reír, cuando la risa es el mayor signo de superioridad. Los animales no ríen.

—Ni los dioses tampoco. Fíjate. En todas las teologías encuentras dioses que lloran, pero no ríen jamás.

—Pues yo, pudiendo elegir entre la divinidad y la risa, me quedaría con la risa.

—La conservas porque no tienes problemas graves en la vida.

—Te equivocas. Es que estoy convencido de que cada problema tiene forzosamente su solución y la vida se encarga de dársela. Esos almanaques que tienen un problema semanal y ponen bajo él «La solución mañana», son un símbolo. Un día, al quitar la hoja, encontramos la solución de todos nuestros problemas.

X

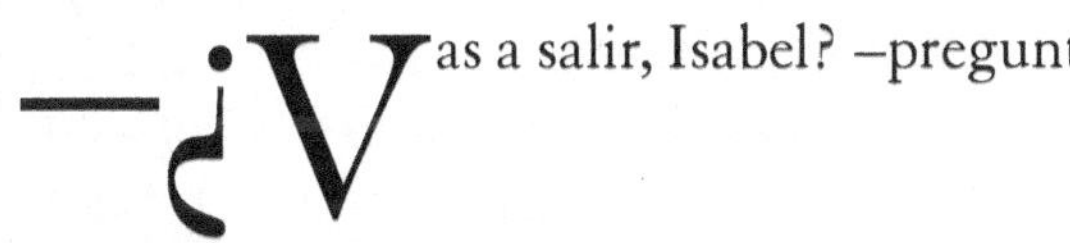

—¿Vas a salir, Isabel? –preguntó Julio.

—Sí.

—¿Con Lina?

—Sí.

Había algo de desafío en la arrogancia con que pronunciaba aquella afirmación.

Él pareció vacilar.

—¿No sería mejor que te hicieras acompañar de tu hermana?

—¡No me lo digas! Es insoportable. Siempre con el niño a cuestas. Me deja olor a nodriza en el auto.

—¿Tu madre?...

—Está ya metida en la cama. Desde que comienzan los primeros fríos apenas se levanta. Allí come, allí lee, allí van las amigas a tener su partida de juego... y ahora con la radio y con el niño lo tiene todo completo. Se pasa la vida con los auriculares puestos y Julito al lado.

—Realmente, Isabel, nuestro ahijado es encantador, tan rubio, tan bonito. ¿Es posible que no lo quieras?

—No es eso... lo quiero... como quiero a mi *Kees*...[27] Pero no me siento *tía*. Las exageraciones de su madre y de su abuela me hacen antipática al pobre niño.

Julio guardó silencio. Ella estaba nerviosa. Conocía que necesitaba dar la batalla a su marido para que no intentase impedir su intimidad con Lina, la amiga predilecta.

—¿Es que te disgusta que vaya con Lina? –preguntó.

27 *Kees*: El Keeshond es un perro pequeño de mucho pelo empleado como perro de vigilancia. El nombre Kees también suena a «kiss», palabra en inglés que quiere decir beso.

—Sí... tienes demasiada facilidad para admitir en tu trato personas que no sabemos bien de dónde vienen ni apenas quiénes son.

—Es que solamente en las novelas sabemos quién es cada persona, desde que nace hasta que se muere, y dónde puede hacerse un capítulo para cada cosa. La vida nos lo da todo mezclado, revuelto; se confunden unos personajes con otros. Aparecen, nos dicen lo que quieren, se van y no sabemos más de ellos. No debe preocuparnos ni su fin ni su comienzo. Basta con que sean correctos y agradables mientras los tratamos.

—Pero la sociedad es exigente, Isabel –insistió él–, y si te ven acompañada de gentes dudosas se alejarían de ti.

—Eso sería si tú te declararas en quiebra –respondió ella burlona.

—No seas loca. Hablo de las personas serias, para las que no es el dinero el único valor.

—Pues yo prefiero no tratar a esas gentes gazmoñas, a las que tú llamas serias, mejor que prescindir de mis amigas. Después de todo, el Mundo es como el Infierno. Está formado de círculos, y como no se puede estar en todos a un tiempo, es preciso quedarnos en el que más nos agrade.

Él no se atrevía a insistir pero estaba decidido a desplegar toda su energía. Isabel había ido poco a poco rodeándose de amigas más propicias a la alegría y la frivolidad que las linajudas damas que la aburrían haciéndole tomar parte en sus juntas y fiestas de beneficencia; pero sus amistades habían sido siempre poco duraderas. Tan pronto se metía a una amiga en el corazón como dejaba de verla y no la recordaba más.

Sólo Lina había sabido tomar ascendiente sobre ella. Se había hecho la indispensable a su lado. Le ayudó a cambiar el decorado de la casa, con una elegancia sorprendente. Todos los muebles habían sido escogidos por Lina, sin descuidar ningún detalle. Gracias a su esfuerzo las habitaciones estaban llenas de comodidad, de rincones confidentes y agradables, sin nada vulgar ni chabacano.

La dirigía también en sus trajes. Parecía tener el don de adivinar los caprichos de la moda antes de que se generalizasen. Isabel estaba satisfecha de los triunfos que obtenía por la influencia de su amiga. Se hacía elegante y bonita en un grado insospechado hasta para el mismo Julio.

Era un triunfo de feminilidad, de pleno desenvolvimiento de su belleza, cuyo poder dominaba a su marido. Ella lo conocía y sabía utilizarlo.

—¿Qué tienes que decir de Lina? –le preguntó resuelta.

—Realmente nada... pero me molesta tanta intimidad...

—¿Vas a tener celos?

—No es eso. Hay algo en ella raro, una coquetería, unos modales... No está bien vista.

—Es indigno que digas eso... Es una señora casada. La esposa de un diplomático...

—De un viejo, que le triplica la edad y la deja hacer cuanto quiere.

—Porque no hace nada malo. Me consta, ¿sabes? Está enamorado de ella hasta el punto de resultar un compañero gentil.

—Di que está dominado, con esa sumisión de los viejos que se sujetan a la pasión de la última mujer que despierta su interés.

—¡Es indigno que hables así! –exclamó ya furiosa Isabel.

Aunque Julio le temía a los arrebatos de su mujer no quiso darse por vencido.

—Don Miguel es un pobre hombre –continuó– que está en ridículo y hace por no enterarse de los caprichos de su esposa.

—Te aseguro que no tienes razón. Lina es buena, tiene un temperamento nervioso, algo desequilibrado, porque es una verdadera artista.

—Veo que te ha enseñado la lección como al marido, para que se lo disculpéis todo, por sus anomageniales.[28]

—Y tú has aprendido las calumnias de Rosita, de Antonio, de todos los que ven con malos ojos que yo tenga una amiga con quien poderme entender. ¡Pobre Lina! La insultáis por causa mía. Solo porque es mi amiga. Solo porque yo la quiero.

Julio hizo acopio de energía.

—Pues supongamos que sea así; no quiero que te muestres más en público con ella.

Isabel conoció que era el momento de recurrir a la violencia, segura de dominar al fin, y rompió a llorar con desconsuelo.

Julio suavizó la voz.

---

28 *Anomageniales*: : término psicológico de la época que combina la palabra *anomia* (un conjunto de situaciones que derivan de la carencia de normas sociales o de su degradación) con el adjetivo *genial* (aquí en el sentido de propio del genio o inclinación de alguien).

—¡No seas niña!

—Eso pienso... no ser niña… No me dejaré dominar así... No cederé a caprichos injustos... Me iré lejos... me suicidaré.

Se retorcía en una crisis de nervios.

Su marido tuvo miedo y cedió, como siempre.

—¡Cálmate, Isabel! ¡Isabel mía! Es verdad... he sido injusto... Un poco celoso. ¡Te quiero tanto!

La cubría de besos y de caricias, sin ver el esfuerzo con que ella se sometía a soportarlas para asegurar su triunfo.

Estaba realmente hermosa con la palidez esparcida sobre el tinte mate de su tez morena, y hacía resaltar más el dibujo correcto de sus facciones de medalla clásica. Los labios empurpurados con el lápiz tenían algo de flor de adelfa, amarga y atrayente. Daba la sensación de que le habían crecido los ojos, y le iban a seguir aumentando, hasta devorarle todo el rostro, convertido ya sólo en ojos, florecidos e incandescentes, entre la palidez y la demacración. Era una belleza nueva y malsana que envenenaba a Julio.

—Si no fuera tan hermosa sería insoportable– se decía él algunas veces, para disculpar consigo mismo su condescendencia ante los caprichos de Isabel.

XI[29]

Julio besó las manos de Lina y de su mujer y quedó parado hasta perder de vista el automóvil.

Estaba convencido de que había sido injusto, un poco celoso del afecto de Isabel a su amiga.

Había rogado él mismo a Lina que la acompañase.

Gozaba con la alegría de su esposa y le parecía haber cometido una grave falta enturbiándola.

Isabel estaba apasionada de su automóvil. Era el regalo que más le había agradecido a Julio. Le parecía que la bocina de su auto tenía un ladrido de perro alegre, penetrante, capaz de poner en conmoción al barrio. Eran inconmensurables la alegría y el orgullo que experimentó las primeras veces que al oír el grito de la bocina le anunció Adela:

—El coche espera a la señora.

Salía con un paso distinto de su paso ordinario; más rítmico, más entonado, más seguro; y la cabeza gallardamente levantada, con esa gallardía propia de las mujeres españolas, tan acostumbradas a llevar el peso de flores y de altas peinas. Sus ojos inquietos y fugitivos miraban a todos lados, espiando el placer de ser vista.

No era el suyo un automóvil vulgar, era un *Packard*[30] elegantísimo, último modelo, todo forrado de piel, con espejos y búcaros como un gabinete de coqueta; donde la iluminación eléctrica le permitía lucir su lujo y su belleza.

Las primeras semanas apenas dejó entrar el auto en el garage, ni

29 Dos capítulos de la novela son enumerados XI. Hemos decidido mantener el error para no causar ninguna confusión para lectores que consultan el original.

30 Durante la gran depresión, la compañía norteamericana Packard produjo los mejores y más famosos coches construidos.

descansar al chófer, especie de gigantón, de cara colorada y cabellos rubios, elegido por decorativo, como si formase también parte del coche. Lo tuvo ocupado de teatro en teatro, de visita en visita y de paseo en paseo.

No sabía hablar más que de su auto; de la marcha en primera o en tercera; del motor; de las bielas. Fundaba su orgullo en la belleza de su coche.

—Es el mejor que se pasea por Madrid –decía a las personas de su confianza–. Como que Julio lo encargó a Nueva York, la ciudad más grande de la tierra; la que tiene las casas más altas, mayor número de habitantes, y, por lo tanto, los mejores autos.

Los que deseaban congraciarse con ella le hablaban de su coche como a las madres extremosas se les elogian los hijos.

Se sentía como en un trono llevando a Lina a la izquierda. Consideraba a ésta, como al chófer, un complemento de su automóvil.

Tenía Lina la habilidad de saber disimularse y dejarle a ella el primer lugar. Parecía que toda la belleza y la gracia de Lina servían sólo de fondo para hacer resaltar la belleza de Isabel.

Se apoderaba de ésta, cada vez más, un excesivo narcisismo, una degeneración de espíritu que se traducía en un culto exagerado a su morfología y a su hermosura.

Aunque en realidad Lina no era tan hermosa como Isabel hubiera podido competir con ella y hasta vencerla con su mayor arte de coquetería, y con la frescura de juventud que se desbordaba en ella. Poseía la sugestión de feminilidad voluptuosa que despierta el deseo: cabellos rubios y rizados, tez blanca y rosa; boca grande, de labios finos, rojos, jugosos, incitantes; y un conjunto picaresco; de nariz chatilla y ojos pequeños, hundidos, llenos de malicia, con más luz que color.

Habían salido de la población y el auto corría por la carretera del Pardo.[31]

Daba la sensación de hallarse muy lejos de toda gran ciudad, por lo solitario y sin paseantes que estaban los alrededores.

Lina se lo hizo observar.

—Mira, no encontramos más que automóviles en este paseo. Parece que Madrid está solo habitado por potentados y que nadie va a pie.

31 La Carretera del Pardo lleva a los madrileños al pueblo de El Pardo, que se extiende a lo largo del río Manzanares, y se encuentra a unos kilómetros de la zona más cercana de Madrid. Es rodeado por el Monte de El Pardo, antigua reserva cinegética de los reyes de España y zona natural protegida.

—No digas eso –respondió Isabel–; acuérdate de que hace un momento no podíamos transitar entre tanta gente en las calles.

—No me entiendes. Hablo de la sensación que da en cuanto se sale de entre las casas. Desaparece hasta la ciudad, que carece de perspectiva. La gente se queda encerrada en ella, como si no tuviera necesidad de sol, de aire, de respirar.

—Quizás sea verdad lo que nos decía Mlle. Dufresne, que los españoles abrimos tanto la boca para hablar que no necesitamos tomar más aire.

Lina ya no prestaba atención a lo que hablaban. Había mandado al chófer que se detuviese.

—Voy a manejar yo un rato– declaró.

—Te tengo un poco de miedo –dijo Isabel.

—Haces mal; no hay cosa que tranquilice los nervios como el cuidado del volante. Sin el auto yo me hubiera suicidado. He tenido veces de escapar como una loca de casa y correr, correr sola por los caminos, con deseos de estrellarme... Luego, al cabo de un rato, la carrera inhibía el pensamiento y volvía a casa tranquila, casi feliz. Ven a guiar tú. Debías aprender.

Isabel se negó. Sabía que sacaba más partido a su belleza, de aire reposado y majestuoso, conservándose reclinada en los almohadones de su coche o de su salón, que en el dinamismo de cualquier deporte.

Lina se entregó al placer de manejar el coche durante una hora, y al fin fue a detenerse delante de Fuente la Reina. Tomar allí el té le parecía una patente de elegancia.

La llegada de las dos amigas produjo sensación. Las mujeres las miraban con envidia, lo que no impidió que las saludasen cariñosamente.

Muchos galanteadores se acercaron.

Isabel parecía no darse cuenta de los sentimientos que inspiraba.

Sabía fingir la ingenuidad para disimular su coquetería y la vanidad que experimentaba al sentirse hermosa y deseada.

Era hipócrita hasta consigo misma.

—Yo no le falto en nada a Julio –pensaba– con gustarle a los demás. No me interesa ninguno. Me agrada ser elegante y bella para hacer rabiar a las mujeres y para rechazarlos a ellos. Nada me divierte tanto como vencerlos y hacerles sufrir.

Había algo de cierto en eso. La lucha de su temperamento le hacía buscar los homenajes con coquetería femenina y al mismo tiempo sentía repugnancia hacia todos los que la cortejaban.

La proximidad del hombre no la turbaba como a Lina. Permanecía serena, tranquila, como asexuada entre todos los que la rodeaban. No experimentaba conmoción de ninguna clase. Dulce, sonriente, dueña de sí misma, sin esfuerzo alguno, paseaba una mirada dominadora sobre las personas y sobre el paisaje, árido y duro, que se extendía ante su vista.

En cambio Lina se convertía en otra mujer. Su aire de cansancio, casi de aburrimiento se había trocado en despierto y vivaracho.

Se había embellecido como flor abierta al sol. Sus mejillas se coloreaban, su mirada se hacía más brillante. Palpitaba en ella la hembra, con toda su capacidad amorosa, vehemente y exaltada.

Sus ojos se encandilaban bajo la influencia de las miradas que buscaban la suya. Era como si todo su cuerpo se empinara sobre la punta de los pies.

XI

Doña Milagros entraba en el invierno como en un túnel del cual no sabía si podría salir.

Era como si en la encrucijada de los fríos esperase agazapado el asesino que había de matarla.

Gorda, calvicana, abotargada a consecuencia de los excesos gastronómicos, doña Milagros se pasaba todo el invierno en la cama. Allí comía y recibía a las amigas, que iban a acompañarla en su partida de juego.

Presidía la reunión sentada entre almohadas, apoyada, en un respaldo de rejilla y con un tablero colocado sobre el lecho a guisa de mesa. Tenía el aire de una convaleciente grotesca, con el rostro maquillado, que conservaba una rara movilidad juvenil.

La llegada de Isabel ponía en conmoción toda la casa. Se interrumpían todas las conversaciones, de política, de arte, de feminismo, de sucesos y de vecindad, pues no había cosa a la que no pusieran un comentario absurdo. La miraban todas con una especie de desconfianza, conociendo que no se entendían bien con ella.

Rosita salía, para recibir a su hermana, de su gabinete donde se pasaba el día entero, ocupada en algún bordado primoroso, o de la cocina, encantada de hacer algún plato para Antonio, que sólo paraba en casa a las horas de comer.

Las visitas de Isabel eran casi siempre breves. Se limitaba a darle a su madre unas cuantas docenas de besos; traquetear con sus caricias a Julito, lo que hacía palidecer a Rosa, y salir huyendo con su *Kees* en los brazos.

Era como si opusiera su lulú[32] a la maternidad de su hermana. El perrito resultaba como otro adorno del auto, cuando asomaba la cabeza inteligente por la ventanilla. En verdad, Isabel no distinguía mucho entre el cariño de *Kees* y el de Julito.

Realmente era hermoso Julito. Falto de aire y de luz, padeciendo el agobiante amor de la madre y de la abuela, que se aferraba a él con absorbente maternidad senil, tenía una blancura mate y una languidez de azucena marchita. Su cabello rubio, en rizos alrededor de la cabeza y sus ojos de azul marino, le daban el aire de un pajecito recortado del cromo de una novela romántica.

Todas las contertulias de su abuela y las amigas de su madre se lo comían a besos. Estaba siempre entre ellas, y para que no diese tormento, Rosa lo ponía a coser o a bordar a su lado.

Antonio solía protestar en vano.

—No eduques al chico como una niña. Estamos en un tiempo en que se debería ponerle a los muchachos bigote postizo desde la cuna –decía–. Hay que acostumbrarlos a mantener su sexo.

Tuvo una alegría en encontrar allí a Berta y accedió gustosa a la invitación de su madre para quedarse a merendar.

Berta era la única que le agradaba de todas las amigas que rodeaban a doña Milagros e iban todas las tardes a tomar con ella el chocolate.

Doña Pepita fue a sentarse a su lado. La buena señora era una especie de institución en el barrio. Tenía la manía de no mudarse de casa. Había alquilado una habitación a la dueña del piso en que vivía, y cuando dos años después, la propietaria cambió de piso, doña Pepita se negó a dejar su habitación, y como tenía su contrato en regla, no pudieron echarla. Se veían en la precisión de alquilar el piso con doña Pepita dentro.

Tuvo Isabel que resignarse a que la enterara del precio de todos los alimentos. Era una costumbre adquirida hacía ya muchos años por doña Pepita, la de ir al mercado para enterarse del precio de langostas, truchas, faisanes, perdices y todas las frutas y verduras tempranas, más caras.

Le quedaba ese resabio de la época en que podía comprarlo todo y desconfiaba de las criadas, porque tenía a gala ser una dueña de casa modelo y capaz de administrar al céntimo.

---

32 Un perro lulú es de compañía de tamaño mediano, color blanco, pelo largo y abundante, hocico puntiagudo y orejas rectas.

Ahora, que apenas tenía para comer todo el día nada más que un pedazo de pan y ensalada, excepto los domingos, que reponía las fuerzas con una chuleta y un vaso de vino, gracias a los ahorros de la semana, continuaba saliendo todos los días para saber el precio de las cosas y decírselo a las amigas.

El servicio que les prestaba era completamente desinteresado, pues desde que estaba en la pobreza su altivez le impedía aceptar ninguna invitación. El chocolate de doña Milagros era la única excepción que hacía.

Extrañó a todas que Isabel rechazase el chocolate.

—Es demasiado pesado para mi estómago. Solo quiero una taza de té.

Se escandalizaron de que no tomase aquel chocolate españolísimo, que doña Milagros mandaba fabricar expresamente, y servían espeso, como crema, en las enormes tazas.

—¿Cómo puedes tomar el té sin azúcar? –dijo la hermana.

Todas atracaban torradas, emparedados y dulces.

—¡Parece mentira que te prives de todo por mantener la línea! –añadió la madre.

Isabel se vengó asustándolas.

—Al chocolate se le deben una gran parte de las muertes de los niños presas de convulsiones. Tiene propiedades epilépticas.

Doña Pepita salió a la defensa de su manjar predilecto.

—Está casi probado –dijo– que el maná de los Israelitas no era más que una especie de chocolate.

Su manía era conocer la Biblia y llevaba trabajando para refutar las interpretaciones que ella creía erradas más de diez años, cuando una inesperada tormenta de verano dio al traste con todos los pedacitos de papel, fajas de periódicos y sobres vueltos del revés en que escribía su obra, y que había dejado sobre la mesa, cerca del balcón abierto.

Desde entonces estaba desconsolada y no hacía más que hablar de las cosas que había escrito y perdido.

Todas convenían en que estaba un poco loca. Su debilidad fomentaba su extraña monomanía religiosa. Estaba continuamente preocupada con los versículos bíblicos que conocía y quo no pasaban de la primera parte del Génesis.

El problema que ahora trataba de resolver era el contenido en el versículo: «Dios creó todos los animales y los presentó a Adán, que les puso a cada uno su nombre».

Doña Pepita quería averiguar ¿en qué idioma bautizaría Adán a los animales? ¿Con qué ortografía se escribirían sus nombres? Ella creía que siendo tantos no perduraría el nombre primitivo por tradición oral y le inquietaba mucho pensar si estarían los nombres bien traducidos.

Doña Manuela se reía de las interpretaciones de su amiga.

—La Biblia –decía– es un libro inmoral. En ninguna parte he leído atrocidades mayores.

Doña Milagros la llamaba al orden. Ella era ferviente católica y no le gustaba que doña Manuela hablara así y escandalizase a las demás señoras con sus juicios radicales de republicana y librepensadora.[33]

—Eso está feo –le decía–. Hasta a los hombres más radicales no les gusta que las mujeres sean así.

—¡Qué desgracia ser mujer! –exclamaba convencida doña Manuela.

Casi todas las demás estaban conformes con ese deseo, menos Rosa, que no concebía otra vida distinta de la suya.

La más entusiasta era doña Rosario, una señora larga, seca como un látigo, bigotuda y patilluda, con vello cerdoso hasta dentro de la nariz, y una rigidez que aumentaba su sordera. Se mostraba en teoría tan gran enemiga de los hombres como lo era en realidad de las mujeres.

Iba siempre acompañada de otra señora gordita a la que parecía haberle comunicado su alelamiento, según lo lenta y helada que era para hablar y para moverse. Siempre que le preguntaban algo tardaba en contestar lo bastante para dar tiempo a que resolviera doña Rosario.

Isabel se sentía molesta en aquel medio. Berta la había dejado sola y conversaba muy complacida con dona Luisa en un ángulo de la habitación.

Contemplaba Isabel el perfil de doña Luisa, pequeña, menuda,

---

33 En 1931, el término «republicano» refirió a cualquier persona que apoyaba la Segunda República Española, que fue el estado democrático que existió en España en el período que abarca desde el 14 de abril de 1931, fecha de proclamación de la misma y de la salida de España del rey Alfonso XIII, al 1 de abril de 1939, fecha de la victoria definitiva del bando insurgente en la Guerra Civil Española que siguió al golpe de estado del 17 de julio de 1936.

con rostro dulce, tímido, rosado e infantil. Una carita de niño. Había acumulado a sus cincuenta años de edad otros cincuenta de narraciones que los antepasados habían depositado en ella. Era como la crónica viva de anécdotas interesantes e íntimas de todo un siglo. Sabía referirlas con un gran encanto de sencillez, pero de un modo tímido. A fuerza de hablar de las grandes figuras del pasado se había identificado con ellas y resultaba la mujer de otro siglo. Exageraba la cortesía de manera que daba el tratamiento de caballero y señora a todas las personas con prodigalidad de americano recién enriquecido. Si iba de visita, cogía las pesadas sillas de tapicería para dejarlas colocadas en su sitio y hasta parecía pedirles perdón a los chóferes cuando les daba propina.

Sin duda contaba alguna de sus historietas a Berta, pues ésta la oía con el encanto que tienen generalmente todas las evocaciones del pasado.

Se disponía Isabel a ir a escucharla, cuando se le acercó doña Concha, una solterona, algo parienta, la cual conservaba de la ruina de su cuerpo, que se había secado, unos hermosos ojos claros y saltones y una cabellera ondulada, muy blanca, con blancura de harina de trigo.

Vivía la buena señora animada sólo de dos pasiones: comer bien e ir al cine. El verano iba con doña Milagros y el invierno tenía que marcharse sola. Le parecía una infidelidad a su amiga, pero la recompensaba contándole la película, con una serie de detalles tan minuciosos, que podía hacerse cuenta de que ella la había visto.

El día que no iba al cine se sentía muy desgraciada y no hacía más que suspirar, con una especie de asma, y lamentar su soledad.

—¡Por qué no me habré yo casado!

Estaba en uno de esos días e hizo víctima a Isabel de su tristeza, recordando su pasado con nostalgia de superviviente. Se apoderaba de ella una manía depresiva de la que sólo el cine lograba sacarla.

Y mientras Isabel soportaba todo aquello, Julito aumentaba su malestar subiéndose y bajándose de su falda, rodeándole con los brazos el cuello, besuqueándola y apretándola, sin respeto a sus vestidos ni a su peinado.

Cuando Berta se puso de pie, se apresuró a ofrecerle un puesto en su auto y aprovechar el pretexto para escaparse.

—No sé cómo mi madre tiene valor para soportar todos los días a estas señoras –le confesó.

Berta rió maliciosa y dijo:

—¿No adivinas el secreto?

—No.

—Porque todas están sordas o casi sordas. No hay nada mejor para que logren entenderse.

XII

Los árboles parecían querer meterse las manos en los bolsillos y subirse el cuello de los abrigos.

Convertidos en matojos de leña seca, se encogían ateridos, paralizada la savia en sus arterías, con el sufrimiento que les causaba el frío.

Rasgó la bocina del automóvil, como una navaja barbera, la densa tela que tejía la helada en torno del apartado hotel de Berta.

Saltó Isabel del coche y cruzó el jardín con paso ligero inclinándose hacia tierra, con ese instinto de disminuirse y esconderse dentro de sí mismos para escapar de la inclemencia invernal.

Berta acudió a su encuentro y la condujo a su gabinete.

Allí era primavera. El dulce calor de los radiadores ofrecía un agradable contraste con el frío de la calle, que se adivinaba a través de los vidrios escarchados, en el color de aguardiente aguado de la atmósfera y en las estrías de nubes lechosas, que entoldaban el cielo.

Dentro de la habitación reían las flores lozanas en búcaros de cristal y en alabastrones; las cornucopias reproducían los objetos de arte, de un gusto irreprochable, y los muebles y los cortinajes se armonizaban dulcemente para formar el ambiente agradable, grato y blando que imprime en las casas el espíritu de sus moradores.

Esparcía el té su débil perfume penetrante, con algo de opio, y predisponía a la intimidad.

Isabel se sentía bien al lado de su amiga. Había algo en ella que invitaba a la confianza. Tal vez el verla alejada de luchas y ambiciones, el mirarla un poco al margen de la vida; un margen alto, desde el que dominaba su panorama.

Viuda, de posición sólida, de carácter abierto, franco y libre de preocupaciones, Berta daba la impresión de haber llegado a esa gran comprensibilidad que es fruto de dolores, y en vez de poner en el alma heces de un sentimiento negativo, huraño y amargo, dejan un perfume bondadoso, dispuesto a tonificar a los demás.

Se prometía Isabel al lado de Berta su tarde de reposo y no pudo reprimir un movimiento de disgusto al ver aparecer detrás de la doncella, sin darle tiempo de anunciarla, la figura menuda y graciosa de Joaquina.

—Me voy –principió diciendo ésta–. No os mováis. Recibí tu invitación, Berta, y vengo a decirte que no me esperes.

—¡Pero si ya estás aquí!

—No me puedo quedar. Mirad cómo vengo.

Se entreabrió el abrigo y se quitó el sombrero.

—¡Pero criatura! –exclamó Isabel–. ¿Cómo vienes sin vestirte ni peinarte?

—Estoy desesperada.

—¿Qué te sucede? –inquirió Berta.

—¿Para qué queréis que os lo cuente? Os burlaréis de mí.

—Te aseguro que no.

—Sí... ya sé que todas decís que soy tonta... «Joaquina es tonta». «Eres tonta». Me vais a convencer.

—No pienses eso –dijo con bondad Berta–. Nunca he creído tal cosa.

—¿Verdad que no? Es que parece como si hubiese estado toda mi vida metida en una caja y de pronto me hubiesen levantado la tapa para salir de la oscuridad al sol. ¡Me encuentro en un mundo tan distinto de mi provincia! Confieso que me gusta, y como soy buena y no sé callarme mis impresiones, me llaman tonta... pero ya voy aprendiendo.

Berta se echó a reír.

—Creo que tu marido ha hecho mal dejarte venir sin él a pasar tan larga temporada en Madrid.

—No me hables de mi marido, no lo puedo soportar. Cuando yo estaba tan tranquila, comienza a escribirme que debo volver a casa. Seré capaz de divorciarme.

Rieron las dos amigas. No se daban cuenta de todo el deslumbramiento de la joven provinciana al verse en una sociedad tan distinta de la que conocía. Sola, al lado de su tía, se había apoderado de ella la embriaguez de recorrer tiendas, visitar modistas, revolver perfumerías y no cesar de visita en visita, de baile en baile y de paseo en paseo.

—Me moriré si tengo que volver a soportar otra vez esos días monótonos, largos, interminables, que no se sabe cuándo acaban ni cuándo comienzan, tan iguales y pesantes –confesó.

—¿Pero no amas a tu marido? –preguntó Berta.

Joaquina vaciló.

—Sí... lo amo. ¡Naturalmente! Debo amarlo...

—¿No es bueno para ti?

—¿Bueno?... ¡ya lo creo! Un santo. Un verdadero santo. ¡Yo preferiría que no lo fuese tanto!

—No te comprendo.

—Es fácil... mi marido es buenísimo, pero no me hace feliz.

—¿Por qué?

—Cuestión de carácter. Es apático, indiferente... No se ocupa de mí...

Desplegó ante sus amigas todo el panorama de su vida para hacerles ver el contraste entre su carácter ardiente, turbulento, infantil, con una vehemencia que la proximidad a los treinta años no había logrado amenguar, y el de un marido apático, descuidado, displicente, que la miraba de un modo semipaternal y que sólo se ocupaba de sus deportes. Les pintaba sus ensueños, sus romanticismos, sus ansias de ternura, de caricias, que el marido no adivinaba siquiera.

—Yo soy una chiquilla –les aseguraba–. Tengo ansia de jugar... de vivir... quisiera que me pegara... y que después me besara mucho.

Lo decía todo con un gesto gracioso e infantil que rimaba con la gran feminilidad de su morfología. Pequeña, redonda, de líneas acusadas, parecía una de esas figuras de cera que lucen los peinados en los escaparates de las peluquerías de moda. Tenía movimientos felinos y seductores. Un gran fuego interno parecía abrillantar el color de su tez morena, su cabello negro y ensortijado y los ojos grandes, en los que ardía un brillo de fiebre, que encendía los labios de bermellón. Un tipo tan femenino, tan sensual, tan puramente de mujer de carne, daba la perfecta sensación del instinto animal invitando a la vida al goce con toda plenitud de despreocupación y libertad.

Berta, con su bondad materna y la autoridad que le daba su vida pura y serena trató de tranquilizarla.

—No seas niña. Sacrifícate un poco, y verás cómo todo se encauza bien. ¡Quién logra ser dichoso por completo!

—¿No lo eres tú?

—No se trata de mí. Desde la muerte de mi marido hago una vida serena... sin pasiones. Eso que es insoportable para ti... Yo creo, en cambio, que la tranquilidad es lo que más se parece a la felicidad.

—Y tú, Isabel... ¿eres dichosa?

—Casi, casi.

—Pero no del todo... ya se ve... siempre estás triste.

—Sí... pero eso es cosa independiente de mi marido... Cuestión de carácter... toda la vida he sido así... desde niña... Descontentadiza. Me falta siempre algo.

—Pues no te entiendo.

—Ni yo tampoco. Lo tengo todo, y sin embargo, no soy feliz. Yo quisiera no ser mujer. ¿Queréis creer que a veces siento un deseo loco de morir, de suicidarme?

—Lo mismo que yo –saltó Joaquina–. Si no fuera porque me marcho al cine todas las tardes y me distraen las películas, ya me hubiera tirado por el balcón.

Berta rompió a reír e Isabel se puso seria. Debía encontrarse ridícula en aquel momento.

Se levantó Joaquina.

—Quería decirte una cosa... Berta... Perdóname, Isabel.

Llevó a su amiga aparte.

—Si preguntan por mí di que estoy aquí. No es por nada malo, ¿sabes?... pero mi tía está insoportable... Me quisiera secuestrar. Ahora da en la manía de que salgo sola... No puedo prescindir de mi cine, de mi paseo, de mi té... ¡Por caridad, di que he pasado la tarde contigo!

Y mientras hablaba se dirigía a la puerta, de prisa, como si quisiera evitar la negativa.

Las últimas palabras las dijo ya en la antesala y desapareció sin despedirse siquiera.

Berta se quedó un poco desconcertada ante el extraño acuerdo de aquellas dos mujeres, de temperamentos dispares, que se creían incomprendidas. La falta de feminilidad y el exceso de ella producían el mismo resultado.

XIII

La gran jarra de cristal cuajado, con su aspecto de escarcha, daba frescor al mirarla.

Manuela la había colocado sobre la mesa y se había ido. Connaturalizada con Alfredo sabía ya adivinar sus deseos y sus pensamientos.

Se llenaron los vasos de la mezcla hecha con zumo de sandía, mezclado al jerez y al marrasquino, donde nadaban, aromatizando la bebida, pedazos de manzanas, de peras, de bananas y de albaricoques.

Julio paseó la vista por la estancia para apreciar la nueva instalación de su amigo.

Había una veintena de relojes de todos tamaños y formas, que ponían con el ruido y el movimiento de manecillas, péndolas y figuras, un extraordinario ambiente de vida en torno suyo.

—Tengo todas las horas a toda hora –dijo Alfredo–. Y este no poder poner de acuerdo mis relojes es para mí una fuente de filosofía, que me hace tolerar el desacuerdo de las gentes y no obstinarme en ponerlas en hora. Basta con darles cuerda.

Julio se levantó para pasar mejor revista a todos aquellos relojes caprichosos.

De uno de ellos salía una procesión que daba la vuelta a su caja, de un modo serio, acompasado, grave y trascendental, mientras que en otro, dos negros golpeaban con sus martillos la cabeza de un buen hombre. En otro una mujer miraba correr a sus pies un simbólico arroyuelo. Al extremo opuesto un barco, con su velamen desplegado, se balanceaba como si hubiese de llegar a un país desconocido; un gallo lanzaba su cacareo y de varias portezuelas salían vigilantes cucos, para advertir que estuviesen alerta, los que no sentían pasar las horas.

—El que más me impresiona –dijo Julio– es esta bella dama, de cuyo hermoso brazo mama la sangre, mientras el tiempo la sostiene con actitud de caballero galante.

—Sin embargo, hay el consuelo de que no se sabe qué cantidad de sangre queda en sus venas; como no se sabe el agua que resta en la fuente, ni las veces que vamos a ver moverse las manecillas de nuestro reloj de bolsillo. Lo que yo no puedo sufrir –fíjate en que no hay ninguno– es el reloj de arena. Es el único en que se ve cuándo va a caer el último grano.

Estaba distraído Julio mirando las vitrinas donde los instrumentos de cirugía aparecían rodeados de polichinelas, muñecos de trapo y juguetes verbeneros, toscos, de gracia grosera a veces, pero extraordinarios como esa especie de flores raras, que abren una vez y no vuelven a repetirse más.

Desaparecían las paredes bajo los cuadros de arte y las telas antiguas y raras, entre las que era vano buscar su título de doctor. Reían divinidades olímpicas y faunos ágiles, en mármoles y bronces sobre las repisas de las librerías, en las que se entremezclaban libros de estudio, en diversos idiomas, con novelas y poesías. Divanes, tapices y almohadones, formaban recantos más propicios a la molicie y la conversación amistosa que a la confesión profesional.

Frente a la ventana un telescopio espiaba las bellezas del cielo, del que parecía prolongación el techo de la estancia, constelado de estrellas de talco, bombillas de colores y flores y animales de porcelana.

Se veía que Alfredo había tornado su posición en la vida con la filosofía de los que se arrellanan cómodamente en el asiento del tren para pasar lo mejor posible las horas del camino. Sin poseer la alegría rutilante del hombre satisfecho de la vida, tenía la alegría serena del que da poca importancia a las cosas, y cumple el deber de guardar el gesto agradable, por la necesidad de respetar a los demás, sin amargarles la vida.

Julio no pudo por menos de decirle con cierta admiración:

—Te aseguro que aquí no se cree uno en el gabinete de un doctor. Este tic-tac. Toc-toc.Tic-toc de tus relojes no son muy a propósito para dejarte oír el soplo de la aorta ni los roces de las cavernas pulmonares.

—Veo que tú tampoco confías mucho en mi ciencia.

—No lo creas. Precisamente vengo a rogarte que veas a Isabel. No está buena.

—Haces mal en recurrir a mí para eso.

—¿Por qué?

—No querrá hacerme caso. El médico amigo no tiene, salvo algunas excepciones, el prestigio del desconocido. Yo desagrado a todas las mujeres. Por lo general, les gusta que les digan que están graves, que les prescriban regímenes difíciles, cambios de clima, baños y... hasta operaciones. Las hay que se dejarían rajar con gusto por tener unos días de importancia en la familia.

—En este momento, Alfredo, quiero que te dejes de bromas. El estado de Isabel me inquieta y hay en ella, realmente, algo que depende más de influencias de su espíritu que de enfermedad de su cuerpo.

Alfredo se quedó mirando a Julio y le dijo:

—¿Por qué no eres franco conmigo?

Él vaciló y al fin repuso:

—Porque tengo miedo de serlo conmigo mismo.

Le refirió todos sus disgustos. Su continuo sufrimiento con el carácter de Isabel, irascible, caprichoso, tornadizo y frívolo, compensado con sus gracias y sus caricias.

—Hay momentos en que me parece perversa y amiga de hacerme sufrir –confesó.

—Creo que exageras algo –dijo Alfredo–. Yo la he creído siempre una hipertiroídica[34] de temperamento complicado, pero ya que lo deseas, la veré. Es preciso cogerla desprevenida, que no se dé cuenta de hallarse frente al médico. Deseo auscultar primero su espíritu. Hay enfermedades que se agarran al hígado espiritual o al cerebro del espíritu y luego se extienden a los órganos del cuerpo físico, así como otras veces son estos los que enferman a los órganos espirituales. Sin el conocimiento del *doble* que existe en cada persona, yo no soy capaz de diagnosticar.

—Te confieso que tengo cierto miedo a tus teorías.

—Haces mal. Estoy convencido de que el espíritu padece cáncer, viruelas y tercianas, y de que amor, repulsión, virtud o vicio, no son,

34 El hipertiroidismo es una enfermedad donde prevalece aumentada la síntesis de hormonas que, sin tratamiento, resulta en una serie de problemas de salud física y mental.

en la mayoría de los casos, más que lo que podríamos llamar imperativos categóricos de nuestro organismo.

—Según eso, el mal es como una diabetes.

—Casi, casi. La danza macabra no es danza de la muerte, sino de vivos. Da miedo de que nos cojan de la mano y nos obliguen a dar vueltas en ella. Las más profundas y desconcertantes desdichas que quiebran para siempre la vida, provienen del enemigo que nos acecha agazapado dentro de nosotros mismos.

—No crees en la responsabilidad.

—¿Qué nos importa la responsabilidad? El tratar de hallar culpables es un sentimiento de odio hacia los semejantes, disfrazado hipócritamente con los nombres de pureza, justicia, equidad... Yo pienso que es mejor remediar los males pasados y evitar los futuros, que perseguir a quienes los causaron. Digo como Buda: «Hay que ser dulce con todos los seres vivos».

—En eso estoy conforme.

—Naturalmente. Has engordado. Ya sabes mi teoría. Basta un cambio de peso para una mudanza de ideas y de sentimientos o para un mayor desarrollo de ellos. Tú, bueno siempre, aumentas tu bienestar en el almohadillado de tu gordura. Quizás los flacos somos los únicos causantes de todas las luchas.

XIV

Tenía la casa el aire hostil y endomingado de las casas en fiesta.

Los criados andaban por todas partes, arreglando muebles, cortinas y flores; retocando todo, como si lo despertasen de un sueño.

Al llegar los invitados debían notar esa falta de intimidad que ofrecen los salones donde no se habita diariamente, cuando se preparan para el espectáculo.

Julio fue a buscar a Isabel. La encontró en su tocador, frente al espejo, tan alta, tan pálida, con una palidez que daba a su color moreno tono de ópalo. Sabía, con el instinto ártistico que poseen las mujeres, hacerse la figura, evitando el aire agrio y ordinario, que da el rojo y el naranja a las morenas. Su traje, de un tenue verde Nilo, era del mejor gusto. No había sido poco el trabajo de elegir y el de vestirla y peinarla. Llevaba ya una hora apurando la paciencia de su doncella quitándose y poniéndose trajes, haciendo y deshaciendo el peinado y cambiando zapatos.

Sobre su hermoso descote lucía un soberbio collar de perlas.

Al volverse vio a su marido y le salió al encuentro con su sonrisa melancólica.

—Gracias, Julio, gracias. No sabes cuánto te lo agradezco. Es precioso.

Se volvía hacia el espejo moviendo su collar.

—¿Te gusta?

—Muchísimo... y más aún tu delicadeza... Cada año te superas en tus regalos ¡y son ya tantos!

—Porque cada año te quiero más.

—Y yo a ti.

—Demuéstramelo.

—¿Cómo?

—Dejándome besar el collar puesto.

Se inclinó y besó a su esposa en la garganta con un beso largo y apasionado. Ella escondió el rostro entre los abundantes cabellos de su marido.

Cuando él se alzó Isabel tenía los ojos llenos de lágrimas.

—¿Lloras?

—No, no sé... Una rara emoción. Esta sensación que me aflige en los momentos más felices, como si me faltase algo.

—No me quieres, Isabel.

—¡Sólo me faltaba que dudaras de mí!

—No es eso.

—Sí. Lo veo. Estás siempre descontento.

—Porque te veo sufrir a ti sin explicarme el motivo.

—No es nada agradable una mujer que sienta plaza de enferma. Lo comprendo.

—No seas injusta. Vamos al salón. Nos esperan.

—Bonita cara llevaré con estos disgustos.

—Estás divina. Tu traje es del mejor gusto.

—Pero no le va bien la luz esta. Es color para lucirlo al sol. Estoy por cambiarlo.

—¡No, por Dios! Mira que no podemos estar más tiempo sin atender a las personas que nos esperan.

Rompió a llorar Isabel.

—¡Mucha hipocresía, muchos regalos, y muy poca ternura! Ves que me ahogo, que me falta luz y no me haces caso. No te fijas en mi espíritu. Esa consideración sería el mejor regalo. Pero no te importa nada. ¡Y estas perlas! Ahora que hay imitaciones tan perfectas creerán que no son buenas... Y sería mejor que no lo fuesen... Me dan frío las perlas todas. Yo prefiero los corales, los rubíes, las gemas de color...

—No pienses ahora en esas cosas. Vamos al salón.

—Ahora iré. No es cosa de hacer una entrada triunfal luciendo mi collar y mi marido.

—¡Qué cosas dices!

—¿Te has ofendido ya otra vez?

—No...

—Apenas me tengo de pie. Estoy haciendo un esfuerzo. Me siento mal.

—¿Qué tienes?

—No sé, opresión, falta de aire, ganas de llorar.

—¡Niña mía!

Isabel sollozaba.

—¡Vamos, vamos! Tranquilízate. Pueden creer otra cosa.

—Tienes razón; es una estupidez. Se me habrán estropeado los ojos.

—Un poco.

—No puedo salir así. Me pondré más color.

—Me atrevería a rogarte que no lo hicieras.

—Necesito ocultar las huellas de lágrimas, la tristeza de la mirada.

—En ti todo lo que sea ocultar es restar hermosura.

—¡Bueno, vete!... Me tranquilizaré mejor sola. Necesito lavarme los ojos.

—Como quieras.

Apenas salió Julio, ella corrió a la puerta.

—¡Julio, oye!

—¿Qué quieres?

—Que me des un beso.

—¡Qué niña!

—¡Ah! ¿No quieres? Ves cómo me guardas rencor.

—¿Quién te ha dicho que no quiero? Un beso y mil. Ya se me ha quitado la prisa.

—Es que no quiero que me creas desagradecida e ingrata.

—Jamás pensaría tal cosa.

—Soy esclava de los nervios, bien lo sabes. Hoy he tenido que sufrir mucho. ¡Son todos tan torpes! Hasta a la doncella se le ha ocurrido ponerle a *Kees* lazos del color de mi vestido. Pareceré una de esas mamás que llevan el niño *assorti* como si fuese un accesorio de su *toilette*. ¿Cómo voy a salir así? Compréndelo. Por eso me desespera que me des prisa.

—Manda que le cambien a *Kees* los lazos.

—Eso haré... pero... ¿No te parece que esta espalda me hace una arruga?

—No, es el movimiento de tu brazo al volverte hacia el espejo. Es un modelo lindísimo y te sienta admirablemente.

—No sé si fiarme de ti. Siempre me encuentras bien.

—No creo que eso te moleste.

—Es que parece que no te fijas. ¡Ah! Espera. Tengo que cambiar de sortijas... con las perlas no van bien las piedras de color. Sólo admiten brillantes... Realmente no hubiera querido perlas... Dicen que auguran las lágrimas que se van a derramar, que nos trasmiten sus enfermedades, que se mueren y que nos matan.

—Si no te gustan las cambiaremos.

—¡Qué ideas tienes! ¡Tanto como he deseado este collar!

—Te lo compré por eso.

—Pero sin consultarme.

—Quería darte una sorpresa y verdaderamente veo que siempre me equivoco.

—¿Lo ves cómo estás disgustado por dentro?

—¿De dónde sacas eso?

—Es en vano que lo ocultes.

—Pero...

—¿Por qué dices *siempre*?

—Porque al tratarse de ti todo es siempre para mí. Tienes que pensar si te gustan o no las perlas, porque el collar reclama los pendientes y el anillo y la pulsera. Hay que contrarrestar con la abundancia de ellas el maleficio.

—¿Me los comprarás?

—Sí.

—¿Cuándo?

—En seguida.

Palmoteó llena de alegría.

—¡Maridito mío... qué bueno eres y cuánto te quiero!

Lo besaba apasionadamente. Él tuvo que reprimir su entusiasmo.

—Vamos al salón.

Volvió a ponerse seria.

—No quiero que me compres nada.

—¿Por qué ese cambio?

—Temo que me creas interesada.

Él la estrechó contra su pecho y con un cómico aire de autoridad le puso la mano sobre los labios.

—La señora no dirá ni una palabra más y aceptará las joyas que le traiga su maridito.

XV

Después de haber ido de grupo en grupo, con ese aire que toma la dueña de la casa los días de gran recepción, como de florista que pone violetas en el ojal de todos los invitados, Isabel fue a sentarse entre el grupo que formaban algunas señoras en torno de un anciano diplomático, que entretenía a los oyentes con el relato de las más recientes chismografías y enredos de la aristocracia. Los escuchaban con interés, a pesar de no conocer a las personas de que hablaban, por ese especial encanto que tiene para las burguesas meter la cabeza por la puerta que entreabren las grandes damas. Era algo parecido a los que en tiempo no lejano iban a ver entrar las gentes en las recepciones de palacio.

Al llegar Isabel varió el tema. Don Francisco, gran conversador, guardaba las fórmulas de cortesía de los salones del siglo XIX y se apresuró a dirigir un cumplido a su atavío, que fue origen de que se comenzara a pasar revista a la indumentaria de todas las asistentes.

—Aquí no está usted en su lugar –dijo una señora al ver acercarse a Alfredo–. Los hombres de ciencia no entienden de modas.

—Permítame que le diga que la moda es una ciencia. Además sabemos admirar a sus intérpretes. Un bello traje es la partitura que ejecuta la que lo lleva.

—Hablábamos del traje de Lina. Ella cree que es un modelo y la han engañado. Lo han lucido ya la Cienfuegos y la San Martín.

—Eso no le impide estar bellísima.

—En este caso no se puede usar ese verbo, que tanto confunden los extranjeros, por el que ahora corresponde. Tiene que *estar* bella porque *es* bella –intervino el diplomático.

—Sin embargo, hay que advertirle que se va poniendo un poquito gruesa –dijo maligna una de sus amigas.

—Por Dios, doctor, envenéneme pero deme algo para adelgazar –exclamó Lina, fingiendo mayor susto del que sentía.

—¿Para qué? Así como la obesidad representa mal estado de salud, el estar gruesa, con la fuerte lozanía de usted, es cosa agradable. Predispone a la alegría.

—La moda es estar delgada.

—Y hasta flacas, ya lo sé. Pero crea que a pesar de la moda el éxito sincero no es para los huesos. El esqueleto no es una forma amable de la belleza.

—Cierto –afirmó el diplomático que conservaba una tez tan fresca, lisa y brillante, que parecía henchida con viento, como los fantoches.

—En los modelos de la belleza clásica no aparecen las mujeres flacas –siguió diciendo Alfredo–. No se comprende una Venus griega huesuda, ni una matrona romana esquelética. Hasta los senadores, tan nobles entre la envoltura de la toga, eran todos hombres fuertes. El tipo alámbrico es propio de todos los períodos de decadencia.

—¡La caraba![35] –exclamó una joven, disgustada de que no elogiase su armadura de hueso y pellejo.

Todos se echaron a reir. Hallaban gracia a la exclamación de la gente del pueblo en boca de una señora.

—¿Usted no dice nada? –le preguntó Alfredo a Isabel.

—Oigo y veo con gusto que usted, a pesar de ser un filósofo, no desdeña la moda.

—Distingo: En primer lugar yo no soy filósofo. Los filósofos no sienten como yo el dolor de las cosas.

No hace más que pensarlas y mientras guardan su alma cuidadosamente envuelta en su gabán de pieles. La filosofía es su cota de malla. Yo me parezco más a los poetas, cuyas almas desnudas sienten todos los dolores, de tal modo, que no experimentamos una gran conmoción sin recordar a un poeta que nos crispara de antemano con las quejas de su padecer, como un presentimiento.

—Quizás tiene usted razón –respondió Isabel–, pero yo no lo hubiera incluido nunca entre los poetas.

---

35 Según la jerga de la época, una persona *caraba* es una persona fuera de serie, extraordinaria, tanto para bien como para mal.

—¿Dónde entonces?

—De no colocarlo entre los filósofos, entre los humoristas.

—No; los humoristas no ríen con mi risa franca y sin transcendencia. Tienen la risa del conejo y con su broma aparente nos escalofrían de desesperanza. Sus saetas son el confeti del pesimismo.

Se detuvo. Se rió de sus propias palabras y continuó diciendo:

—Perdóneme usted que me haya puesto demasiado transcendental con eso de la filosofía. Aún no he contestado a la segunda parte de su pregunta. Es cierto que yo, que aparento tomarlo todo a broma, suelo tomarlo todo en serio. La moda me parece una ciencia utilísima, que es una rama de la lógica; por eso las mujeres, que tienen una gran lógica, se preocupan tanto de ella.

—Se va a burlar de nosotras –intervino Lina.

—No soy capaz de tal cosa. Hablo muy seriamente. Dentro de nuestras costumbres la moda es una gran aliada de la mujer. Gracias a la moda se mantiene el interés amoroso. La melena ha hecho más en favor del matrimonio que todas las doctrinas y las leyes.

—Hace usted unas asociaciones de ideas muy extrañas.

—No lo crea. La moda, que renueva a la mujer, la favorece para mantener la ilusión del hombre. Hay quien sin el cambio de su mujer ya se hubiera divorciado y la variedad ha vuelto a reenamorarlo. La melena corta, apareció a raíz de la Revolución Francesa, como un homenaje a las guillotinadas, y ha vuelto a aparecer en el momento necesario.

—Entonces usted cree que ha sido tan importante para las mujeres la conquista de los cabellos cortos, como fue la del pantalón para los hombres –intervino el diplomático.

—Sí... pero a la inversa. El pantalón fue importante porque diferenciaba bien los sexos. La melena porque los confunde. Es siempre la lógica. Comienza a admitirse que nadie es varón en absoluto ni hembra en absoluto... De aquí la confusión de trajes y accesorios.

Hubo una protesta general que se extendió por el salón. Todos querían mantener la integridad de su sexo.

Rosa fue a comentar lo que llamaba «disparates de Alfredo», con su marido y don Miguel, que se habían hecho fuertes en el comedor.

Alfredo siguió hablando con Isabel de cosas triviales y mezclando sus palabras con risas. Ella, engatada[36] por su sencilla frivolidad, no se cuidaba de ocultar sus ideas y sus sentimientos.

—Tiene usted cierto espíritu de contradicción.

—No lo niego.

—Algo como lucha de sexos contrarios.

—Muy explicable, porque me educó mi padre. Mi infancia fue la de un chiquillo.

—Sin embargo es usted muy femenina.

—Mucho... pero... debo confesarlo. Me entiendo mejor con los hombres. Hace un momento me preguntaba usted por qué no tomaba parte en la conversación. Es que cuando hablan mujeres de sus cosas no las entiendo realmente, y en cambio, reconozco mis sentimientos en los sentimientos de ustedes.

—Y en esa dualidad, ¿qué querría usted ser?

—Preferiría no ser... o ser hombre.

—¡Pobre Julio!

—¡Oh! Entonces él sería mujer.

Como si desease cortar la conversación se levantó para ir a reunirse con Berta y se encontró manos a boca con Manolo Santiesteban, que entraba en el salón apoyado en el brazo de un joven pálido con grandes ojos melancólicos y cabello negro.

—Adolfo Suárez –dijo presentándolo.

—¡Adolfo Suárez!

Era el autor de «Las Incomprendidas», el novelista famoso, en cuyas heroínas había encarnado ella tantas veces. Aquel hombre conocía su alma y había adivinado sus pensamientos. Muchas veces, a sus solas, pensó en escribirle toda su admiración y subrayarle aciertos de psicología, en los que había descubierto la razón de algunas de sus impresiones y de sus inquietudes.

Pero no era como se lo había imaginado. El novelista era un joven elegante, muy interesante en su palidez y en la expresión de cansancio que debió adquirir buceando en las almas tristes atormentadas o ruines, que retrataba.

Debía él estar ya acostumbrado a aquellas admiraciones, porque apenas dio importancia a las frases calurosas con que Isabel le habló de sus novelas. Fue preciso que le recitase páginas enteras de sus obras

36 *Engatada*: engañada mediante halagos. Seducida.

para que se dignase prestarle atención y comenzara a preguntarle frivolidades sobre sus preferencias respecto a modas y perfumes, como si continuase una encuesta, a la cual debía someter a todas las mujeres que le parecían inteligentes para extraer de esa manera vulgar sus observaciones psicológicas. Se sintió ofendida.

—No sé –contestó–; todo cuanto es bello me gusta... perfumes, colores... flores… el campo, la ciudad, el mar y los montes... Lo amo todo. No sé decir lo que prefiero... Al no ser los libros que lo superan todo; porque todo está en ellos.

—¿Y qué libros le gustan a usted más?

Ella hubiera respondido:

—Los de usted.

Pero herida por la indiferencia de Adolfo, repuso con coquetería:

—A un escritor no se le puede contestar a esa pregunta con sinceridad. Si prefiriera los suyos, parecería adulación, y si prefiriese otros, grosería. Tendría que decirle que *La Divina Comedia*[37] o *El Quijote*,[38] y no quiero mentir.

—¿Prefiere usted otros libros a esos?

—¡Ya lo creo! *Dafnis y Cloe*[39] o *Werther*.[40]

Confusa al ver la sonrisa de Adolfo, cambió la conversación.

—Tocan un vals. ¿Baila usted?

—Jamás. Comprendo al emperador romano que degradó a un senador por haber bailado.

—Entonces ¿por qué autoriza usted el baile con su presencia?

—Por admirar la belleza de las mujeres, que nunca luce mejor que en esos movimientos del baile, parodia...

---

37 *La Divina Comedia,* poema de principios del siglo XIV escrito por Dante Alighieri, es una de las obras maestras de la literatura italiana y mundial.

38 *Don Quijote de la Mancha* es una novela escrita por el español Miguel de Cervantes Saavedra. Publicada su primera parte con el título de *El ingenioso hidalgo don Quijote de la Mancha* a comienzos de 1605, es una de las obras más destacadas de la literatura española y la literatura universal, y una de las más traducidas. En 1615 aparecería la segunda parte del Quijote de Cervantes con el título de *El ingenioso caballero don Quijote de la Mancha*.

39 Se cree que el autor de *Dafnis y Cloe*, Longo, vivió en la isla de Lesbos durante el siglo II después de Cristo. Dafnis y Cloe, dos niños encontrados por pastores, se crían juntos y nace entre ellos un mutuo amor que ninguno sospecha. Cloe es secuestrada por un pirata, y finalmente recupera a su familia. Los rivales perturban la paz de Dafnis, pero ambos amantes son reconocidos por sus padres, y regresan a una feliz vida de casados al campo. Por estos temas bucólicos y románticosm y debido a una traducción buena al españols de Juan Valera, fue un texto recuperado, leído y comentado por la burguesía española.

40 *Las cuitas del joven Werther* (en alemán, *Die Leiden des jungen Werthers*) es una novela epistolar y semiautobiográfica de Johann Wolfgang von Goethe, publicada en 1774. Narra un amor perdido que resulta en el suicidio.

Se detuvo.

—¿De qué?

—No debo decírselo, pero piénselo usted, esas parejas que se enlazan es como si se poseyesen.

—¡Qué horror!

—Ya sabía yo que le disgustaría mi franqueza.

—No es eso... sino lo exagerado de su apreciación.

—El baile es voluptuosidad, no le quepa duda.

—Es que soy aficionada al baile con locura y jamás pensó más que en bailar... mientras bailaba.

—Lo creo. No lo pensó usted, pero lo sintió.

Sus mejillas enrojecieron sin saber qué contestar.

Manolo Santiesteban, que había estado conversando con otros señores, se acercó.

—¿Quiere usted que bailemos esto?

Tuvo un movimiento de rubor, fue a decir que no, pero la costumbre la dominó y, haciendo una señal de despedida a Adolfo, se dejó arrastrar.

Por primera vez notaba demasiado el calor de la mano de su pareja y la impresión del aliento cálido en su hombro.

El rostro de Santiesteban estaba cerca del suyo, sus senos se aplastaban contra su brazo; sentía el roce de su cuerpo, y la música le daba alas, la transportaba como sin pisar la tierra. Un vientecillo producido por el movimiento de todas las parejas refrescaba su frente... pasaban sonrisas... ojos brillantes, suspiros... frases entrecortadas... discreteos... Un deseo latente de amor... La parodia del amor.

Quiso detenerse antes de dar la vuelta para que Adolfo Suárez no la viera así; pero el novelista, vuelto de espaldas, no se ocupaba para nada de ella. Hablaba con una rubia cuyos senos color ámbar lucían en el enorme descote. Sintió rabia, una especie de celos absurdos, y pareció abandonarse más en los brazos de su compañero, que enardecido por la danza, la apretaba contra su cuerpo. Era la primera vez que Isabel sentía así la voluptuosidad del baile.

Entre tanto, el diplomático y sus amigas seguían sus murmuraciones aristocráticas, que escuchaban Rosa y doña Milagros con encanto. La víctima era Lina. No pudiendo atacar su belleza, criticaban su carácter.

—Dicen que se *pica* –aseguró una.

—Es la moda –respondió el diplomático–. Las mujeres distinguidas deben usar estupefaccientes.

—Como si la humanidad no fuera ya lo bastante estúpida sin necesidad de ellos –intervino Alfredo–; bien lo prueban los elegantes mascando chicle.

—Es otra moda muy americana.

—Y gracias a la cual se desarrollarán los músculos faciales y la línea armónica del rostro se convertirá en quijada de burro.

—Pues entonces no sé qué va a ser de la belleza de la raza blanca, con la nariz corroída de los cocainómanos y las quijadas de los masticadores de goma.

—Tal vez tenga usted razón, pero los que quieren vivir su vida no van a estar pensando en sacrificarse por los descendientes.

Isabel vino a sentarse entre ellos y reanudó su conversación con Alfredo, sin prestar atención a lo que hablaban y sin preocuparse más de los invitados. Era Julio el que tenía que ir de un grupo a otro. Por fortuna, la cortesía moderna no hacía ya necesaria la asiduidad de la dueña de la casa. La moda admitía como gracia la mala educación. Hermosas señoras mordían a boca llena los sandwiches y desgarraban el jamón con las uñas. Algunas señoritas pedían jerez y cerveza, y el eco repetía frecuentes exclamaciones privativas hasta entonces de las gentes ineducadas. Varios jóvenes dirigían sus cumplimientos a las damas asegurándoles que estaban «bestialmente» hermosas y «jamón».

Los ojos de Julio buscaban a su mujer, tan absorta en la conversación con Alfredo.

La risa de éste resonaba con frecuencia. Una risa en *A*, franca, alegre y abierta. Isabel permanecía sonriente, sin perder su aire melancólico, recostada en el sillón con una voluptuosidad de trópico.

Al fin Alfredo fue a reunirse con su amigo.

—¿La has auscultado ya? –le preguntó Julio, queriendo disimular con cierto aire de broma la emoción que lo poseía.

—Sí, y te confieso que estoy algo desorientado.

—¿La encuentras mal?

—No. Tiene un padecimiento, una ansiedad que podría llamarse moral, si no fuese todo físico.

—¿Acaso sufre por...?

—No sigas. Nada tienes que ver con eso. Todo obedece a una mezcla de elementos heterogéneos y hasta antagónicos que hay en su organismo. Es un mal que padecen el noventa y cinco por ciento de los nacidos.

—¿Crees que es algo fatal, irremediable?

—No tanto. Yo trataré de restablecer el equilibrio en sus glándulas de secreción interna. La hipertiroides la perjudica... La salud influirá en su carácter. Lo que temo es que no quiera someterse a un plan curativo.

—¿Por qué no?

—Hay enfermedades que enamoran al que las padece y no quieren verse libres de ellas. Es lo que les sucede a los que usan estupefacientes, desde el café y el alcohol hasta la heroína; y a las que desean *vivir su vida*, a toda costa, con enfermedades y todo.

XVI

Cuando entraron en el gabinete Julio y Alfredo, fueron recibidos con exclamaciones, mezcla de alegría y de censura.

—¡Ya están aquí!

— ¡Por fin!

—Lo que se han hecho esperar.

Julio acusó a su amigo.

—Lo encontré descuidado, sin vestir. Si no voy a buscarlo no viene.

Alfredo se confesó culpable.

—No me puedo disculpar, porque un olvido, tratándose de ustedes, no es perdonable. Deseo un castigo para satisfacer.

Antonio vino en su ayuda:

—Los sabios y los seres superiores tienen privilegios que no son extensivos a los demás mortales.

—Acepto esa excusa porque así quedo castigado de mi falta, al verme obligado a pasar por sabio o por ser superior.

—Es que se le hace justicia.

—¡Justicia! Realmente no tengo una idea cierta de la justicia, que implicaría el conocimiento exacto de nuestro valer. No sé si amaríamos o temeríamos al ser que nos conociera.

Doña Milagros interrumpió:

—Dejémonos ahora de eso, que la comida nos espera.

—Representemos el drama de tener que comer sin descansar un solo día durante toda la vida –repuso Antonio con hipocresía.

Alfredo ofreció el brazo a doña Milagros y se sentó a su derecha.

La bulimia de la buena señora se sentía contenta de la tolerancia de Alfredo. Cada día se hacía más comilona, hasta el punto de llevar los bolsillos llenos de chocolate y golosinas.

—Usted es razonable –le decía doña Milagros a Alfredo–. Les temo a los médicos que a todos les recetan que no coman. Yo, si paso más de una hora sin tomar nada, me entra una debilidad que me muero.

Quiso intervenir Rosa, pero su madre la atajó:

—Nadie mejor que el propio cuerpo –dijo– sabe lo que necesita. Los médicos no hacen más que seguir modas y aplicar a todos lo mismo, les siente bien o no les siente. De pronto abominan de lo que venían haciendo años y años. ¿Se ve ya una sola burra de leche por las calles? Pues en mi tiempo eran la panacea para todas las enfermedades del pecho. Me acuerdo de que con el tifus mis abuelos guardaban dieta de caldo; mis padres de leche; yo de panatela y refrescos, y mis hijas resulta que se curan comiendo y alimentándose bien. Da miedo pensar cuántos se habrán muerto de debilidad y atormentados por prohibirles hasta el agua con la fiebre.

Alfredo asintió a las opiniones de la buena señora de ese modo amplio que se emplea cuando existe la certeza de hablar con personas que no están a bastante altura para la discusión.

Era una costumbre suya, conocida de Julio, que sonrió al oírlo; la de permanecer callado cuando estaba entre personas de cultura inferior o de darles la razón en todo.

—Le temo mucho a hablar en vano –solía afirmar–, pero si no hablásemos más que cuando nos entienden, callaríamos casi siempre. Por eso hay que aprender a decir vaciedades.

De acuerdo con eso trató de hallar la fórmula conciliadora.

—El mejor de los regímenes, olvidado entre la prisa de vivir de nuestra vida moderna –dijo–, es aquel que grabó Víctor Hugo en su comedor de Gernecey:[41]

> «Levantarse a las seis.
> Acostarse a las diez.
> Comer a las seis.
> Almorzar a las diez.
> Hace al hombre vivir
> diez veces, diez.»

41 Víctor Hugo (1802 –1885), poeta y novelista, es considerado por muchos el más importante de los escritores románticos en francés. Vivió 15 de sus 19 años en el exilio en la isla de Gernecey, donde pasó una de las épocas más productivas de su vida.

Comenzó una acalorada discusión en la que dona Milagros se unía a las opiniones de Alfredo.

Él la contemplaba con su mirada observadora. Trataba de buscar en sus facciones abotargadas, en su cabeza tan desguarnecida de cabello como provistos de él se iban tornando la barba y el bigote, a cuál de las hijas se asemejaba, y contra la opinión general creía encontrar en sus rasgos viriloides parecido con Isabel.

Lo que hacía creer que Rosa era la más semejante a su madre, consistía en que estaba gorda como ella, con las cejas claras y las facciones desdibujadas. Había perdido el hábito de vestirse y de salir de casa y parecía mayor que Isabel. Pasaba la vida ocupada en alguna labor, que no acababa nunca, o en pesar gramos para hacer dulces y pasteles.

Julito estaba constantemente a su lado. El niño era víctima del cariño de la madre y de la abuela. No le dejaban salir, correr, ni jugar con los otros niños. Dona Milagros le hacía dormir en su misma cama abrigándolo hasta la asfixia. Sentía por la pobre criatura una especie de maternidad senil. Todo el día resonaba en la casa el nombre del niño, para no dejarlo moverse, ni gozar un momento de libertad.

—¡Julio!

—¡¡Julito!!

—¡¡¡Julito!!!

—¿Julito?

Y el chico se hacía cada vez más arisco y voluntarioso. Huía de la madre y de la abuela, demostrándoles un desamor que era el comienzo de la venganza inconsciente de los niños tiranizados y tiranos.

Se oían desde el comedor los gritos de protesta del muchacho al que Antonio había mandado acostar.

La pasión del hijo traía las primeras nubes al matrimonio, que hasta entonces había marchado siempre de acuerdo; puesto que acuerdo era el no preocuparse ella de las tareas y problemas que atraían la atención de Antonio y contentarse él con hallar, en una casa cómoda y limpia, una mujer agradable, a la que oía hablar sin fijarse, de cosas pueriles y caseras.

Amenazó Antonio con su autoridad.

—Ese niño me va a obligar a castigarlo.

La abuela no pudo sufrir la amenaza. Se levantó naneando para ir a calmar al chico.

Rosa no perdió la ocasión.

—Figúrese usted –dijo dirigiéndose a Alfredo que Antonio se ha empeñado en que comience ya a estudiar y, a pesar de ser listo y de tener talento, Julito no posee disposión para el estudio... Le falta memoria... se pone enfermo... le dará una meningitis... ¿No es cierto?

Alfredo se encontraba un poco confuso, pues conocía que su respuesta iba a tener importancia para la suerte del niño.

—Sí... verdaderamente... Pero poco a poco... debe habituarse... hay que pensar en su porvenir.

—¿A quién le puede interesar más que a mí? –dijo Rosa–. Soy yo quien mejor conoce sus disposiciones. Da gusto ver las cosas que dibuja en cuanto coge un lápiz... Podrá ser un gran pintor... o un gran modisto... Un Duncan.

—¿No vendrán don Miguel y Lina esta noche? –preguntó Antonio a su cuñada, con visible intento de variar el tema de la conversación.

A Rosa le desagradó doblemente la pregunta. Su marido, desde que había adelgazado, tenía un aire de cupidez que la ponía celosa.

—¡Ojalá que no! Es una mujer que no me gusta.

—No sé por qué motivo –saltó Isabel, molesta de la apreciación de su hermana.

—No tiene el aire que corresponde a una señora.

—En eso tiene Rosa razón –apoyó Julio.

Alfredo salió en defensa de la ausente.

—Tiene el carácter alegre y es un poco neurótica –dijo–, pero en el fondo es buena. Como lo suelen ser casi todas nuestras mujeres.

—Gracias por la generalización.

—Es verdadera. La mujer de nuestra raza suele ser honesta por temperamento. Se la educa diciéndole que su misión en la tierra es solo la de casarse y tener hijos. Así se las ve durante la juventud con los ojos muy abiertos y ansiosos preguntándose ante cada hombre: ¿Será éste?

—Creo que exagera usted –dijo Rosa.

—Hay excepciones, y porque Isabel y usted lo son me atrevo a hablar así; pero es lo general. Cuando se les señala el marido lo aman, se casan, lo siguen amando y le son fieles.

—¿Qué más se puede pedir?

—Que hubieran elegido. Aman al marido siendo él como lo amarían siendo otro.

—¿Pero qué tiene que ver eso con Lina?

—Que por ese fenómeno ama al marido que le dobla la edad. El derecho de propiedad influye en el amor del matrimonio.

—Sin embargo –dijo Antonio–, hay un momento peligroso. Recién casados todo va bien, pero luego él envejece y ella se hace más mujer, que es como hacerse más joven, y busca otra juventud que rime con la suya.

—¡Vaya unas cosas que dices! –exclamó Rosa.

—Es una verdad –dijo Alfredo–. En la madurez de la mujer, sus elementos viriloides las inducen a buscar lo de femenino que hay en el adolescente.

—Según esa teoría tuya –dijo Julio– es por la misma razón por la que los viejos buscan para esposas las niñas jóvenes.

—Cosa de que nos debamos alegrar –insistió Antonio en su papel de picaruelo–, porque así tenemos luego las deliciosas viuditas que alegran la vida de los que no quieren niñas bobas.

Isabel oía la discusión sin perder su aire tranquilo y sonriente. Parecía haberse asentado en la realidad de un modo sereno.

Contra lo que temían no había opuesto resistencia en dejarse tratar por Alfredo y parecía más satisfecha y equilibrada.

—Por ti ha entrado en mi casa el tesoro de la risa –solía decirle Julio agradecido.

Alfredo no respondía. Desconfiaba. Creía notar algo extraño en Isabel y no sabía explicarse el por qué se mostraba tan solícita con él, y disimulaba esa antipatía que suelen tener casi todas las mujeres por el amigo íntimo de su marido, como si se sintiesen humilladas ante el que conoce todos los secretos y confidencias que ellas no han podido penetrar.

A los postres entró Lina con su esposo.

—Llegas a buena hora –dijo Isabel–; tienes que salvarnos, porque los señores están esta noche en plan moralizador.

Sonrieron maliciosamente los ojuelos apachescos. [42]

—Debe estar en el ambiente –repuso–, porque Miguel me viene predicando un sermón durante todo el camino.

—No –dijo el esposo con afectada cortesía–, venía diciéndole que

42 *Apachesco*: referencia a los «apaches» denominación utilizada para designar a las bandas delictivas de los bajos fondos de París a principios del Siglo XX.

es demasiado bella para pintarse tanto. La pintura afea a las mujeres bonitas. ¿La encuentran mejor cuando luce su belleza natural?

— ¡Vaya una pregunta! –repuso ella con viveza–. Tú quieres obligar a los señores a decirme piropos.

—No –dijo Antonio–; yo la encuentro siempre igualmente bella.

—Pues no crean ustedes que se trataba de eso.

—¿No?

—¡Hazte el inocente! Se trataba de que critica mi afición a fumar. Y como ha visto a Isabel con el cigarrillo no se atreve a decirlo.

Enrojeció el buen señor hasta la raíz del poco cabello que le quedaba.

—Eso ya es cosa de mi competencia –dijo Alfredo–. Como médico, prohibo en absoluto el fumar. Los únicos cánceres de la garganta que he visto en mujeres han sido en las fumadoras.

—Lo mismo les sucederá a los hombres.

—Naturalmente.

—Y sin embargo, ustedes tres fuman.

—He dicho que hablaba en cuanto a médico.

—¡Ah! Vamos. Sutilezas. ¿En cuanto a hombre?

—Me gusta fumar y contemplar los lindos gestos de las damas que fuman.

Sacó su pitillera y se acercó a Isabel.

—No quiero, gracias.

—Mire usted que son egipcios y perfumados. Es un nuevo gasto que nos obligan a hacer las damas.

—Es que no tengo ganas de fumar más.

Le ofreció a Lina.

—Tampoco quiero. Ya me he arrepentido. Han hecho mella en mi ánimo sus consejos científicos.

Todos reían del apuro de Alfredo.

—Es que no se consigue nada con que no fuman ustedes si no les molesta el humo, porque lo aspiran como si fumasen.

—Entonces, ¿por qué no les gusta que fumemos, o dejan ustedes de fumar?

—Porque no tendríamos pretexto para irnos un momento y contarnos nuestras truhanerías.

—Somos nosotras las que los dejamos para ir al tocador –dijo levantándose.

Isabel y Rosa la imitaron.

—No tarden– exclamaron los hombres.

Las tres amigas salieron riendo enlazadas por el talle. Doña Milagros dormía olímpicamente en su feliz digestión.

Rosa se separó de sus amigas para ir a ver dormir a su hijo.

—Temía que no vinieras– le dijo Isabel a Lina.

—Por ti sólo he hecho el sacrificio. Pues la reunión en casa de tu hermana tiene poco de divertido, y más ahora, desde que tu marido no prescinde de Alfredo. No sé cómo lo toleras.

—¿Qué le voy a hacer? Creo que lo prefiere a mí. Es el amigo íntimo.

Se echó a reír Lina.

—¡Si yo estuviera en tu pellejo!

—¿Qué harías?

—El amigo íntimo es como un doble del marido. Hay que alejarlo o... enamorarlo.

XVII

Cabalgó la voz sobre el hilo telefónico.

—¿Está don Alfredo?

—¿De parte de quien?

—Soy yo, Julio.

—Voy a llamarlo. No se retire.

Siguió aguardando Julio sin soltar de la mano el auricular hasta que a los pocos momentos oyó la voz de su amigo.

—¡Hola, Julio! ¿Qué hay?

—¡Hola, Alfredo! Te ruego que vengas lo más pronto posible.

—¿Qué sucede?

—Isabel tiene un ataque.

—No debe ser cosa de cuidado. Estaba bien.

—Pues está muy mal. Un ataque de nervios terrible, y sin motivo, sin ningún disgusto.

—Un poco de histerismo.[43]

—De todos modos te suplico que vengas.

—Iré.

—No tardes.

—Ahora mismo. Adiós. No te alarmes.

—Hasta ahora.

Alfredo dejó el auricular y permaneció un momento indeciso.

—Debía haberme negado a ir –murmuró, mientras se dirigía a su habitación para vestirse.

Isabel había desplegado para atraer a Alfredo todo el arsenal de

43 El histerismo es una enfermedad nerviosa y crónica, más frecuente en la mujer que en el hombre, caracterizada por gran variedad de síntomas que casi siempre incluyen ataques convulsivos.

su coquetería, que resultaba tanto peligrosa, cuanto más inocente la hacía parecer.

Estaba satisfecha y animada, como le sucedía siempre que tenía algo que la distrajera, y Julio se sentía contento pensando que con la curación de la hipertiroides iba a cambiar el carácter de su mujer.

Pero Alfredo estaba molesto. Se dio cuenta del manejo de Isabel y la frialdad y el disimulo con que sabía ocultar su interés lo inquietaban.

Él procuraba hablarle lo menos posible. Evitaba las ocasiones de hallarse a solas con ella y solía hacer y decir cuánto la podía desagradar; pero sus planes se estrellaban contra la serena sonrisa de Isabel, que era como una complicidad. Parecía expresar:

—Sé que sólo por mí dices todo eso.

Alfredo llegó a experimentar un profundo disgusto. La belleza de Isabel había logrado impresionarlo y su conciencia le reprochaba cierta deslealtad hacia su amigo.

Demasiado noble para engañarlo decidió alejarse. Prescribió el plan que había de seguir la enferma durante dos meses, con el propósito de no volver hasta pasado ese tiempo. Deseaba curarla de aquella degeneración de sus sentimientos debida al hipertiriodismo, más por la tranquilidad de Julio que por ella misma, pero sentía miedo de ver cómo trataba de confiarlo, de ocultar su intención con su máscara de ingenua, para ir tejiendo la tela con que lo quería aprisionar.

—¿Me llegará a impresionar a mí esta mujer más de lo debido? –se preguntaba a veces con inquietud.

Su huida envalentonó a Isabel.

—Se marcha porque empieza a temerme –se dijo–. Es el momento de no dejarlo escapar.

Se las ingeniaba para que no pudiera cumplir su decisión.

Unas veces era un mareo, otras un desvanecimiento o una palpitación lo que obligaba a Julio a llamarlo o a ir en su busca, lleno de ansiedad, para rogarle que no se negase a visitar a su esposa.

—¿Cómo la encuentras? –le preguntaba ansioso.

Alfredo apelaba a las influencias nerviosas que sufría Isabel para justificar su alarma ante fenómenos de escasa importancia. Le recetaba calmantes unas veces y tónicos y distracciones otras, proponiéndose siempre no volver más.

Libre del radio de la influencia de Isabel, Alfredo había recobrado la serenidad; pero continuaba firme en su propósito de romper su intimidad, único medio de no perder todo el cariño fraterno que lo unía a su amigo.

Llevaba ya unas semanas de alejamiento y se creía olvidado, cuando la llamada urgente de Julio le obligó a acudir.

—Encuentro a Isabel muy enferma –le dijo Julio cuando salió a recibirlo.

Alfredo no respondió. Se había posesionado de su papel de doctor y entró en la alcoba. El benjuí impregnaba de voluptuosidad la atmósfera con su prestigio de incienso de Venus.

—Haz el favor de abrir un poco la ventana –le dijo a Julio.

Isabel estaba en el lecho, vestida con un pijama de seda, con la melena revuelta y un aspecto de muchachuelo, mil veces más bella y provocativa que con los trajes de calle.

Se incorporó al ver a Alfredo y le cogió las manos con impresión de inocente susto.

—Me siento muy mala, Alfredo; ¡sálveme usted! –dijo con vocecita de súplica doliente.

—Esto no es nada.

—Auscúlteme.

—No es preciso...

—Sí... vea cómo tengo el corazón.

Se descubrió el pecho y lo obligó a reclinar la cabeza sobre él, en esa actitud de amante que toma el médico cuando ausculta sin auriculares. Le hacía rozar la piel sedeña, aspirar el perfume de su carne y sentir la caricia de sus cabellos.

—Púlseme –insistió.

Deseaba que notase en el latir de su pulso y en la circulación acelerada la emoción que sentía.

Él la contempló fríamente. No se hacía ilusiones del sentimiento que le inspiraba.

—Estoy seguro de que no me ama, ni siquiera me estima –se dijo–. Me ha elegido como un juguete para lograr el triunfo de arruinar una amistad leal y un afecto sincero. El sentimiento, tan humano, de remover el agua clara hasta lograr enturbiarla.

En aquel momento llegaba a interesarle sólo como un caso clínico. Creía impotente su ciencia para con ella y se decidía a terminar por completo.

Se volvió hacia la puerta y salió sin mirarla ni decir una sola palabra.

Julio se acercó ansioso.

—Por primera vez –le dijo– encuentro en Isabel síntomas algo alarmantes.

—¿Grave?

—No es eso. No te asustes. Por el momento no hay peligro; pero se necesita un especialista. Los amigos no servimos para estos casos. Créelo. Te daré una tarjeta para Méndez-Arrolas. Solo él puede entenderla.

Sacó la cartera, escribió su tarjeta y salió casi sin despedirse, aprovechando el aturdimiento de Julio.

—Esta vez he acabado por completo con Isabel –se dijo con cierta alegría vengativa–; ella no me perdonará, después de la escena de esta tarde, haberle recomendado un médico viejo.

Pero, a pesar suyo, trataba de disculparla.

—Es una enferma en la que existen demasiados elementos viriloides que despiertan de nuevo después de haber sido vencidos en la crisis de la pubertad –se decía.

La autopsiaba en sus observaciones y en su recuerdo para estudiar el cambio que se verificaba en ella. Apreciaba la variación de gestos y de actitudes, independientes a la comedia que representaba.

Había cambiado su modo de accionar con las manos al hablar. Se esforzaba en dar con ellas más fuerza y expresión al pensamiento. Las llevaba siempre ocupadas, cuando salía, y las cruzaba detrás mientras permanecía de pie, con un gesto varonil y decidido.

Su voz se había hecho más grave y más cálida. Indicaba el desarrollo de una mayor capacidad amorosa.

Se acentuaba en ella al par de un romanticismo sensiblero, un disgusto del vivir cotidiano.

Unido a estos sentimientos, como una deformación de su espíritu, tenía un narcisismo exagerado, un ferviente culto a su belleza. Sólo la inquietud de sus trajes y de sus adornos era capaz de sacarla de los estados depresivos.

Lo entristeció pensar cómo la felicidad de Julio dependía de aquella mujer, en la que tan claramente se iniciaba un ataque de mesalinismo[44] debido al impulso de sus elementos masculinos.

Surgió una duda en su espíritu: ¿Hacía bien abandonando a su amigo en aquel momento? Pero pronto recobró la serenidad.

—No puedo obrar de otra manera –concluyó–. Sólo podría salvarla quien influyera en su imaginación diabólica con una fuerza moral que yo no he podido conservar con ella. Es de las que quieren vivir su vida... ¡Cosa perdida! En un temperamento tan definido como el de Isabel se puede marcar la trayectoria fatal de la existencia, como se puede señalar el lugar donde se incrustará la bala, cuando se apunta bien al blanco, a menos que una fuerza insospechada la desvíe de su dirección.

44 *Mesalinismo*: El término mesalinismo proviene de la vida de Valeria Mesalina, esposa de Claudio, el emperador romano. La mujer contrajo matrimonio con el político para después hacer uso de su extraordinaria belleza para conquistar a senadores, militares y otros hombres poderosos. Su fama de seductora se convirtió en una leyenda y a partir de esta historia se denomina mesalinismo a toda aquella mujer que seduce (aparentando un fuerte deseo sexual) a los que sirven a sus propósitos.

XVIII

Reconoció Berta en el timbre el acento de Joaquina. Su gran sensibilidad distinguía en el sonido de los timbres la modalidad especial de quien los tocaba.

Se había acostumbrado a que la visitase diariamente y a la especie de tercería[45] que le habían impuesto sus confidencias. Tenía aquella aventura de Joaquina el encanto de una novela que iba hojeando poco a poco, un folletín cuya continuación esperaba y que iba engendrando en su espíritu una inquietud vaga, indefinable y malsana.

La confidencia era cada vez más escabrosa. Joaquina se había enamorado de Alfonso con toda la vehemencia de su carácter, y aquel Alfonso que ella pintaba, tan honradote y bobalicón, resultaba uno de esos profesionales del amor que aprovechan todas las lunas de miel que les depara el acaso y las apuran hasta la saciedad.

La naturaleza ingenuamente perversa de Joaquina encontraba en aquel cariño todos los excesos y todos los transportes que había soñado. Se apasionaba cada vez más y adquiría un nuevo atrevimiento para contarle a su amiga sus delirios, tratando de encubrir su capricho con el manto de espiritualidad y de romanticismo.

—¡Nadie será capaz de comprender todo lo grande de esta pasión –exclamaba con un convencimiento que desarmaba el débil carácter de Berta.

Se rebelaba contra todos los obstáculos que se oponían a su felicidad y maldecía a aquel marido, convertido en tirano, repugnante y ridículo y le hacía participar a su amiga de su antipatía.

—Llegará el día en que tendré que irme –lloriqueaba–, y ni Alfonso ni yo podremos soportar la separación. Me moriré.

---

45 *Tercería*: Oficio o cargo de tercero (persona que media). Se usa generalmente para designar a quien media en encuentros sexuales (proxeneta o entregador).

Y después de unos cuantos suspiros le enseñaba a Berta la nueva compra que había hecho, o la hacía partícipe del nuevo proyecto que abrigaba para divertirse.

Berta se había habituado ya a aquello. Se limitaba a procurar que nadie se enterara. Inconscientemente le ayudaba a ocultar sus escapatorias, fingiendo una mayor austeridad de la que sentía. En el fondo ella vivía también aquella aventura y experimentaba cierta envidia de su amiga. Pensaba que era una felicidad ser tan inconsciente para sentir con la intensidad y la despreocupación que la hacían tan dichosa.

Berta, analítica, reflexiva, no sería feliz jamás. La embriagaba la alegría de Joaquina, aquel perfume de amor que se exhalaba de sus ropas, un perfume acre, punzante, que le parecía descompuesto y combinado con su carne para formar un olor especial de amor y pecado, y la trastornaba a ella también.

Se quedó sorprendida cuando oyó decir a Joaquina:

—Berta, ¿estás visible? No vengo sola. Me acompaña mi marido.

—Pero, ¿ha venido tu marido? –preguntó Berta tratando de disimular su asombro ante aquel hombre distinguido, afectuoso, de continente noble; tan distinto del que las descripciones de su amiga le hicieron concebir.

Luis era alto, esbelto, de facciones correctas, abundantes cabellos castaños y ojos grandes y dulces. Lo que le hacía ser mas simpático era la voz, armoniosa, aguda, bien timbrada, que modulaba de un modo acariciador e insinuante, lejano a toda afectación.

Joaquina parecía ufana y satisfecha.

—Ves, ha llegado ayer a sorprenderme... pero yo no me quiero ir... es preciso que esté aquí una temporada más con mi pobre tía que tanto me quiere, y contigo. Tú lo convencerás.

Él sonreía paternalmente ante la verbosidad de su esposa.

—No tienes que esforzarte tanto –le dijo–. Haré lo que tú quieras.

Luego se disculpó con Berta.

—He querido que fuese para usted la primera visita –dijo–, porque sé que es la mejor amiga de Quina. Quizás la molestará que hayamos venido a esta hora.

Berta estaba tan turbada que no sabía qué decir. Le parecía que era ella quien lo engañaba y ofendía. Luis le habló de la patria lejana, le evocó lugares y nombres de amigos, que ella había olvidado egoístamente.

—He conocido a toda su familia –le dijo–, y he sido amigo de su difunto esposo.

Con sus recuerdos hacía surgir ante los ojos de Berta la placidez de los días felices de la infancia, el marco de su provincia, los lugares familiares y las ilusiones pasadas.

Se sentía invadida de una ardiente simpatía hacia aquel hombre tan bondadoso y tan discreto. Joaquina la había engañado y su conducta no tenía explicación. Al verla tan cínica y tan dueña de sí, al lado de su marido, pensaba que no debía ser aquél su primer engaño, ni Alfonso su amante primero.

Los invitó a almorzar y cuando con pretexto de ir al tocador, para arreglarse antes de sentarse a la mesa, se quedó a solas con Joaquina, le preguntó en tono de reproche:

—¿Por qué me has presentado a tu marido?

—Te advierto –repuso Joaquina– que lo has conquistado. Se ha quedado encantado de ti.

—Él también me ha parecido simpático... te lo confieso... Me parece que eres injusta.

—Respecto a eso te equivocas. No te niego que en visita resulta bien; en la casa es insoportable... insoportable... Es frío como agua de algibe. Ayer, después de tantos meses de ausencia, le dije que me dolía la cabeza y se durmió a mi lado como un bendito. Como mi tía no concibe que los matrimonios tengan camas separadas... No he pegado un ojo en toda la noche.

—Pero si te es tan odioso, ¿por qué no te separas de él?

—¡Separarnos! –exclamó Joaquina como si reaccionara ante aquella idea–. Tú no sabes el escándalo que causaría en la provincia y cómo perjudicaría a nuestro buen nombre, a nuestra familia.[46]

—Podéis verificar la separación amistosamente. Si él no te ama ni se opondrá a...

El orgullo de mujer casada de Joaquina la atajó.

—No lo creas...; mi marido me quiere... estoy segura... me quiere a su modo... como él es... Además yo no consentiría que me faltara.

46 Burgos tenía muchos apodos; uno de ellos fue «La Divorciadora».Ya en 1904, en las páginas del *Diario Universal*, realizó la primera encuesta en España sobre el divorcio, que tuvo resonancia nacional y al que contestaron desde políticos hasta los más importantes escritores como Unamuno y Azorín.

Y como notase el mal efecto que la incongruencia de sus sentimientos le causaba a su amiga, añadió:

—A mí... por mí... me importaría poco. Es por mi dignidad.

Aparecía en ella esa pasión que hasta en las mujeres más alejadas de sus maridos, ponen para defender su posesión y que suele no ser más que una manifestación del derecho de propiedad.

—Pero entonces –dijo Berta–, tendrás que abandonar a Alfonso.

—De ninguna manera. Estamos demasiado apasionados... Nos costaría la vida.

—¿Sabes a lo que te expones así?

—¡Ya lo creo! Pero seremos prudentes. Luis es apático, confiado, no duda de mí... Además ya ha hecho amistad con la Sociedad de Cazadores y pasará su tiempo tratando de lucir sus conocimientos. La caza es su gran pasión.

—¿De modo que no le tienes miedo? Pero, y si se enterara.

—¡Bah! –repuso encogiéndose de hombros–, no es capaz de disparar más que sobre las palomas.

Parecía poner un gran interés en desdeñar y despreciar a su marido, molesta de que su amiga no compartiera su opinión.

Berta quiso darle un buen consejo. Tomó un aspecto serio, para recomendarle que pensara en su tranquilidad y en su porvenir, pero Joaquina le impuso silencio con un beso.

—Eres demasiado joven para predicar –le dijo.

—No seas loca –insistió Berta–. Estoy segura de que lo que más te agrada en Alfonso, es la dificultad y el peligro. Casada con él no tardarías en aburrirte.

Joaquina intentó protestar de aquella idea; pero de pronto se quedó callada, reflexiva y prorrumpió en una carcajada franca.

—Quizás tengas razón –confesó–, pero no lo sustituiría por Luis. Puedes estar segura.

XIX

—¡Belita!

Se detuvo mientras el lacayo mantenía abierta la portezuela del automóvil.

Era su madre la única que la llamaba así.

—No sabía que ibas a salir tan temprano.

—Acompáñame.

Doña Milagros se volvió y señaló a un muchacho delgado y larguirucho que había desaparecido detrás de ella.

—Te quería presentar a Enrique. El nieto de mi amiga Elena.

—Cuánto siento que hayas elegido este momento...

Se detuvo al ver el gesto del muchacho y suavizando la voz, añadió:

—Es ya un hombre. No creía que tuviese Elena nietos tan mayores.

Y como el mozuelo permanecía callado se dirigió a él resueltamente.

—¿Viene usted a quedarse en Madrid con la abuelita?

—No, señora. Debo volver al pueblo. Vengo por pocos días.

Tenía una hermosa voz, llena y bien timbrada, que acarició el oído de Isabel.

—¿Y le gusta a usted Madrid?

—No, señora.

Se quedó un poco sorprendida. Era la primera vez que no veía encantado de la Corte[47] a un hombre mozo y provinciano. Tenía un tipo extraño. Desarticulado, de facciones irregulares, tez cobriza, cabellos

47 Cualquier referencia a Madrid como «la Corte» se basa en el hecho histórico de que Felipe II decide instalar la corte en Madrid en 1561. Salvo un breve periodo entre 1601 y 1606 en que la corte se traslada a Valladolid, la capitalidad será consustancial a Madrid desde entonces. Una famosa expresión indicaba esa identidad: «*sólo Madrid es corte*», lo que, de forma conceptista, también se entendía al revés: «*Madrid es sólo corte*».

de tono alazán, con aspereza de crines, y grandes ojos que la miraban ahora entornados con una especie de arrobamiento.

—Si quieren ustedes esperarme –propuso ella–. Antes de media hora estoy de vuelta. Charlaremos.

—Bueno –repuso doña Milagros–. Si Enrique quiere.

Enrique inclinó la cabeza más bien por ocultar el rayo de alegría que le brillaba en los ojos que para asentir. La voz de Isabel, grave y cálida, con su gran amplitud amorosa, había hecho estremecer su carne adolescente. Su boca grande se desplegó en sonrisa y dejó ver dientes voraces, de caimán, que ponían en su cara una línea blanca y húmeda.

Isabel subió al coche.

—Una vuelta por el Retiro[48] y a casa –dijo.

Cuando arrancó el auto se miró en el espejito que lucía al lado del búcaro y sonrió, aprobando su belleza. Comprendía la impresión profunda que había causado a Enrique y que no había podido disimular. Ella, por su parte, se había impresionado también. La fealdad de Enrique le parecía atractiva por la gran fuerza de juventud que la acompañaba. Estaba en ella despierta la vanidad y dormido el deseo, que no lograba despertar ninguno de los muchos galanteadores que la rodeaban, contenidos por el temor que les imponía su frialdad y su indiferencia.

Tal vez por vencer a Alfredo, Isabel lo hubiera sacrificado todo, no por amor, sino por el interés de triunfar de su resistencia.

Por un momento se había creído vencida e impotente para vengarse.

Sentía como una ofensa inconfesable la recomendación del viejo médico a que Alfredo la dejaba encomendada. En su rabia, hubo momentos en que creía de buena fe estar enamorada de Alfredo.

Pero un día Julio le dijo entristecido:

—Es preciso que Alfredo esté loco para hacer lo que hace. Con su talento, podía ser uno de los doctores más gloriosos; pero es de una inestabilidad asombrosa. Acaba de marcharse a la Argentina como médico de emigración.

---

48 El Parque del Retiro es el parque más emblemático de la ciudad de Madrid, tanto por su gran tamaño, su emplazamiento en pleno centro de Madrid, y sobretodo por su belleza. Su origen se data en tiempos de Felipe IV, cuando a iniciativa de su ministro el Conde-Duque de Olivares, se acotan una serie de tierras para el uso y disfrute de la familia real, y se construyen en su interior una serie de palacios, estanques y jardines para el divertimento de los reyes.

Ella sintió la alegría de su triunfo.

—Se va porque no le soy indiferente –pensó.

Y desde ese día ya no se acordó más de Alfredo.

Seguía coqueteando con todos, pero su naturaleza le hacía sentir por el hombre la especie de hostilidad que había tenido en su primera juventud.

Su mesalinismo estaba contenido por aquel elemento contrario. Llegaba al borde de la pasión, enredada en la red de su coquetería femenil y se detenía gracias a la instintiva repugnancia viriloide de que no se daba cuenta. Ahora estaba contenta de sentir aquel interés que le hacía experimentar una felicidad extraordinaria. Revivía el sentimiento que tuvo en los primeros días de su noviazgo con Julio y que no había vuelto a sentir. Su masculinismo la impulsaba hacia la especie de feminidad del adolescente.

XX

Cuando abrió la puerta del salon se gozó en notar la palidez y el ligero temblor de Enrique. Tenía un gran encanto, para su latente perversidad, el amor de un ingenuo.

Lina estaba sentada ante el piano y recitaba los versos de que era autora. Expresaba en ellos los mayores atrevimientos sensuales, disfrazados con capa de misticismo.

Cerca de ella don Miguel la escuchaba sin respirar apenas, presa del sentimiento de adoración que en el ocaso de su decadencia lo convertía en esclavo de la única mujer que despertaba su impulso amoroso. Su rostro pícnico tenía la expresión de felicidad de los gordos vulgares al comienzo de la digestión de una comida abundante.

Isabel hizo seña de que no se interrumpiera la música y fue a sentarse en un ángulo, entre Julito y doña Milagros.

Lina gemía sus versos con la mezcla de melancolía y de fuego romántico, eterómano, que existía en ella, y lo mismo la impulsaba hacia el arte que hacia los deportes; a lo más quintaesenciado y a lo más vulgar; esforzándose siempre por creer espirituales y psicológicos todos sus instintos.

Con los ojillos hundidos, casi cerrados, dejaba escapar, acariciándolas, de su boca de vampiresa, las frases amorosas. Tenía algo de esos borrachos catadores que husmean el vino bueno. Isabel se sintió atraída por la competencia que se le ofrecía. No tardó en darse cuenta de que Enrique, sin mirarla, era sólo a ella a quien veía. Sus ojos, cargados con el peso de los párpados carnosos y empestañados, se fijaban de reojo, con expresión hambrienta, en el descote de Isabel, reflejado en el espejo.

Su descote había sido un descubrimiento que debía a su amiga.

Nunca había descotado antes, ni sospechado la hermosura que poseía. No había sabido apreciar hasta entonces su propia belleza y toda la importancia que tenían sus manos largas y finas, sus pies chiquitos, sus piernas admirablemente formadas. Sus cabos finos, de buena raza andaluza, como le decía Lina, que los consideraba señal de aristocracia en las mujeres y en los potros cordobeses. Pero su mayor belleza era el descote. Tenía el cuello largo, los hombros caídos, con una nuca redondeada, una espalda recta, un pecho amplio y almohadillado, sin excesiva carnosidad, que permitía la audacia de bajar el descote y no descubrir el parteluz de los senos.

Lina le había enseñado también el arte de renovar su descote: unos días era largo y puntiagudo; pasaba entre los dos senos y le llegaba al estómago, pero tan estrecho y cerrado que no podía acusársele de impudicia. Otros días el descote en corazón resultaba casto, a pesar de ser muy grande, porque descubría solo lo plano del busto. El descote cuadrado hacía aparecer el cuerpo más fuerte y el cuello más largo. El abierto hacia los hombros excitaba con su falso comedimiento, más que todos los otros, tanto cuando era alto como cuando, a estilo Imperio, bajaba para dejar adivinar los botones de los senos.

Era una mujer diferente de todas las que había visto Enrique en su provincia. La miraba como si hubiese en ella algo de sobrenatural.

Lina debió darse cuenta de lo que pasaba en el espíritu del joven, porque se apartó del piano con aire de enojo, que sólo Isabel apreció.

—Vamos, Miguel, se hace tarde.

—Como tú desees –respondió el esposo.

Reparó en su palidez y añadió:

—¿Te sientes mal?

—No..., la música, que me emociona siempre.

—Y yo no debía permitir que te entregarás así a ella, pero estás tan admirable que no me atrevo a negártelo.

Doña Milagros hizo un esfuerzo por sacudir su modorra y aplaudió.

—Ha estado maravillosa.

—Insuperable –dijo Isabel.

—Y a usted, ¿le ha gustado? –preguntó Lina a Enrique, como reproche de su silencio.

—Tanto, señora, que no encontrando palabras con que expresarlo he preferido callar.

—Pues entonces véngase a cenar con nosotros y repetiré la audición.

—No –dijo don Miguel–. Ya que según ha dicho es aficionado a la pintura le mostrarás tus cuadros. Recitar más no lo consiento.

Enrique vaciló y fijó en Isabel una mirada tímida, como si deseara pedirle permiso. Ella le hizo un signo de asentimiento que establecía ya una especie de intimidad entre ellos.

—Cene usted con Lina hoy y venga mañana a tomar el té conmigo –dijo–. Mamá y Julito estarán aquí.

Alargó el brazo sobre el hombro del sobrinito y lo atrajo hacia ella con un gesto de coquetería maternal. Aunque no era mucho menor que Enrique parecía un niño aún. Los bucles perfumados rozaron su enorme descote, y Enrique se inmutó visiblemente.

—No sé si podré –dijo con un enojo súbito.

—Como usted quiera –repuso desdeñosa Isabel.

—Sí..., vendré..., dejaré para otro día lo que tenía que hacer –se apresuró a añadir él, con la sumisión del deseo.

—Me parece bien el arreglo. Le mostraremos a usted el taller de Lina –dijo don Miguel, siempre atento a las alabanzas de su esposa–. Lina es una gran artista. Lo mismo escribe que compone que esculpe o que canta. Su defecto es poner demasiada alma en todo. Demasiada pasión: se deshace.

Y siguió explicando al joven cómo tenía que mitigar el fogoso ardimiento de su esposa, que a lo mejor se entregaba al arte, se encerraba en su taller de soltera, que conservaba, y no podía lograr que volviese a casa en muchos días.

—Se pone como una sonámbula, y ni duerme ni come. Es una vidente del arte.

Lina, molesta con los elogios de su marido, interrumpió con un:

—¡Tú no entiendes de estas cosas! –capaz de helar a otro menos acostumbrado a la sumisión.

Cuando se quedaron solas, Isabel le preguntó a su madre:

—¿No ha venido Julio?

—Está en su despacho.

—Pues es bien poco amable mi señor marido, en no venir a reunirse con nosotros...

Un sollozo le hizo volver la cabeza. Julito lloraba, en el ángulo del salón, con gran amargura. Se acercó asustada.

—¿Qué te secede?

—Nada.

—¿Pero qué tienes?

—Deseo irme a casa y no volver.

—¿Por qué?

—No quiero tener que soportar otra vez a ese Enrique que tanto mimáis.

—¿Estás celoso de Lina?

—¡Qué disparate!

—¿Entonces...?

—Es a él, a él, a quien no puedo soportar... Feo..., salvaje...

—¿Pero qué te ha hecho?

—¡Ni siquiera ha reparado en mí! ¡Ni siquiera me ha dicho que soy bonito!

Isabel se echó a reír. En otra ocasión le hubieran llamado la atención las frases del mozalbete, pero estaba demasiado preocupada para no echarlo a broma.

—Tampoco me lo ha dicho a mí.

—Pero te miraba como si te fuera a rezar.

Se sintió satisfecha de las palabras de su sobrino; no sabía por qué la atraía de tal modo aquel chiquillo feo y larguirucho.

—Es un ingenuo –pensó–; me divertirá conquistarlo y enseñarlo a vivir.

Su alegría radiaba hasta el punto de no fijarse en nada y desear que todos estuviesen contentos. Era como si la hoguera de amor que se encendía en ella tuviese fuerza para consumir todo lo que la rodease en una misma llama.

XXI

—Di que he pasado la tarde contigo.

—Di que hemos estado de tiendas.

—Di que vamos al teatro.

No pasaba día sin que apareciese Joaquina para hacerle alguno de aquellos encargos a Berta.

Por fortuna ésta no necesitaba decirle nada a nadie. Doña Pepita estaba clavada en el sillón con el ataque de reuma, y Luis no era desconfiado.

Había llegado Luis a ser un gran amigo de Berta. Le había propuesto Joaquina que le arreglase los asuntos de la testamentaría de su marido, con la secreta esperanza de entretener así a Luis, para que se ocupara menos de ella y no tuviese prisa de dejar Madrid.

Todas las tardes iba Luis al hotel de Berta, y después de trabajar un par de horas arreglando papeles en el ambiente perfumado y tibio del gabinete, al lado de aquella mujer tan discreta y previsora, como él hubiese deseado a Joaquina, salían a dar un paseo por el jardín. Los unía el amor a las plantas.

—Esta tarde hace demasiado frío –dijo él–. Será mejor que no salga usted.

—Estoy acostumbrada.

—Hace viento.

—No importa. Me gusta el viento. Da más sensación de vida... como si fuera la respiración del mundo. Cuando me revuelve el cabello parece que penetra hasta la raíz y siento en mí algo vegetal. Me agradan el sol, el viento y el agua. Hasta gozo cuando siento caer sobre mí la lluvia. ¿Querrá creer que a veces me como puñados de nieve, igual que cuando estaba en el colegio?

Hablaba con animación, con inocencia, sin darse cuenta de la gran sensualidad que había en sus palabras.

—Le aseguro a usted –añadió– que siento por las plantas tanta ternura como si fuesen animales. No puedo pasar el día sin verlas.

—¿Y quién nos dice que no lo son? –dijo él–. Ya está probado que tienen nervios, respiran, duermen, se nutren y segregan. Ahora se afirma que sienten antipatía o amor y que ejecutan voliciones. Hay plantas que siguen los ojos de quien las mira, con movimientos de persona hipnotizada. La sensitiva hace un esfuerzo para huir y esconderse cuando la tocan y existen algunas que forman paraguas con las hojas a sus flores cuando amenaza lluvia.

Habían llegado a la fuente.

—Mire usted qué poesía tiene el nenúfar –continuó él–. Es la planta que más demuestra cómo se aman las flores. A éstas no las fecunda el pólen lejano que arrastra el viento. El macho tiene el privilegio de vivir sobre el agua. La hembra no sale del fondo más que una noche de amor; una sola vez en su vida. Alarga el tallo, llega cerca de su amado, le roba sus caricias y vuelve a sumergirse para perpetuar la especie.

Berta no respondió. Se sentía turbada, y para cambiar de conversación, dijo:

—Mi pasión son las rosas.

—También la mía. Me parece la rosa algo así como la Eva de las flores.

—Yo tengo una hermosa colección.

—Lo veo, pero me gustaría que no colgase usted a sus rosales esas medallitas, que dan un aspecto de jardín botánico.

—Pero sin eso no sabría sus nombres. Son sus tarjetas de identidad.

—¿Cuál es su predilecto?

—Este recuerdo de Claudio Pernet. Tiene un amarillo que recuerda los amarantos. Como usted sabe, esta rosa es creación del gran jardinero francés, para ponerla como corona sobre la tumba de su hijo muerto en las trincheras. Parece estar regada con lágrimas.

Se había hecho aquella tarde, sin saber por qué, embarazosa su situación. Berta, excitada por las confidencias de Joaquina, había llegado a sentir por Luis una pasión romántica que creía solo piadosa. Le parecía que se necesitaba ser una malvada para no amar a un hombre como él.

En sus ratos de intimidad, Luis le había hablado de su mujer. No tenía para ella más que palabras de respeto. Una criatura aturdida, inconsciente, infantil de alma como de cuerpo. Uno de esos seres condenados a niñez perpétua, que hacen la desdicha de las familias a pasar de ser buenos. Él la quería con esa ternura paternal que inspiran los seres débiles. Era el suyo ese afecto que se siente por los niños cuya inteligencia está aún en germen; ese cariño en el que hay algo de protector, de superior, que no atrae la confianza ni establece una compenetración.

—Es como si tuviera una hija –decía con convencimiento.

Después de oír esto, Berta se avergonzaba de escuchar las confidencias que le seguía imponiendo Joaquina. Sentía una repugnancia y una confusión que no experimentaba la esposa: era como si ella lo engañase también.

Joaquina le contaba que había roto con Alfonso de un modo violento. Le aseguraba que había sufrido tanto, que estuvo a punto de decírselo todo a Luis para que los matara a los dos.

—Por fortuna Juan, el amigo de Alfonso, ha sido mi consuelo –decía–. Este sí que es un alma noble. Gracias a él se me ha hecho llevadera la vida.

Le contó cómo saboreaba la emoción de las entrevistas arriesgadas en restaurantes y sitios públicos. Juan no le tenía miedo a su marido. Sus amores no eran esta vez tan prudentes. Juan era de esos hombres que gustan del cartel que les da el escándalo, y todos sus amigos estaban enterados de la aventura.

Berta se desesperaba con aquellas confidencias. Le dolía ver a Luis en ridículo y que la maldad y la falsía de Joaquina cayesen sobre aquel hombre tan bueno y tan honrado.

Y no tenía ya valor para aconsejarle a su amiga que volviera con su marido. No quería pensar lo que iba a ser de ella si Luis se alejaba de su lado para siempre. Empezaba a querer también vivir su vida. Lo esperaba con impaciencia todos los días y jamás había entre ellos una sola palabra de amor o de galantería. Hablaban de sus asuntos y de sus flores. No sabía por qué estaba tan confusa aquella tarde.

—Venga usted –le dijo, procurando ocultar su estado de ánimo–. Tengo un rosalito muy enfermo. A ver si adivina lo que tiene.

Él se quedó mirándola y respondió con un acento que le hizo estremecerse:

—¿Sabe usted, Berta, que me da envidia el ver cuánto quiere a sus rosales?

—Es que me parece que son hijitos míos, porque nadie los ama como yo.

—¿Y no quiere usted que yo desempeñe el papel de padre?

—Se enfadará Joaquina.

Él guardó silencio. Establecía también la comparación entre las dos. Berta era la mujer que debía haber sido su compañera, en lugar de aquella graciosa muñequita inútil, a cuya insulsez e insignificancia tenía que permanecer unido. Se daba cuenta de que no era amistad sólo lo que lo unía a Berta. Le parecía que aquella tarde era más fuerte y más acre el olor de las plantas y de la tierra. Tenía la sensación de sentir revivir la savia en los troncos, que parecían secos, y germinar las plantas. El Ray-Gras brotaba de la tierra, convirtiendo en grandes acericos las platabandas.

La hiperestesia del oído le hacía percibir como un chasquido de besos en el reventar de los brotes y el desplegarse de los capullos.

Del cuerpo de Berta se escapaba una ola de perfume de jazmín y nardo mezclados. Era el perfume mismo de Joaquina, pero le parecía más intenso en Berta. Le cogió la mano y le dijo:

—¿Por qué no nos hemos conocido antes?

Ella permanecía inmóvil.

—¡Nos hubiéramos amado tanto!

No le pedía nada, no le proponía nada. Lamentaba una desdicha irreparable; pero su mirada se clavaba en los ojos de Berta, suplicante, triste, apasionada... Los ojos de ella no le huyeron. Al contrario. Se encendieron con una llama ardiente y parecieron querer esconderse dentro de los ojos de Luis. Entonces él, perturbado por la confesión muda y sumisa y por el perfume excitante, la estrechó entre sus brazos y buscó sus labios, murmurando:

—¡Seremos dichosos aún!

XXII

—Las playas son las novias del mar y por eso las viste de encaje –pensaba Isabel, viendo cómo las olas se henchían, se elevaban en la superficie del agua rizada, y se partían en redes de espuma.

Apenas se bebía una la arena llegaba otra, cascabeleante y alegre, a ocupar su puesto.

Se extendía la inmensidad del agua verdosa, como una piel de pantera con manchas de ocre y añil, hasta el horizonte, el cual daba sensación de que el cielo estaba amarrado a la tierra con una cinta de luz rosa, transparente y sobredorada.

Sólo su interés por Enrique había hecho que Isabel prefiriese el veraneo rústico de Peña Flor a los balnearios de moda, donde iba todos los años. Era el veraneo un descanso, para ella y para Julio, de la vida matrimonial. Los dos se sentían satisfechos de su libertad. De lejos recobraba su marido, para ella, todo su prestigio. Era como si le quisiese más pensando en él que viéndolo. Por su parte, Julio sentía tambien cierto alivio en sus vacaciones de marido.

—Hay que convenir –pensaba satisfecho– que está bien ideado ese club New Yorkino que separa a los matrimonios cuando comienzan a aburrirse para que luego se quieran más.

No dudaba de su mujer y aprovechaba su tranquilidad para el trabajo, esperando la alegría de una nueva luna de miel.

Doña Milagros y Julito acompañaron a Isabel; pero a no ser por Enrique, que tomó a su cargo enseñarle las bellezas de su tierra, hubiera pasado sola la mayor parte del tiempo.

Julito andaba siempre por las rocas, con los chismes de pintar al hombro, en unión de Ricardo. Era éste el amigo inseparable, y había venido a reunirse con él desde Madrid.

La amistad de Ricardo con Julito complacía a Rosa. Se privaba con pena del hijo, que era su compañero y le ayudaba con tanta ternura a hacer sus primores, por tal de no perjudicarle en su vocación de artista.

Pero tenía miedo de que cayese en los excesos de los chicos que se crían demasiado sujetos, cuando comienzan a ser libres.

Doña Milagros la tranquilizaba escribiéndole que Julito no se ocupaba para nada de mujeres.

—Mira si será inocente –le decía– que me asegura que, si no van bien perfumadas, el olor de las mujeres le producen náuseas. Lo único que lo preocupa son las cosas de su arte y su afición a los deportes. Sobre todo desde que se reune con Ricardo.

Reconocía la superioridad de Ricardo. Era hijo de un aristócrata, medio arruinado, pero se había educado en un convento de Jesuítas y había viajado mucho. Poseía una cultura refinada, y como los frailes seguían protegiéndolo y lo tenían en mucha estima y su nombre le abría las puertas de una sociedad escogida, los deslumbraba a todos, en especial a Julito, que, educado por su madre, era de una sensibilidad extrema.

Doña Milagros y Rosa apreciaban la buena conducta de Ricardo, y hasta Antonio veía con gusto a su hijo relacionarse con gentes influyentes, que le podían servir de algo.

Los dos amigos formaban una pareja extraña. Julito, con su figura andrógina y débil, lo parecía más al lado de Ricardo, especie de gigante, de gran corpachón y curvas grasas, excesivamente desarrollado de medio cuerpo arriba. Era un hombrón de voz atiplada y cutis delicado, que aparentaba mucha más edad de la que tenía.

Julito parecía sentir también la superioridad de Ricardo. Era voluntarioso en su casa, y se sometía sin esfuerzo a los caprichos de su amigo. Su temperamento apático hacía que le gustasen las cosas de poco esfuerzo, y Ricardo lo libraba de las molestias, con su carácter previsor.

En Madrid habían alquilado un estudio para tener su taller y recibir a los amigos artistas, pero aún no habían hecho ninguna obra.

Ellos estaban unidos como personas bien educadas, pero los demás se peleaban entre sí de tal manera que no dejaban tiempo más que para atender a sus pendencias y chismorreos.

Ricardo contaba todas aquellas escenas, comentándolas de una manera tan graciosa y con un espíritu tan satírico y unos atrevimientos de frase tan cultos, que los encantaba a todos.

Desde que estaban en el pueblo no hacían más que corretear por las playas, solos, sin hacer caso de las jovencitas que los miraban con los ojos ansiosos que fijan las provincianas en los forasteros; como si fuesen princesas del bosque en espera de que las libren del hechizo.

Casi todas las mamás que tenían chicas casaderas habían ido a visitarla. A Isabel la atormentaban aquellas visitas a las que no había medio de negarse. Se metían en la casa a todas horas, dispuestas a pasar allí el día entero. Iban con toda la familia, para no tener prisa. Los niños pequeños la besaban con sus morros húmedos y no dejaban de tocar cuanto veían.

Había una nota de curiosidad en todos. Le miraban los trajes con cierta extrañeza de que se vistiese sin la seriedad provinciana, de ritual para las casadas.

No disimulaban el asombro de verla pintarse, y el Provisor, viejo amigo de su padre, que pasaba el tiempo en estudios arqueológicos, creyendo que no se podría morir sin acabar la gran obra de investigación que tenía comenzada, le dijo un día con asombro:

—¡Pero tú también te pintas las uñas! Eso era bueno para las romanas y para ciertas mujeres. En ti no lo hubiera creído.

Se indignaba Isabel de que las viejas solteronas que le doblaban la edad se habían plantado para resultar más jóvenes que ella, y las respetables ancianas, que la conocieron niña afirmaban, muy seriamente, que habían jugado juntas.

Doña Milagros estaba también descontenta. Se sentía presa de un ataque de melancolía senil. Había conservado en la memoria la Peña Flor de su juventud y pensaba no sólo hallarlo todo como lo dejó treinta años antes, sino sentir las mismas energías y las mismas emociones.

Experimentaba un profundo desconsuelo de no encontrar ya a ninguno de sus antiguos conocidos. El pueblo mismo había variado de aspecto. Se le aparecía de repente el cambio operado durante su ausencia. Quería no pensar en cómo la situaba todo aquello en el límite de su propia vida y se dejaba dominar por el estado depresivo, del que sólo la sacaba su gula.

A Isabel no le quedaba más entretenimiento que coquetear con Enrique. Se divertía en aquella conquista con algo de la malignidad varonil, sin darse cuenta de cómo se iba apoderando con su juego de la vida del muchacho.

Aquel amor la rejuvenecía, le daba un nuevo interés en la vida.

Se pasaba el día corriendo con él en automóvil por las carreteras, a cuyos lados crecían los eucaliptus y las hayas, formándoles una bóveda con su ramaje espléndido.

Se divisaban las grandes planicies cubiertas de viñedos, de hortalizas y de flores, separadas en porciones por líneas de agaves o de cañaverales; mientras que al fondo servían de límite las altas montañas pizarrosas, cuyas caprichosas ondulaciones borraba la niebla que subía del mar.

La encantaba ver los lugarcillos con sus caritas blancas, como refugiados en el regazo de la tierra o anidando en medio del campo.

A veces una casilla minúscula, recién enjalbegada, con unas plantas verdes cerca de la puerta y una hilera de calabazas amarillas sobre el alero del tejado, le hacía detener el coche y comentar con envidia que sólo en medio de aquella alegre sencillez puede encontrarse la felicidad.

Todos los paseos iban a parar a la playa.

—No me canso de ver el mar –decía Isabel–; lo encuentro siempre distinto. Toma todos los matices intermedios entre la tempestad y la placidez. Hay días en que bajo el cielo plomizo, parece que las aguas están revueltas y fangosas, y otros en que no sé si se han invertido los términos y el mar azul y limpio es el cielo, y el cielo entoldado y gris es el mar.

Enrique la oía silencioso. No podía vencer su timidez. Todas las noches, cuando se separaban, se proponía tener mayor atrevimiento el día próximo. En sus insomnios componía discursos para decirle toda la pasión que sentía; pero al volverla a ver, no sabía más que mirarla, absorto en su belleza.

A veces dejaban el coche para internarse a pie entre los pinares. Enrique le buscaba un asiento, en el tronco de un arbol cortado, al que llamaba pomposamente su *trono*; mientras, él corría de un lado a otro para formarle un ramo de flores campestres: trébol, orquídeas, estevas y lirios. Isabel aseguraba que aquellas flores, que se abren y mueren sin que nadie les preste atención como vírgenes que no cumplen su destino, le gustaban más que las colecciones de rosas o de claveles de los grandes parques.

Cuando encontraban alguna conocida que fijaba en ellos de soslayo los ojos espiones y malévolos, Isabel se echaba a reír. Le inspiraban todas las mujeres una especie de lástima pensando que ninguna era amada como ella; ni experimentaban aquel goce que le proporcionaba la pasión muda de Enrique, que sólo con la intensidad de la mirada le hacía sentir el escozor de un beso en los labios.

Hasta experimentaba cierto goce malévolo en aspirar aroma de escándalo. Se sentía superior a las que escandalizaba, como si se hubiera librado de una traba femenina que las sujetaba a ellas. Le daba la sensación de ser más fuerte. Tenía del honor una concepción masculina. No le parecía importante que le pudieran atribuir amores. Sólo el respeto y el terror que le inspiraba Julio le hacía mantenerse dentro de los límites de la discreción. A no ser por su marido, la hubieran divertido mucho todas aquellas críticas.

Con la que se había entendido mejor de todas era con doña Berenice. Una señora fuerte, vellosa, huesuda, que montaba a caballo, fumaba y no sabía hablar más que de la belleza de las artistas famosas.

—Es que he tenido muchos hermanos varones y me he acostumbrado a saber apreciar la belleza femenina –decía para disculparse.

—¡Si yo hubiera sido hombre! –añadía con un suspiro.

Pero, a pesar de su aspecto machuno, nadie sospechaba de su feminidad. Había tenido una docena de hijos, sin preocuparse del apellido que habían de llevar.

Se la toleraba en sociedad, gracias a que era la mayor contribuyente del lugar y persona de gran influencia.

Tenían que convenir en que poseía un corazón tan generoso como escasa era su inteligencia; pues todos los que necesitan de ella, la hallaban siempre propicia a prestar ayuda.

No había caso de que hubiera sido capaz de mentir, de engañar, de faltar a su palabra ni de hacer mal a nadie.

Era la única que se había atrevido a prevenir a Isabel de los chismorreos de las damas del pueblo.

—Aquí se critica a todo bicho viviente –afirmó–. Por fortuna, de mí no tienen nada malo que decir. Yo soy una mujer honrada porque jamás he tornado un céntimo de un hombre. Al contrario. He sido yo la que he protegido a los que me interesaban. He criado a todos mis hijos, tanto los que tuve de soltera como los que nacieron estando casada o después de viuda. He sido muy buena madre y de nada me remuerde la conciencia. He vivido mi vida tranquilamente.

Doña Milagros se reía un poco escandalizada, pero Isabel la miraba con simpatía. No encontraba descabellada aquella concepción del honor. Ella concebía tambien así el derecho a una sola moral.

Era sentir el honor a lo hombre.

XXIII

De la misma manera que sentía el honor a lo hombre, sentía la embriaguez de la conquista de Enrique. Sin darse cuenta, ella había tornado el papel masculino frente a la inexperiencia del muchacho.

Estaban solos en la terraza. La noche era clara. Lucía la luna de cobre encendido en medio del celeste del cielo, iluminado por la claridad poderosa que borraba las estrellas.

Se reflejaba en el mar formando un arroyo de luz, con un cabrilleo de lentejuelas de azogue y desde cualquier punto que lo mirasen, venía siempre a clavarse en sus ojos. Podían dudar cuál de las dos lunas era la verdadera; si la de brasa encendida que permanecía sin apagarse dentro de las aguas oscuras, o la que se retrataba en el azul sobre sus cabezas.

Por un acuerdo tácito no se hablaban y evitaban el mirarse. Había algo que alcanzaba su plenitud dentro de ellos.

La marea baja parecía dejar al descubierto un jardín submarino, cuyos raros perfumes llegaban hasta allí. Era un olor denso, material, excitante.

—Huele a rocas, algas y sal –dijo Isabel.

Enrique no respondía. Tenía la impresión de que aquellos perfumes emanaban solo de ella, de sus cabellos y de su descote.

No se daba bien cuenta de nada, como mareado con el rumor del oleaje, el eco del croar de las ranas en el estanque del jardín y el ruido de los grillos que tocaban sus violines en el campo.

Isabel estaba hermosa. Durante el día, a pesar del calor, se veía obligada a llevar los trajes altos, de mangas largas, y hasta sentía deseos de taparse la cara, con miedo de que se le parasen en la carne aquellas moscas fastidiosas, que segín Julito afirmaba, estaban más mal educadas que las moscas de la ciudad, aunque Ricardo las defendía diciendo:

—Las moscas son los pájaros de las habitaciones.

Isabel tenía miedo de que se parasen sobre su carne, cuando las veía afilar su guizque con las patas delanteras para darle un lancetazo, semejante a una inyección de una vacuna peligrosa.

Por eso había renunciado a su descote durante el día. Solo se lo permitía de noche.

Aunque todos los vestidos eran oscuros al lado de su descote, solía ponerse vestidos negros.

Su sobrino solía decirle:

—Estás tan hermosa así que debías llevar luto por coquetería o por la muerte de las otras mujeres que estén a tu lado.

El descote de Isabel influía sobre Enrique. Lo deslumbraba aquel descote estatuario. Se marcaba en él, levemente, sobre la piel blanca y tersa, el espejeo que forma el collar de Venus en torno de la garganta juvenil de las mujeres hermosas.

Era sorprendente el tinte de la coloración de su carne. Tenía un blanco en el que no se había desleído ningún grano de añil ni de ocre. Un blanco puro, ni lustroso ni mate; transparente, perlino, de una blancura alucinadora; hasta el mismo blanco palidecía por la luminosidad de su carne.

Aquella blancura atraía el amor y el deseo de Enrique de una manera poderosa.

Como un desquite a la privación de llevar descote de día, Isabel los exageraba. Casi todos sus trajes eran sin mangas, tela liada al cuerpo con algo de sudario, que dejaba descubiertas las axilas. A veces, una manga de encaje, una cinta del hombro a la muñeca, la hacía aún más alucinante. Otros días dejaba la espalda completamente al aire, con gesto de mujer que sale del baño.

El descote más alucinante para Enrique era el que huía descubriendo y tapando la desnudez, como si fuera a mostrarse por completo.

Sentía odio y envidia de los hombres que podían mirarla asi. Hubiera querido poder prohibírselo.

Su contemplación lo volvía estúpido, como presa de un hechizo o de un bebedizo. Julito y Ricardo se burlaban de él. A veces le hablaban y no acertaba a contestar. No osaba mirar aquella nieve cuajada del seno de Isabel, que hubiera querido fundir al calor de sus besos.

Tanto lo obsesionaba aquel descote de nardo que a veces tramaba planes descabellados, para provocar un peligro, con el fin de salvarla entre sus brazos o ahogarla en ellos, pero le bastaba escuchar el acento dulcemente imperioso de Isabel para obedecer sus más leves indicaciones.

Se habían ido a acostar todos y Enrique e Isabel permanecían aún en la terraza.

—Es una imprudencia que continuemos aquí –dijo él–. Principia a caer relente.

Ella sonrió. No tenía idea de que existiesen allí enfermedades.

—Me gusta tanto ver el mar a esta hora –dijo.

—Parece que comienza a alborotarse.

—Sí, está en ese momento en que tiene algo de tigre y no se sabe si acaricia o amenaza entre las sombras.

El oleaje comenzaba a sonar como los chorros de leche en un gran cuévano.[49]

Una ráfaga de viento pasó como una ola invisible sobre ellos produciendo esa especie de ruido de sedas que forman los ramajes, como si hubiera una arboleda invisible.

—Impresiona pensar en los barcos que cruzan esa inmensidad de agua envueltos en las sombras y a merced del huracán.

—A mí me da más lástima de los pájaros –respondió ella–. Siempre que hay una noche de viento tengo la impresión de que va a amanecer el jardín cubierto de pájaros, que deben caer de los árboles como hojas. ¿Dónde se meterán los pajaros las noches de tempestad?

Sonó la campana de una iglesia distante y el faro fronterizo extendió aquel radio de luz que parecía el tentáculo de un pulpo enorme que daba vueltas, alargándose y encogiéndose, como si quisiera aprisionar algo.

Era preciso separarse y ninguno de los dos se avenía a poner fin a la tortura y el encanto de sus noches. Él sentía todo el dolor de su amor rechazado y ella la voluptuosidad contradictoria de desear y resistir.

---

49 *Cuévano*: cesto grande y hondo, poco más ancho de arriba que de abajo, tejido de mimbres, usado especialmente para llevar la uva en el tiempo de la vendimia.

Estaba pálida, blanca, sin color en los labios. Su descote parecía haber palidecido también, como si se hubiese hecho más severo, más fuerte, un descote de estatua de piedra. La miraba sin atreverse a respirar. La encontraba más hermosa que nunca.

Ella se puso de pie, le cogió la cabeza entre las manos, con una especie de ternura religiosa, escondió dentro de sus ojos, muy abiertos, el rayo de pasión que escapaba de los párpados entornados de Enrique y le dio un beso ardiente entre los cabellos.

Él sintió agonía. Aquel beso corría por su médula, invadía todo su cuerpo, parecía repetirse y amplificarse, como el círculo que hace una piedra arrojada en un lago.

Aspiró el perfume de aquel descote que era su tentación. Lo poseía la locura de su pasión, la locura de olores que lo envolvía, con las ráfagas marinas de algas, yodo y salitre; unidas a las bocanadas de la brisa de tierra cargadas de aromas de magnolias, jazmines y madreselva.

La estrechó contra su pecho plena de belleza. No era la rosa –perfume y espíritu– que se deshojaba en sus brazos; era la camelia –carne y sangre– que caía como las camelias desprendiéndose en redondo de su tallo, en plena lozanía. Salió de allí como un sonámbulo: Apretaba los puños para que no se escapase de sus manos el calor que le había robado *a ella*. Cerraba los ojos, con miedo de despertar, y creía oír la voz tan mimosa, como jamás la había escuchado, murmurando a su oído extrañas caricias:

—¡Te quiero... te quiero! ¡Eres un feo muy hermoso!

XXIV

Con su hilera de casas y de recreos iluminados, frente a la oscuridad del Parque, tenía el paseo de Rosales[50] aspecto de malecón a la orilla del mar.

La explanada, donde estaba el kiosko de la música, parecía una inmensa caldera, en la que burbujeaba la gente.

Niñas cogidas del brazo hablando alto para llamar la atención. Madres con paso tardo y aire aburrido... Hombres con gesto de pescadores de caña... Chicuelos que se enredaban en las piernas como las zarzas de la ciudad... Perros que parecían siempre buscar amo... Muchachas con tristeza de mal vestidas... ojos ansiosos de mujeres, en la búsqueda de algo desconocido..., jovencitos elegantes sin sombrero, con aspecto de escapados del aula. Rubicundos rostros de hombres animados por el interés ante el desfile de tantas mujeres... Cabellos rizados... pies menudos... brazos al aire... descotes... collares... el airón de las echarpes fingiendo alas e incitando a sujetar por ellas a sus dueñas.

Los camareros, como malabaristas zigzagueando, entre la multitud...

Ruido de tapones de cerveza y gaseosa, mezclado al pregón cadencioso de los vendedores... voces de cantante y voces cascadas... Bandejas de chucherías: cangrejos, saladillas, caramelos y las cortezas de cerdo, que rivalizaban con el chicle en lo intragables.

Motores de autos, rastrilleo de alambres en las cajas de barquillos... ir y venir... gentes cruzadas, palabras cruzadas, vidas cruzadas.

—No hay ciudad más alegre en el mundo que Madrid –comentaba Julio–. Aquí la diversión es para todos, está en medio de la calle, no se necesita dinero para gozarla. Cada noche se celebra como una gran fiesta de cumpleaños.

—Si no fuera por el clima.

---

50 El Paseo del Pintor Rosales es la calle al lado del Parque del Oeste, en el barrio de Arguelles.

—El clima es un encanto –saltaba Alfredo, que era un enamorado de Madrid–. Tenemos una altura media propicia. Esa vulgaridad de «frío como el hielo y caliente como fragua» es propia de los que no saben apreciar la fuerza de este corazón de la meseta castellana. Riman las estaciones con su carácter: El invierno es fosco, el verano agudo, la primavera agria; pero en otoño, la sierra, sin nieves, nos resguarda del Noroeste y los pinares del valle de Guadarrama nos envían emanaciones tonificantes.

Julio le daba la razón. A pesar de su amor a Isabel le agradaban sus vacaciones de marido.

—Si las mujeres no fueran tan absorbentes nos harían más felices –pensaba.

No le dejaba Isabel tiempo de pasar un rato con sus amigos en aquellas tertulias de las terrazas, de las que salían a veces jiras o comidas íntimas, en alguno de los sitios típicos, un poco sórdidos, donde buscaban los restos de rudo clasicismo y los tradicionales manjares suculentos.

Ningún amigo se atrevía a proponerle diversiones en las que interviniesen mujeres. Tenía a gala Julio hacer alarde de su fidelidad. Hasta moralizaba de buena fe a sus amigos.

—El amor de nuestras mujeres –solía decirles– depende generalmente del nuestro. Por eso era tan sabia esa ley, que no debió abolirse, según la cual el marido infiel no tenía derecho a poderse quejar de lo que hiciera su esposa.

—Es que hay gran diferencia –decía Alfredo–. Las mujeres no nos engañan más que cuando no nos aman. Los hombres podemos engañarlas, a pesar de amarlas.

—¿Pero no negarás que hay casos de fidelidad?

—Bastante raros y sólo cuando existe un gran interés espiritual renovado, en tipos superiores, que se bastan a sí mismos. Ya sabes que creo inferiores, hasta como machos, a los hombres que quieren a todas las mujeres. La verdadera monogamía es propia sólo de organismos sanos y fuertes, en perfecto equilibrio con el espíritu.

A la enuncación de esta idea protestaban ruidosamente todos los amigos. Era como si con ese concepto atacase Alfredo los privilegios y los timbres de gloria del masculinismo. Pero él se reía sin rectificar jamás.

—Pues yo, aunque me llaméis inferior –dijo Paco–, necesito tener siempre tres amores. El de mi mujer, que me da reposo; el de mi amante, que me hace sentir alegría y plenitud de vida; y el de mi novia, con la que conservo la ilusión de investigar en un espíritu de mujer y de gozar las nimiedades románticas de los veinte años.

Las frecuentes carcajadas con que interrumpían su conversación, obligaban a volver la cabeza a los transeuntes.

En la mesa de al lado doña Araceli y sus tres hijas hacían esfuerzos por permanecer indiferentes, como si no oyeran las conversaciones.

Iban allí todas las noches a pasar un rato al fresco, con la secreta esperanza de pescar algún novio.

Doña Araceli era viuda de un empleado, y se le veía la honradez sólo con fijarse en la cara bonachona y serena y en el aspecto tímido y sencillo.

Había sido bonita como lo eran las tres hijas, cuyas facciones juveniles reproducían sus rasgos marchitos.

No había dejado de despertar la cupidez de los amigos de Julio y Alfredo, el ver la insistencia de las cuatro mujeres, en ocupar la mesa próxima todas las noches.

Pero éstos las habían tornado bajo su protección.

—Precisamente vienen siempre a este sitio –dijo Alfredo– porque les inspiramos confianza. Nos toman por personas decentes.

—No creo que dejaría de serlo –respondía Paco– por hacerle el amor a una muchacha bonita.

—Si fueras soltero; pero no siéndolo, limítate a ser infiel, si así lo quieres, sin causar daño a una pobre mujer. Yo tengo en estas cosas la conciencia estrecha de los que no creen más que en sí mismos.

Julio le daba la razón. Eran de los últimos románticos que se habían contentado con su papel de *encerradores*[51], siguiendo a las jóvenes hasta dejarlas en su casa, sin ningún otro fin.

Poco a poco se había establecido de mesa a mesa una relación de amistad, de ese modo confianzudo y fácil con que se forman amistades en España. Julio y Alfredo solían invitarlas con frecuencia a tomar algún refresco y una noche, que estaban los dos solos, las habían llevado de paseo en auto.

Matildita, la mayor de las tres hermanas, fue sentada al lado de

---

51 *Encerradores*: hombres que por oficio encierran el ganado mayor en los mataderos; en este contexto refiere a los hombres que aseuguran que sus amigas llegan sanas y salvas a casa por la noche.

Julio. No llevaba perfumes. Olía sólo a jabón, a carne joven y a cabellos húmedos. Y aquel aroma se le subió a la cabeza. Deseaba disimular desde entonces cuánto le interesaba la muchacha. Departía más con la madre y con las otras hermanas. No podría nadie sospechar en él una segunda intención.

Les hablaba siempre de su mujer y del cariño que le profesaba.

Pero al mismo tiempo Matilde le preocupaba más cada vez. Sus ojos grandes parecían cargados de amor y de promesas.

—¿Qué mal puede haber para nadie en esta simpatía? –pensaba–. Las pobres mujeres necesitan quien las proteja. Yo lo haré desinteresadamente y podré dejar en el corazón de esta chiquilla el recuerdo de un afecto capaz de alegrar siempre su vida, sin mezcla de ninguna amargura.

Doña Araceli le confesaba las dificultades con que venía luchando desde su viudez, como si lo conociera de siempre. Matilde había estudiado algo, en vida de su padre; fue la que alcanzó mejores tiempos. Sabía taquigrafía, pero no encontraba colocación. La segunda hija, que se llamaba Araceli como ella, era la única que ayudaba a la familia, bordando primorosamente. Sólo la pequeña, Anita, le causaba inquietud con sus ideas extrañas respecto al trabajo. Pasaba todo el día ante el espejo pintándose uñas y labios. Decía que deseaba ser cupletista o *estrella* de cine, para vivir su vida.

—Y quizás está en lo cierto –acababa por confesar doña Araceli en un suspiro, cuando no la oía la hija, con el desengaño de la mujer buena que contempla su fracaso.

Julio hubiera querido protegerlas. Consultó a Alfredo.

—En el Banco tengo mecanógrafas con buen sueldo y podía darle un puesto a Matilde. ¿Qué te parece? –le preguntó.

—Lo que le parecerá a Isabel una mecanógrafa tan guapa es lo que debes preguntar.

—Tengo siete, algunas muy lindas, y aunque va con frecuencia a buscarme, jamás se ha fijado en ninguna.

—Y lo mismo te ha pasado a ti.

Julio se quedó desconcertado. Era un caso distinto. Tuvo que confesarse que en su interés por Matilde había algo de pecado para con Isabel.

Quiso como acercarse más a su mujer escribiéndole diariamente. Ella no dejaba de escribirle también todos los días cartas llenas de pasión. ¿Eran ellos, en realidad, los destinatarios de aquellas cartas? Julio escribía mientras el recuerdo de Isabel se confundía con la figura de Matilde; pero no se le ocurría que a su esposa le sucediese lo mismo con otro. Isabel se quejaba en sus cartas de no encontrar la soledad que deseaba y de sacrificarse prolongando el veraneo por darle gusto a su madre. «Para estar solos –le decía– hay que vivir en las grandes ciudades». Él la alentaba, pero no la llamaba. Prolongaban la ausencia que dependía de su voluntad.

Aún así triunfaba Isabel en el alma de su marido. Matilde no pasaba de ser una muchacha agradable por su juventud.

Se esforzaba en no darle más importancia de la que merecía una sencilla distracción pasajera. Una simpatía que había de acabar cuando la primera ola de frío que enviase el Guadarrama barriera el paseo, para dejarlo entristecido, añorando la alegría veraniega, en la soledad de las noches, cuya negrura no llegaban a disipar las luces, que parecían congeladas, guiñando como faros de unos transatlánticos aéreos, que debían navegar sobre la sierra.

XXV

Las confidencias de Joaquina habían preparado el alma de Berta para entregarse al amor, que llegaba de sorpresa.

En medio de su confusión experimentaba cierto deleite de venganza contra Joaquina, como si ésta la hubiera humillado con sus confesiones, y su amor propio de mujer tomase la revancha.

Sin embargo, se hubiera avergonzado de que nadie conociera su secreto. Se encontraba en rídiculo amando al hombre desdeñado por una criatura tan inferior como Joaquina. Era algo como recoger un desecho. Sobre todo se hubiera avergonzado de la sospecha de su amiga. Empezaba a sentir la necesidad de que Luis supiera la conducta de su mujer. Después de una ruptura violenta y de la separación, él recobraría su dignidad, y entonces ella podría amarlo con orgullo y hasta parecer como una recompensa providencial en la vida de aquel hombre.

Las visitas de Joaquina le causaban ya espanto. Tenía miedo de verse entre ella y su marido. Las veces que se encontraban allí se marchaban luego juntos *a su casa*, y su amiga se apoyaba en el brazo de Luis, que en aquellos momentos tenía para ella sólo una cortesía helada.

Las nuevas revelaciones la afrentaban. Eran ofensas hechas al que adoraba y al que no podía defender. Los defectos que Joaquina encontraba en Luis como esposo, se tornaban para Berta en encantos, como los que su amiga encontraba en Alfonso o en otro compañero de locura.

—¡Si yo tuviera valor para contárselo todo! –se decía a veces.

No la contenía el drama que podía provocar. Ella pensaba que no amando Luis a su mujer su traición no le podría causar daño; pero el ser ella la confidente la comprometía y le hacía odioso el cometer una traición.

—¿Vas a salir esta tarde? –le preguntó Joaquina.

—Sí... –respondió vacilando por la mentira.

Necesitaba estar libre para esperar a Luis.

—Entonces diré que voy contigo.

Berta se asustó.

—De ninguna manera... no es posible... –balbuceó.

—¿Cómo? –exclamó la otra sorprendida–. ¿No quieres ya ser mi amiga?

—No es eso... no es eso, Joaquina. Me comprometes. Tu marido puede venir... enterarse...

—Eres siempre la misma... miedosa. Mi marido se va esta tarde a una partida de caza y no volverá hasta el lunes... Me lo ha dicho... Es un día de libertad. Ayudaré.

Berta tuvo una idea salvadora.

—Luis irá con la Sociedad de Cazadores[52] –dijo.

—Sí.

—Y precisamente es la señora del presidente de esa Sociedad la que me tiene invitada. Se descubriría todo.

—¿De veras?

—¡Te lo juro!

—¡Qué coincidencia! En fin, como está fuera me escaparé de casa. Mi tía se queja de no pegar ojo, pero duerme toda la noche como un lirón y no se entera de nada, por fortuna. Quiere tanto a Luis, que prefiere que me muera yo antes de perder a un hombre tan bueno.

—Quizás tenga razón.

—No gastes bromas. ¡Con la gana que tengo yo de ser viuda! Es el estado perfecto. Todas las mujeres debían nacer viudas.

—¿Pero en qué piensas hacer mañana?

—Mil cosas... Una noche y un día entero de libertad y de amor. Cenaremos por ahí... pasearemos en coche... ¡qué se yo! Viviré mi vida. Un día tenemos que ir las dos solas para que veas ese mundo que tú no conoces. Te estás pasando la vida en tonto.

---

52 Se asume que los miembros de la Sociedad de Cazadores viajan cada fin de semana no tanto para cazar sino para escapar de sus mujeres.

—¿Qué llevas ahí? –preguntó Berta para desviar la conversación.

—Dos camisas que acabo de comprar.

—Abultan poco.

—Es que son de seda finísima. Mira. Un amor de encajes. ¿Querrás creer que tengo que ponérmelas a escondidas? A mi señor esposo le parecería demasiado lujo y mi tía se escandalizaría si las viera.

La idea de la intimidad de Joaquina con su marido hirió a Berta. Tenía miedo de que continuara sus confidencias, pero no acertaba a decir nada.

Joaquina, sin fijarse en la turbación de su amiga, continuó:

—Además llevo este frasco de perfume. ¿Sabes? Cada amor quiere un perfume nuevo. Luis dice que el mío se parece al que usas tú... he comprado *La Hora Azul*. Ahora me conviene que no le guste tanto. ¡Ejerce tanta influencia el perfume en el amor!

XXVI

—Pero ¿qué te sucede, Berta? –preguntaba Luis sorprendido de la actitud reservada y fría de su amante.

—Nada.

—Algo me ocultas. Hemos deseado tanto este día juntos... comer solos, libres... Esperaba verte feliz y te encuentro de este modo incomprensible.

No pudo resistir y con rubor de niña le confesó sus celos.

Luis dio una carcajada. Le parecía absurdo que la mujer del hombre casado inspirara celos a su amante.

—Tú amas a Joaquina –afirmó Berta.

—No... no lo creas... ¡Te lo juro! Ya te he dicho que es para mí como una hija. Un cariño de familia.

—Yo no me quiero oponer a su felicidad –murmuró ella con hipocresía.

Él creyó sinceras sus palabras.

—Por más esfuerzos que hiciera no podría amar a mi mujer –le aseguró–. Eres solo tú la que posees toda mi ilusión y todo mi cariño.

Ella se acercó más. Pegó los labios junto a su oído y le dijo la idea que la mortificaba.

—No seas niña –respondió él–. La consideración a mi mujer no tiene nada que ver con el cariño. Comprende que necesito ocultarle mi desamor... es joven... me ama... Hazte cargo hasta dónde nos podría conducir mi abandono... Tengo que sacrificarme y engañarla.

Berta no estaba convencida.

—¡No quiero! ¡No quiero!... Yo no puedo compartir tu cariño con nadie... No quiero separarme de ti... Venderé cuanto tengo y nos iremos lejos de España.

—Si yo hiciera eso –repuso él gravemente–, me despreciarías tú misma. Yo no puedo vivir a costa tuya y no puedo dejar mi trabajo... Joaquina es buena... aunque no la ame no puedo conducirme así con ella.

—Y...¿si ella no fuera digna de ti? –se atrevió a decir Berta.

Notó en Luis un estremecimiento como el que hace temblar esos muñecos de madera, articulados, que sirven de blanco a los tiradores cuando los ha acertado el proyectil, en el punto difícil y preciso por más que vuelvan a quedar inmóviles.

—¿Di? –siguió ella con exasperación celosa.

—Entonces... entonces... nada le debería... nada me ligaría a ella –balbuceó Luis–. Pero –añadió–, es una suposición absurda. Joaquina es buena...

—No hablemos más de esto –interrumpió dolorida Berta.

—¿Tú no sabes nada de ella, verdad? –inquirió ansioso Luis.

—No..., en efecto..., nada.

—¡Más vale así!

Berta estaba furiosa de no haber tenido valor para contestar la verdad y cerciorarse de si su revelación no hería más que la dignidad de Luis. Se le aparecía Joaquina ahora una rival más temible y más seria de lo que había creído al principio. Conocía las profundas raíces del matrimonio, que no se podían arrancar sin violencia.

Para borrar la mala impresión, Luis le propuso una calaverada. La noche estaba tan hermosa que convidaba a salir de casa. Podían comer en un restaurante o en un café apartado y después pasear o ir al teatro.

—Estamos tan bien aquí –dijo ella.

—Estaremos bien en todas partes –repuso Luis– y así tendremos más variadas impresiones. ¿Quieres?

—¿Y si nos ven?

—No te preocupes.

Berta tuvo una idea díabólica. Notaba que la confianza de Luis en su mujer le hacía pensar que no saldría de casa para ir por esos lugares de placer que frecuentan los enamorados.

Fue a ponerse el sombrero, animada de una secreta esperanza.

—¡Si nos encontráramos!

Era la vez primera que pasaba el día entero con su amante.

Fue una embriaguez salir con él, y pasear en el auto, descubierto, al aire libre. Le parecía que su amor tenía así más capacidad, más solidez, que se afirmaba. Miraba a las gentes que pasaban en los otros coches sin miedo de que la conocieran, como si ella hubiera conquistado también el derecho a vivir su vida.

Sin duda influía en su alegría el champagne apurado en la cena. Sintió miedo y vergüenza de entrar en el cuarto reservado del restaurante, donde le parecía que la miraban todos, hasta que logró sobreponerse para no aparecer ante Luis llena de timidez y de ñoñeces.

Tomó la lista y pidió las cosas que a ella le parecían más distinguidas: ostras, langosta, faisán.

Para elegir los vinos miraba los precios, creyendo que el más caro sería el mejor.

Al acabar la cena la cabeza le daba vueltas, y cuando salió llevaba un aire arrogante, de aguacilillo que sale a pedir las llaves en la plaza de toros. Su empaque hacía que los transeuntes volvieran la cabeza.

Pasearon así hasta cerca del amanecer, y entonces él le propuso dar un paseo a pie.

Bajaron en la Plaza Mayor[53] y sintieron el encanto de aquella gran plaza que conservaba su carácter medioeval, tan silenciosa y solitaria a aquella hora.

Daban la vuelta, cogidos del brazo, delante de las arcadas, con sus grandes faroles encendidos, que le daban aspecto de ciudad italiana.

—Aquí se realizaban los Autos de Fe[54] –dijo él, evocando ese recuerdo que domina en el vulgo, más que la belleza del lugar.

Ella se estrechó contra su brazo.

—¡Qué miedo!

—¿De qué?

—No sé. Me parece que en estos sitios donde han muerto muchas

---

53 La Plaza Mayor de Madrid está situada en el centro de la ciudad, a pocos metros de la plaza de la Puerta del Sol y de la Plaza de la Villa junto a la calle Mayor.

54 El Auto de Fe celebrado en 1680 en la Plaza Mayor fue inmortalizado por el pintor Francisco Ricci y quedaba en la imagainación popular urbana. Las ejecuciones públicas fueron colocadas el patíbulo delante del portal de pañeros si la pena era de garrote; frente a la Casa de la Panadería, si era de horca, y ante la Casa de la Carnicería, si era de cuchillo o hacha. La conversación aquí demuestra que los personajes se sienten culpables y se arriesgan la humillación pública si su relación amoroas deje de ser privado.

gentes asesinadas no estamos solos... Que muchos de esos muertos siguen viviendo en ellos... No sé, es algo que no puedo explicar.

Bajaban la escalerilla que conduce a las calles que se extienden hacia la plaza de la Villa.[55]

—Vamos a volvernos –dijo él.

—No –repuso Berta–, es delicioso esto..., da la ilusión de que ya no estamos en Madrid. Es otro pueblo. Otro mundo... ¿No ves qué casas tan grandes, tan antiguas, tan señoriales...? Seguro que en esa del gran escudo sobre la puerta vivaría un marqués.

—¿Te gustaría que viviéramos ahí?

—No. Preferiría una casa muy chiquita... Cuando estuve en Versalles lo que más me gustó fueron las habitaciones de María Antonieta, tan pequeñas, en medio de los salones suntuosos. Ese rasgo me la hizo simpática. La vi muy mujer. Yo las quisiera más chiquitas aún. Para estar muy juntos.

Y abusando de la soledad de la calle levantó la cara ofreciéndole un beso.

Habían dado la vuelta y estaban otra vez bajo las arcadas. Una churrería dejaba escapar su luz y su penetrante olor de aceite frito por la puerta abierta.

—¿Quieres que entremos? –preguntó Luis.

Ella aceptó palmoteando. Aquella cosa tan sencilla le parecía el colmo de la calaverada. Gozaba pensando que llamaba la atención con su aspecto de gran señora. Para ser más demócrata sonreía a los mozos y apuraba vasillos de aguardiente.

Después no se daba cuenta de nada. Luis la subió por la escalera de su casa medio en brazos. Suerte que no los habían visto ni el guarda ni los criados.

Se había quedado dormida cerca de él y lo había sentido irse sin darse cuenta, devolviéndole maquinalmente los besos que le daba, sin abrir los ojos, para que no se le escapara el sueño aprisionado dentro de los párpados.

Pero al despertar sintió una angustia invencible. Su imaginación seguía a Luis y lo veía irse de entre sus brazos para reanudar su sueño entre los brazos de su mujer.

---

55 La Plaza de la Villa está situada en el casco histórico de Madrid junto a la Calle Mayor, que conforma su cara septentrional. Fue uno de los principales núcleos del Madrid medieval, dada su ubicación equidistante entre la puerta de Guadalajara y la de la Vega, dos de los accesos más importantes de la ciudad.

Jamás se le había aparecido aquella idea tan punzante porque siempre se habían separado a otra hora, después de momentos menos íntimos. Recordaba las revelaciones que le había hecho Joaquina y se daba cuenta de que ella era la única engañada. Tal vez era obra de ella misma y del amante de Joaquina el provocar la pasionabilidad del matrimonio. Era monstruoso seguir así. Debía tener un arranque grande y noble, de lealtad, de sinceridad, para despejar la situación.

—De todos modos –se decía para tranquilizarse–, de seguir así, el conflicto se acentuará de día en día y todo acabará por descubrirse.

Ya en varias ocasiones la distracción de Luis había hecho que no notase el embuste de su mujer, diciéndole que había pasado la tarde con ella.

No se creía obligada al secreto porque sabía que Joaquina no guardaba recato y que Luis estaba en ridículo ante todos sus conocidos. Berta se sentía celosa del honor de Luis, como si ella fuera su verdadera esposa.

En su ofuscación pensaba que, sabiéndolo todo, Luis sería solo suyo.

Se levantó como una sonámbula. Escribió la carta reveladora y la envió a su destino.

XXVII

El instinto varonil de Isabel triunfaba. Después de realizar aquel capricho en el que ella no había sido la vencida, sino la conquistadora, se desvanecía el pasajero encanto, y volvía a sobreponerse a toda la repugnancia que le inspiraba el hombre.

No había sido su mesalinismo un triunfo de la naturaleza femenina. Su fantasía, que le hacía creer que sentía lo que pensaba, le hizo engañarse con la coquetería, que no era privativa de un solo sexo.

Parecía muy femenina, porque recibía complacida los homenajes a su belleza; pero dentro de su perfecta morfología de mujer realizaba el tipo de esos hombres enamoradizos y volubles, pagados de su hermosura, que corren constantemente de conquista en conquista y no aman a nadie porque están enamorados de los elementos femeninos que van en su interior, y cuanto más femeninos son, más se parecen al conquistador y tornadizo Don Juan.

Su naturaleza femenina luchaba entre el impulso viriloide, que en los linderos de la madurez parecía aumentar su capacidad amatoria y su exaltación amorosa, con un anhelo de gozar los placeres próximos a tocar a su fin y el instinto femenino de pudor, inclinado a los sentimientos románticos y hasta al misticismo.

Aquel dolor de los sexos menguados que se disputaban el dominio, la atormentaba por la supremacía del que era contrario a su conformación orgánica.

Ella no era mujer para sujetarse a una pasión, le gustaba la conquista, el seducir y dominar al sexo enemigo. Tenía respecto a Enrique ese sentimiento de los hombres maduros respecto a las niñas: de despelusadores de la inocencia. Roto el encanto, una vez realizada la conquista, recobraba el virilismo que le hacía sentir el amor del hombre como una humillación y un vasallaje.

Le gustaban sólo los preliminares de la posesión. Esa cosa insexuada que conmovía sus nervios, al par que satisfacía su vanidad de sentirse hermosa y deseada: los apretones de manos; los besos, la resistencia en el deseo y la súplica del vasallaje. Arder en un fuego que no la consumía.

Después de su entusiasmo momentáneo había vuelto a sentir el disgusto de aquellas relaciones imprudentes.

Se había dejado llevar de su capricho, de su impresionabilidad, en lo que creía una aventura frívola y sin importancia, y se sentía comprometida demasiado seriamente. Enrique era un peligro, y no encontraba recompensa en arrostrarlo, porque no le inspiraba ningún amor.

Estaba ya cansada del muchacho y del paisaje. Empezaba a pensar en la vuelta. En el encanto de comprar los modelos de la estación que comenzaba, de volver a reanudar su vida de paseos, de teatros, sus reuniones, sus tés, sus amigas. Lucir su rostro de india curtido por el yodo del mar y sus manos tostadas al sol. Volver a tener su corte de adoradores, sin compromiso, que la resarcieran del sacrificio de soportar las caricias de su marido.

—¿Pero qué papel puede tener este muchacho a mi lado? –se preguntaba, pesarosa de aquella especie de doble matrimonio en que se veía sujeta.

Si alguien se daba cuenta de aquel capricho, aunque no sospechase que lo correspondía, estaría en ridículo. No era conquista para una mujer como ella el muchacho angarillón[56] y feo, que la había divertido unos días con su apasionamiento y su ingenuidad.

Enrique no estaba satisfecho tampoco. Sentía que realmente Isabel no era suya, que no tenía de ella más que una concesión de la que permanecía ausente.

—¿Qué tienes, Isabel?– le preguntaba alarmado de su estado de displicencia.

—Nada. No tengo nada.

Le daba lástima de la intensa pena que causaba a Enrique con su desamor. No le quedaba para él, de todo el interés que le había inspirado, más que una gran piedad.

---

56 *Angarillón*: (coloq.) un joven adolescente en edad crítica.

Hacía esfuerzos por disimular su desencanto, con pretexto de la necesidad de ocultar sus relaciones, a causa de su posición social y del temor a su marido.

—Quisiera verte menos calculadora –decía Enrique con tristeza–, pero sabes que yo, con tal de que me dejes adorarte, no he de hacer más que tus deseos.

Isabel lograba disimular su cansancio, atribuyendo su actitud a las preocupaciones que sentía. Despertaba su romanticismo, para representar la enamorada, perdiéndose con Enrique por las playitas desiertas, que eran como remansos entre las rocas de los acantilados.

Allí el paisaje se hacía superior al hombre. Pasaba las horas con los ojos fijos en la superficie verde, siguiendo el cabrilleo de las ondas que se rizaban en espumas semejantes a gaviotas. Parecía que deseaba llegar con la mirada hasta el fondo y descubrir algún jardín mágico, donde se bañara la Delfina del Mar.

Aquella tarde estaba él contento. Su amor y su inexperiencia le hacían no darse cuenta de la realidad que había de separarlos.

—Te guardaba un secreto –le dijo.

—¿Ya comienzas a saber engañarme? –preguntó ella chancera.

—No; es que quería darte una sorpresa. Pero no sé ocultarte nada.

—¿De qué se trata?

—Ya he convencido a mi madre para que me deje pasar el invierno con mi abuela en Madrid. No me podía separar de ti.

Ella guardó un silencio hostil.

—¿No estás contenta de que te acompañe?

—Me parece un atrevimiento peligroso el nuestro, Enrique.

—¿Por qué? Yo sabré ocultar mi pasión. No te molestaré, no te veré más que cuando tú me lo permitas, cuando tú quieras; en una casita muy reservada que podremos tener.

—Sería una locura. Acabaría por enterarse todo el mundo. Tú no sabes disimular.

—No te veré en público.

—Mi marido...

—No me recuerdes que tienes marido y que yo, que te tengo aquí solo mía, he de sufrir el saber que estás al lado de otro hombre.

—¿Eres un niño!

—Te equivocas, Isabel; soy un hombre, muy hombre. Si te pudiera ganar con mi hombría no me verías temblar ante tu marido, ni ante nadie.

Se puso de pie exasperada.

—¡Esto me hacía falta... celos... quejas... bravuconerías!...

—¡No me quieres, Isabel! –exclamó él con amargura.

—¿No lo dije? La cantiga de todos. La incomprensión. ¡Da asco ser mujer!

Cerró los ojos y dejó caer la cabeza en el respaldo de la butaca. Él se asustó.

—¿Qué tienes?

—Nada... Un ligero mareo. Acaso el perfume tan intenso de esos lirios blancos que me dan jaqueca.

Tomó él un ramo de lirios silvestres que acababa de coger para ella en el arenal, abrió la ventana y los tiró al agua.

—¿Qué haces?

—Librarte de lo que te molesta, como sería capaz de librarte de mí.

Ella pareció darse ánimos para tomar su resolución.

—Es preciso que sea verdad que tienes esa energía, Enrique.

—No comprendo lo que me quieres decir.

—Piénsalo tú y evítame este esfuerzo doloroso.

—¡Isabel!

—Tienes que ser hombre... Fatalmente debemos someternos a seguir el camino que la vida nos traza.

—¡Me da miedo entenderte!

—¿Crees que mi sacrificio va a ser menor que el tuyo? Yo también te quiero... has sido mi único amor... pero la prudencia... la necesidad... Debemos olvidar este sueño.

—¡Olvidar! ¿Crees posible el olvido, Isabel?

—No es eso precisamente... guardar siempre un recuerdo de felicidad, de ternura... pero... ¡No sé cómo expresarme... no siendo... siendo!...

—Siendo extraño el uno para el otro –concluyó él con una calma más dolorosa que un estallido de pasión.

—Siendo amigos.

La miraba con los ojos muy abiertos, como si quisiera tragársela con ellos para que no se le escapase. Experimentaba unos celos locos, una desesperación inmensa. Sentía como si se le parara el corazón, como si sus nervios todos se rompieran y le corriera algo ardiente por las venas.

—¡Perderte, perderte y seguir viviendo! –exclamó, como si aquella idea le pareciera el colmo del absurdo–. No... no... ¡Me has dicho que me amas, que eres mía, y no te dejaré!

La había asido de un brazo, ciego de pasión y de pena. Sus uñas se clavaban en la carne de Isabel, sin darse cuenta de lo que hacía. La piel morena se tiñó de sangre.

Isabel lanzó un suspiro de angustia, se dejó caer en la butaca y cerró los ojos diciendo:

—¡Me haces daño!

Enrique sintió miedo.

—¡Isabel –exclamó–, perdóname!. La abrazó llorando y cubriéndola de besos.

Isabel fijó en él una mirada indefinible de rencor y de piedad. Aquel estallido de pasión la conmovía y la interesaba. Sentía un masoquismo[57] desconocido, que despertaba su amor.

Le rodeó el cuello con sus brazos. Se mezclaron sus lágrimas, sus besos; sus protestas de no separarse jamás, en un paroxismo de amor y de caricias locas, vehementes, dolorosas por la intensidad con que se entredevoraban.

---

57 El masoquismo es una perversión sexual de quien goza con verse humillado o maltratado por otra persona. La palabra moderna viene del segundo apellido del novelista austriaco Leopold von Sacher-*Masoch*, 1836-1895. Su celebridad se debió ante todo al escándalo que acompañó la publicación de algunas de sus novelas, en particular de las peculiares aficiones de sus personajes de *La venus de las pieles* (1870).

XXVIII

—Sólo los que tienen algo que hacerse perdonar pueden perdonar, a su vez, una infidelidad –pensaba Berta.

Dos semanas sin noticias de Luis habían tenido valor de una enfermedad. Sin sueño, sin apetito, presa de la fiebre, había visto pasar día tras día, llena de ansiedad y de angustia.

Cada vez que el timbre anunciaba la llegada de una visita, experimentaba una sensación dolorosa. Pero nadie llamaba como él; esperaba en vano oír la alegre llamada que repicaba a gloria en su corazón.

—¿Por qué no vendrá Luis? ¿Por qué no me escribe? –se preguntaba.

En los primeros días tenía tal temor de que su amante realizara algún acto trágico, terrible y justiciero, que le daba miedo abrir los periódicos.

Después, así que los recorría con la vista, los dejaba a un lado, diciendo con desaliento:

—¡Nada!

Era como una decepción no hallar el crimen que esperaba y temía, que la espantaba… y, sin embargo, le parecía necesitar.

No tenía duda de que Luis había recibido la carta. Se lo decía su ausencia y la de Joaquina.

—Tal vez –pensaba–, como no ama a su mujer, no ha tenido ese arranque de pasión que provoca la venganza. Él tiene un carácter ponderado y ecuánime. Se limitará a romper con ella; pero, ¿por qué no viene? ¿Se volverá su indignación contra mí? ¿Me habrá calumniado Joaquina? ¿Temerá verse en ridículo al saber que conozco su vergüenza de marido engañado?

No podía soportar más aquella incertidumbre que la mataba. Necesitaba enterarse. ¿Cómo? Mil proyectos acudían a su imaginación y los desechaba prontamente. No le podía escribir a Luis ni ir a su casa. Tenía que buscar noticias de un modo indirecto.

Ninguna de las amigas que iba a verla le decía nada.

Todas la encontraban mal.

—Estás pálida.

—Delgada.

—Tienes fiebre.

—¿Qué te pasa?

Berta disimulaba. No era nada; un ligero catarro que la retenía en casa. Se revestía de frivolidad para hablarles de trapos y modas, para comentar el último crimen y la última novedad teatral. Ninguna le hablaba de lo que deseaba saber, y se iban recomendándole:

—Cuídate.

—Sal.

—Distráete mucho.

—Ten cuidado de no adelgazar demasiado, que salen flecos en la cara.

Berta ofrecía sonriendo hacerlo, pero al quedarse sola, la invadía una tristeza de muerte. Había perdido para siempre a Luis. Se lo decía su corazón y comprendía que ya no podría vivir su vida, tan agradable hasta entonces y que ahora le parecía monótona y solitaria, después de aquella pasión. Al mismo tiempo, creía que no sería capaz de amar a otro hombre como había amado a Luis, con aquella fe sencilla y aquella estimación profunda.

Su imaginación revivía las escenas de amor, tan tiernas y tan cercanas, y contemplaba toda su felicidad deshecha, aunque experimentaba el consuelo de creer que Luis seguía amándola y sufría también. ¡Qué solo y qué triste debía estar, lejos de ella y rotos sus lazos de familia! No sabía qué hacer para consolarlo.

Por fin, se atrevió a preguntar, aprovechando la visita de sus amigas las de Fernández, segura de que le darían noticias. Las tres hermanas no tenían más ocupación que visitar, meterse en todo y *torpedear* a sus amigas, con sus críticas.

—¿Habéis visto a Joaquina? –preguntó.

—¿No viene por aquí? –respondió la mayor, contestando con otra pregunta.

—No...

—Es extraño –intervino la pequeña–. Tú eres la amiga íntima.

—Me ha dicho que está atareadísima con sus compras para irse a Badajoz –dijo la mayor–. Está muy guapa... Madrid le ha sentado divinamente.

—¿Y... va... con su marido?

—¡Natural! –dijo la otra–. El marido está tan enamorado de ella, que no se separa de su lado un momento. Son un matrimonio ejemplar.

—Dan envidia.

—Parecen novios. Hacen una vida de restaurantes y diversiones como dos chicuelos.

—Su tía está encantada. La otra tarde me confesó que antes del viaje a Madrid no se llevaban tan bien.

Berta no podía hablar y hacía esfuerzos porque no conocieran su emoción.

—Es natural –siguió la hermana mayor–. En provincias las mujeres casadas se abandonan. Esta sería una chiquilla insoportable y aquí se ha transformado. Parece otra.

—Algo de eso le debe a Berta.

—¿A mí?

—¡Claro! La has enseñado a ser elegante. El marido se ha encontrado a la chicuela convertida en mujer y se ha enamorado de ella, dejándose de cazas y tonterías.

—¡Y luego dirán que Madrid pervierte! –dijo graciosamente Berta, haciendo un esfuerzo supremo al notar que sus amigas hablaban demasiado del asunto para hacerlo de un modo inocente.

Su amor propio le dio fuerzas para lograr el más perfecto disimulo. Pero cuando las tres hermanas se despidieron, Berta se quedó parada ante el gran espejo de su salón. Quería verse para cerciorarse de que era ella misma.

Nunca había pensado en que las cosas sucediesen así.

Surgía lo inesperado. Luis se había apasionado de su mujer culpable como jamás se había interesado cuando era casta y sencilla.

Lo que más sentía Berta era perder el concepto que tenía de Luis, de su honradez, de su austeridad, de su alteza; y verlo vulgar y desmoralizado.

Quería disculparlo creyéndolo contaminado con aquel aroma de pecado que había traído Joaquina y que la había trastornado también a ella.

Comprendía el error que había cometido revelándole que la esposa, que él creía una niña frívola, era una mujer; muy mujer y muy perversa, con su ingenuidad aparente. Aquella revelación se lo había entregado a su rival.

Indudablemente, Joaquina debía haber sido tan acogedora para la inesperada pasión de su marido como lo era para las de sus amantes: los dos culpables se habían podido perdonar.

Sintió una llamarada de vergüenza al pensar que Joaquina lo sabía todo y que había triunfado sobre ella... humillándola.

Sentía un inmenso desaliento con la pérdida de aquella última ilusión que había vivificado su espíritu y se veía obligada a ocultar su pena como una cosa vergonzosa o ridícula. Un desengaño de amor a su edad no sería bien comprendido de la mayoría. No hallarían digno de más respeto un corazón consciente, capaz de comprender y aquilatar el placer y el dolor, que el sentimiento, a veces falso y siempre impulsivo, de la edad juvenil.

Luis era un hombre casado; pocas personas podrían creer en la nobleza y buena fe del sentimiento que había sorprendido su corazón. Tenía que ocultarlo como una cosa deshonrosa.

Volvió a mirarse al espejo como para darse fuerza.

Tenía el rostro pálido y los ojos febriles. Se contempló como si fuese otra distinta. Todo era ya inevitable. ¡Y era todo tan absurdo!

En medio de su pesar experimentaba como un alivio de verse lejos de aquellos seres que habían invadido su vida, y la habían aturdido, y le habían hecho padecer una tortura y una sugestión dolorosas.

Otra vez volvió a pensar en el perfume, en aquel perfume de jazmines de Joaquina, que se le había subido a la cabeza.

Estaba como el que sale de una borrachera. Tenía mal labor de boca en la conciencia.

Sus ojos no eran ya sus ojos. Su mirada limpia se empañaba con la sombra de un dolor que dormiría siempre ya agazapado en el fondo de su corazón para no dejarla sentir con ingenuidad y confianza los ideales que había acariciado hasta entonces.

Lloraba más por su fe perdida, por la vergüenza de haberse equivocado al creer en Luis, por el fracaso de sus ideales, que por su amor.

XXIX

Llegaban los primeros fríos. Julito y su amigo se habían marchado y doñ Milagros no sabía explicarse por qué prolongaba Isabel tanto su estancia en Peña Flor.

Ella tenía ya, desde hacía dos semanas, preparado el equipaje. Había dos o tres baúles de exceso y el vagón tendría que ir abarrotado de innumerables bultos. Quería llevarse de todo: plantas para sus macetas, hierbas medicinales, frutas para conservas... todo cuanto le parecía típico y raro.

Isabel dejaba a su madre realizar todos sus caprichos y no tenía menos deseos que ella de volver a Madrid, pero no quería provocar otra escena violenta con Enrique. Apelaba a la persuasión y poco a poco lo iba convenciendo para que se sometiera.

Con sus promesas de volver y de llamarlo con frecuencia a su lado, logró la conformidad del pobre muchacho. Confiaba en ella al verla tan enamorada y cariñosa, envolviéndolo en una pasión que parecía inextinguible.

Al fin llegaba el momento de separarse. Parecía que Isabel había tenido la crueldad de aumentar su hermosura.

Se había vestido con el traje que más le gustaba a Enrique y el collar que más lo entusiasmaba. Pero su rostro tenía una expresión tan fría y tan dura que él se sintió sobrecogido.

Hubiera querido preguntarle qué le pasaba, acariciarla para prender en ella el amor que lo poseía y conquistarla de nuevo, pero doña Milagros no cesaba de entrar y salir buscando cosas que poderse llevar.

Para colmo de males se habían dado cita, en la despedida, todas las señoras del pueblo.

La boticaria había aprovechado la ocasión para soltarle una pulla:

—Gracías a Dios que no correrá usted más por las rocas con Enrique. Apenas la hemos podido ver.

Se volvió a él y añadió:

—¿Qué va usted a hacer ahora sin su amiga?

A pesar de lo malévolo de la intención la pregunta afligió a Enrique.

—¿Qué haré? –repitió.

Se lo preguntaba él mismo.

Aquellos días equivalían para Enrique a toda una vida. Isabel la había llenado toda. No podría mirar nada, ni hacer nada que no se la recordara. Su congoja le apretaba el corazón y le estrangulaba la garganta.

Por fortuna, doña Berenice le describía a Isabel la belleza de la actriz que había filmado la última producción estrenada en el pueblo.

Doña Lola la había tomado con él. La manía de doña Lola era casar a todas las chicas del pueblo y no veía con gusto que los jóvenes desertaran hacia Madrid. Trataba de ponerlo en guardia contra las asechanzas de las madrileñas.

—Es cuestión de no dejarse deslumbrar –decía–. Todos los que han vuelto a casarse aquí son felices y no conozco a ninguno que se casara en Madrid y le haya salido bien.

Era una especialidad de doña Lola el arreglar casamientos. No sólo se había casado dos veces, sino que había sabido casar a sus cinco hermanas primeras, y a sus doce sobrinas después, logrando buenos maridos. Preparar una boda constituía para ella mayor felicidad que para la novia.

—¡Qué linda! ¡Qué ojos! ¡Qué tipo!... ¡Qué boda! –solía exclamar cuando veía una muchacha bonita a la que podía tomar bajo su protección–. Es preciso casarla bien.

Se encargaba de pasear con las jóvenes casaderas, de adornarlas y de llevarlas a los lugares donde las pudiesen ver.

Les daba consejos que formaban una verdadera escuela del arte de seducir, y advertía a las madres.

—A las chicas no hay que hablarles de nada triste, ni de ningún problema. No se las debe dejar leer. Se necesita que tengan el semblance cándido, plácido, inocente y tranquilo. La alegría y el reposo atraen a los hombres.

Les recomendaba mirar mucho a los pretendientes y hablar poco.

—Los hombres se hacen la ilusión de descubrir el espíritu de las mujeres o de formarlo. Cuando saben cómo son ya no les interesan tanto.

A veces aconsejaba remedios extremos ante las bellezas que se iban ajamonando.

—Yo conozco a una condesa italiana –decía– que se quedó viuda con tres hijas y ni un solo céntimo; pero logró casarlas a todas haciendo viajes de Nápoles a Buenos Aires. En cada viaje casaba una.

—¿Y cómo viajaba, sin dinero? –le preguntaban.

—Conseguía pasaje gratis y su título le servía para comer en la mesa del capitán. Siempre encontraba alguno de esos millonarios que no parecen tener más misión que la de cruzar el mar en los grandes transatlánticos.

Cuando estaba cerca de un joven hablaba de muchachas bonitas, segura de despertar su interés, y solía recomendarle alguna, al par que elogiaba la delicia de la vida conyugal.

Aquella noche había cogido como víctima a Enrique, contenta porque tomaba su preocupación como muestra de escucharla con interés.

Cuando se marcharon las visitas y doña Milagros se quedó durmiendo en el sofá, sobre su atracón de pastas y torradas, Isabel se acercó a Enrique.

—Márchate tú también –le dijo con dulzura–. Sería conveniente que te vieran irte. Habrás notado ciertas malicias.

—Bien... pero volveré...

—No... Enrique... No vengas esta noche.

—¡Es la última!

—Entre nosotros no debe haber última ni primera.

—Tienes razón... debe haber siempre, sólo *siempre*.

—Sí... pero... siempre amigos. Es preciso, Enrique... No te exaltes... No hagas escenas impropias de hombres... Ten el valor de que te doy ejemplo.

—¿Pero qué significa esto? Estoy aturdido... No te comprendo.

—Significa que estoy resuelta a que nos separemos definitivamente, para ser sólo buenos amigos.

—¡Isabel!

Cruzó las manos en una imploración suprema, con ojos de náufrago.

—Después de todo –dijo–, pase lo que pase yo te bendeciré, Isabel, porque me has hecho conocer la felicidad. Tienes mi vida en tu mano.

Ella siguió inconmovible.

—Es preciso... Pero no te desconsueles... No tienes derecho a quejarte... Hemos sido felices... Ya nos veremos en Madrid... Cuando pase tiempo... Sé razonable...

Le tendía la mano cariciosa con ademán de consolarlo.

Enrique se tambaleó. Parecía estúpido.

La voz soñolienta de doña Milagros le robó su última esperanza.

—¿Es ya hora de comer? –preguntaba.

Isabel rió y dijo con voz serena, sin la más ligera emoción.

—Sí, sí... Es tarde... Vamos a la mesa... Adiós, Enrique... hasta Madrid...

Y salió sin volver la cabeza.

XXX

Isabel se acercó a la ventana. La ancha ventana de vidrios cuadrados que daba sobre el mar y producía la impresión de estar en un barco, muy lejos de tierra, allá en las soledades del océano.

—He hecho mal en despedir hoy así a Enrique –pensó–. ¡Pobre muchacho! Podía haberlo dejado venir y haberlo desengañado después... Pero no era cosa de escribirle... No se debe escribir... Es mejor así... Y la verdad es que de no ser por él no hubiera resistido este veraneo. Se me hace interminable esta noche.

No se atrevía a acostarse, segura de no poderse dormir. Estaba nerviosa, descontenta. Tenía en el fondo la idea de que había cometido una mala acción. Trataba de disculpar su crueldad por la piedad que le debía a Julio.

—Los dos me aman –pensaba– y mi marido sería muy desdichado sin mí. Enrique me olvidará.

A pesar del razonamiento creía sentir allí cerca de ella algo muy terrible, muy desconsolado, que la envolvía.

Le pareció oír ruido hacia el lado de la playa y abrió la ventana. No se veía nada. La noche era tan oscura que todo se perdía en el borrón de sombra. Se oía entre la negrura la voz del mar, modulando en su idioma misterioso.

Le parecía que la sombra entraba en la casa, con la niebla que subía del agua, como humo de una hoguera fría.

El aire fingía rumor de pasos y rodar de ruejos.[58]

Se inclinó hacia fuera. Pensaba en Enrique con angustia. Hubiera querido que estuviese allí, rondando a su alrededor, para llamarlo, no sabía por qué ni para qué.

---

58 *Ruejos*: piedras redondas.

Su cabeza ardía. El vientecillo húmedo y el relente empapaban su ropa.

Todo estaba desierto; sólo a lo lejos, en el confín del horizonte, se veían las luces de una de aquellas naves, de rumbo desconocido, en las que le gustaba embarcar su ensueño.

Tuvo la alucinación de que la llamaban desde aquel barco... de que había oído su nombre... El aullido de una sirena.

Sintió miedo. Se inclinó más con el deseo de ver en las sombras. Le parecía imposible que no estuviese Enrique allí cerca.

Llamó:

—¡Enrique!... ¡Enrique!

Nada.

El reflector del faro llegó hasta ella, iluminó su rostro y la envolvió como una maroma de luz que fuese a arrastrarla en su giro.

Tuvo miedo y cerró la ventana.

Se acostó vestida y el sueño, piadoso, le trajo el olvido y el descanso. La despertó la voz de su madre.

—¡Por Dios, Isabel, que es muy tarde!

Se sintió aliviada. Libre de terrores. Amanecía y el mar tenía una pesadez de adormilado. Las primeras olas con que se desperezaba, eran como perros azules que se abalanzaban aullando contra las rocas. Todo estaba desierto. Ni un barco ni una vela. Tuvo sensación de que habrían naufragado todas las embarcaciones y de que la playa estaría llena de astillas y de herrajes.

Pero la necesidad de ir al tren apremiaba. Una hora después veía el mar desde su vagón y le parecían una cosa incomprensible los sentimientos que la habían dominado. Había sido víctima de la influencia del mar.

Ahora su alma se abría a las emociones nuevas. No conservaba apenas huella de su pasión ni de sus temores. La gran facultad de olvidarse de lo pasado, con su falta de memoria afectiva, que borraba de su recuerdo los rasgos de las personas y la silueta de las cosas, le evitaba el sufrimiento.

Volvía al lado de su marido con esa tranquilidad con que vuelven los hombres al lado de sus esposas después de una infidelidad a la que no conceden importancia.

XXXI

—El día se pone de luto; escóndeme –le decía Isabel a su padre cuando era niña, al llegar la hora del crepúsculo.

Y aquel miedo infantil se convertía ahora en terror todas las tardes, a la hora en que se confundían la sombra y la luz, poniendo en el ambiente algo fosco, huraño, acerado y penetrante.

Era en aquel momento cuando creía tener a su lado un fantasma: el fantasma de Enrique.

A nadie le había extrañado la profunda pena que la dominaba desde que se recibió la noticia de su muerte.

Temiendo a su sensibilidad exagerada, y a sus nervios excitables, no le habían dado detalles del trágico suceso. Tres días después de su regreso se había encontrado el cadáver del pobre muchacho en los acantilados de la costa.

Aunque se había pronunciado la palabra *suicidio*, todo el mundo creía en un accidente; pero en el fondo del alma de Isabel había algo que la acusaba de asesinato. Sentía que era la suya la mano que había empujado a Enrique hacia la muerte.

Se había vestido de azul marino, porque no se atrevió a vestirse de negro.

Su luto era su traje alto. Quería tapar aquel descote que Enrique adoró tanto.

En cuando atardecía se agudizaban sus recuerdos. Para librarse del crepúsculo mandaba cerrar las ventanas antes de ponerse el sol y encender las luces.

Siempre había sufrido la influencia de la muerte del día. La invadía un deseo de encogerse, de volverse más chiquita y de poderse esconder.

Precisamente aquella melancolía, agudizada frente al crepúsculo del mar, era la que la inclinó hacia Enrique con dulzura de rosa que se deshoja en el alabastrón. La melancolía había hecho en el mundo más amantes que el amor.

Temía a la hora crepuscular y pensaba que los pueblos ecuatorianos eran tan sencillos y alegres porque no tenían crepúsculo, y que los norteños debían a los crepúsculos interminables su alma complicada y tormentosa.

En esos momentos recordaba a Enrique, hermoso en su fealdad; porque la luz vespertina suavizaba sus facciones simiescas, sin apagar el brillo de pasión de sus ojos y el eco de salmodía con que la acariciaba su voz.

No se atrevía a salir a aquella hora, temerosa de verse en la calle frente a la luz que huía, y todas las tardes invitaba a sus amigas a tomar el té con ella, por miedo de encontrarse sola.

Con tal de estar acompañada invitaba todos los días a su hermana, a su madre o a Julito. Berta era la amiga predilecta en esos momentos en que la molestaba Lina, cuya malicia temía.

Por un sentimiento encontrado deseaba olvidar a Enrique y no acordarse más de su aventura, y hablaba de él continuamente. Tenía algo de juez de instrucción deseoso de descubrir al culpable de un crimen, aunque ese culpable estuviese escondido en su espíritu. Buscaba la manera de hablar de Enrique para acabar preguntando:

—¿Cree usted que fue accidente o suicidio?

Casi todos opinaban lo mismo:

—¿Qué motivo podía tener para desesperar un muchacho como él, al que le sonreía todo en la vida?

Solo Lina parecía creer en el suicidio.

—Eso no es razón –argumentaba–. El suicidio está más extendido ahora que nunca. Lo que hay es que no se repara tanto en él. Durante el tiempo que Miguel estuvo en nuestra Embajada de Alemania, recuerdo que se contaban por millares los suicidas de pocos años, cansados de la vida.

—Es cosa natural –afirmó don Miguel, mirando de soslayo a

Julito, que seguía la conversación sin cesar de dirigir al espejo ojeadas de enamoramiento– ¿Qué gusto de vivir va a tener una generación, fruto de la eugenesia y del boxeo, a la que no le gustan las mujeres y bebe leche en vez de vino?

—No se burle usted –dijo molesta Isabel–. Una persona que se suicida deja en pos suyo una amargura imborrable.

— Naturalmente –intervino Adolfo Suárez–. Como que por eso se matan. El suicida tiene siempre un deseo de venganza. Además yo creo que en el comienzo de todo suicidio no hay realmente la voluntad de morir, sino una especie de engaño, que nos hacemos a nosotros mismos, persuadiéndonos de que deseamos la muerte, pero con un convencimiento íntimo de que no podemos morirnos. Creemos en la fuerza poderosa de la vida. En algo así como en una salvación milagrosa y en vencer la desgracia, conmoviéndola con el acto heróico. Se podría decir que el suicida es el primer sorprendido de su muerte. Lo mata ese asesino interior, que él mismo crea, y al que no puede hacer retroceder después, pero la vida no puede comprender a la muerte.

—Debe haber momentos interesantes en la psicología del suicida– insistió don Miguel.

—Sí. Lo sé por experiencia.

—¿Cómo es posible eso? –preguntó Rosa.

—Yo narré un suicidio en una de mis novelas, y para adivinar mejor los sentimientos del protagonista me sugestioné, haciendo todo lo que le atribuía, y les aseguro que sufrí de un modo terrible.

—Pero usted sabía que no era cierto que se iba a suicidar. Hay mucha diferencia entre la verdad y la ficción –arguyó Julito, estirándose los puños.

—No lo crean. El poder de mi imaginación era tal que llegó a tener miedo de llevar dentro de mí un asesino que iba a atentar contra mi vida. Llegó a temer que me matase cuando vagaba por las rocas, desde las que se debía despeñar mi héroe.

—¿Y qué deduce usted de eso para asegurar que no se ha suicidado Enrique? –preguntó Isabel, ansiosa.

—Que ningún suicida escapa al deseo de que se sepa que es él quien dispone de su destino. Yo quería crear un suicida reservado. Me corté hasta las iniciales de la camisa y de los calzoncillos para que no se supiese quién era cuando se encontrase mi cadáver. Y eso me salvó. No me suicidé por no ser un muerto anónimo. Fue ese el sentimiento que venció a mi asesino interior.

Se hizo un silencio que rompió la voz de Julito exclamando:

—¡Es terrible, terrible! Yo estoy tan desconcertado de la muerte del pobre Enrique que verdaderamente no sé qué camino tomar: si hacerme un borracho disoluto o meterme a trapense.

Isabel no dijo nada. Estaba pálida y próxima a desfallecer. Sentía como si sus pensamientos encendiesen en su sangre oleadas de fuego, que recorrían todo su cuerpo, y al llegar a la cabeza le hacían enrojecer.

—¿Te sientes mal? –preguntó Lina.

—No.

Hizo un esfuerzo para no atraer sobre ella la atención. Le brotaban gotas de sudor frío de la frente.

Cuando después de una hora de conversación indiferente se despidieron, notaron todos la frialdad viscosa de su mano.

Pero Lina fue implacable. En el momento de salir se acercó y le dijo al oído.

—Es lástima que tu posición te obligue a no poder lucir el prestigio de ser causa de un suicidio. Eso da siempre interés a una mujer.

Isabel no pudo contestar. Apenas salieron se dejó caer en la butaca. Un rehilo punzante recorría su médula. Sentía la impresión de que le hormigueaba la sangre, próxima a paralizarse, por todo el cuerpo.

—Lina adivina la verdad –exclamó con terror, próxima a caer en una convulsión nerviosa–. Es inútil engañarme. ¡Soy yo..., soy yo quien lo ha matado!

Temblaba ante la idea de ser causa del suicidio; como un criminal que se ve descubierto.

XXXII

No había podido dormir en toda la noche y no se cuidó de cerrar el balcón.

Al principio le pareció que era un reflejo del sol que nacía, el resplandor de los vidrios de la ventana de la guardilla; pero aquella luz oscilaba, temblaba, tenía un tono de dorado antiguo, distinto del rojo de fragua de la luz naciente.

Eran las luces de la muerte que alumbraban el cadáver, próximo a desaparecer de la vida de los otros.

—Es la viejecita del tejado, que se ha muerto –dijo Adela.

—Cierra bien los balcones, corre los visillos... las cortinas... no quiero ver esas luces –exclamó Isabel llena de miedo.

Se convertía en aquel momento en un personaje amedrentador la viejecita que tenía costumbre de ver, asomada al ventanuco que dominaba todos los tejados de las casas cercanas.

En su fantasía siempre exaltada, en sus ratos de aburrimiento, se había entretenido en tejer alrededor de la insignificante figura de la viejecilla pulcra mil novelas disparatadas.

Le había parecido siempre que debía de ser una de esas mujeres de historia brillante, que deslumbraron un día con su lujo y su belleza y que caen luego en la miseria y el abandono.

¡Conocía ya tantos casos! La duquesa que pedía limosna, la marquesa que vendía estupefacientes, la artista que cuidaba el gabinete de limpieza de un teatro.

Pero ella descubría en aquellas mujeres que tenían historia interesante, algo que era como una fuente de riqueza capaz de alegrar su vida: el recuerdo.

Muchas veces, cuando había visto a la vieja inmóvil en su sillón, cerca de la ventana, con la mirada vaga y perdida, había creido que realmente no estaba allí. Vivía su vida en el recuerdo.

Debía ser aquella la única manera de vivir la vida, que verdaderamente tenía un significado noble y fundamental.

Isabel tenía la desgracia de no tener bastante frivolidad femenina para ser feliz con las futesas[59] que les bastaban a las otras mujeres, ni poseer suficiente fortaleza viril para aspirar a un plano espiritual superior.

Aquello era su lucha y su martirio.

—Me parece que tengo dos cerebros superpuestos –se decía a veces, cuando le parecía sentir que dialogaban dentro de ella, unos de seres conscientes, con opiniones y sentimientos distintos.

Así, a pesar de su orden de cerrarlo todo, volvió a abrir el balcón y se asomó, con esa especie de atracción de lo que se teme.

No veía la caja... no se veían más que las luces, muy pajizas, oscilando como movidas por la respiración de seres invisibles. Parecían arder sin pábilo, con algo de los fuegos fatuos de los cementerios, que a ella le parecían espíritus de muertos.

—La pobrecita no tenía a nadie –comentó Adela, que conocía todas las historias de la vecindad, gracias a la charlatanería del periódico vivo de Vicenta, la cocinera, que imprimía la edición de noticias y chismes cada mañana, al volver de la compra.

—¡Más vale así! ¡No tiene quien la llore! –acabó la doncella al ver que Isabel no le contestaba.

Esta se había quedado pensativa. Era triste el espectáculo de aquella vida que desaparecía, sin más importancia que la de una brizna de paja arrastrada por el viento.

—Para ella, morir no ha sido más que dejar de vivir su vida en el sueño de su pasado –pensó Isabel.

Casi envidiaba aquellos años tranquilos, vividos en falso, que había disfrutado la viejecilla asomada al hueco de su alta ventana contemplando el panorama de tejas y chimeneas.

Un panorama de tejados podía fingir todos los paisajes: días de nieve en que se convertían en cumbres de montañas; días de primavera en los que hierbecillas y flores diminutas sugerían prados y jardines... Chimeneas como buques anclados en el mar.

---

59 *Futesa*: fruslería, nadería.

La viejecita no se había aburrido en su contemplación. A su ventana llegaban todos los pájaros del contorno, en busca de las migajas con que los obsequiaba; y los lamentables gatos, que iban en busca de las sobras de su comida.

En aquel detalle le parecía a Isabel reconocer un alma buena en la viejecita.

Aquella pobre vida, que ella había mirado con tanta indiferencia como a las matas verdes del alero, tomaba importancia al desaparecer: Ya no la vería más.

Era la suya la tristeza que acompaña a todo lo que se pierde para siempre.

Recordaba: Sintió pena cuando no volvió más la churrera a sentarse en su puesto de la esquina. Se afligió cuando dejó de ver al *Pobre de la Casa*, el anciano astroso que pasaba todo el día, sin miedo al sol ni a la nieve, apoyado contra la tapia del jardín cercano, para vivir sólo de los restos de la comida y de las limosnas de los vecinos de aquella casa.

Ningún día, sin apenas darse cuenta, había dejado de mirar a la vieja. Ella la saludaba siempre con un suave ademán de su mano y una sonrisa melancólica. Quizá su juventud y su belleza avivaban sus recuerdos.

Instintivamente pensaba Isabel en cómo sería la vejez lamentable de las mujeres que no supieron prepararla.

—Preparar la vejez debía ser todo el cuidado de nuestra vida –pensó.

Permanecía de pie, con la frente apoyada en el vidrio y los ojos fijos en algo que no veía.

Era en aquellos momentos cuando vivía su vida.

Volvía a tener para ella esa frase la nueva y verdadera significación. No tenía esa acepción vulgar que le daban todas sus amigas y que ella misma le había dado. *Vivir su vida* no era buscar la mayor cantidad de goce, sin sacrificarse por nadie y sin tener ninguna abnegación ni ningún respeto, en lucha con su egoismo.

Vivir su vida no era atropellar todas las pasiones nobles y todo el derecho de los demás. No era arrollarlo todo sin pensar más que en el egoísmo y el placer. *Vivir su vida* no era anteponer su capricho a todo, sin consideración ninguna.

Pensaba entonces que *vivir su vida* era superarse en bondad y en comprensión para tener esos años de placidez con los recuerdos dichosos.

Triunfaba en aquel momento la parte más noble de su ser contradictorio.

La invadía un sentimiento más ascético que místico. Sentía terror... No se distinguía a si misma entre la confusión revuelta de su espíritu.

Vio unas sombras negras ocultar el marco de la ventana y comprendió que el cuerpecillo ruin e inanimado iba a sufrir los últimos ultrajes.

Cuando miró de nuevo, las luces pajizas se habían apagado. El hueco de la ventana tenía aspecto de boca de nicho. Otras vidas vendrían pronto a enterrarse allí.

Isabel se dejó caer en su lecho. Se sentía enferma de un gran desequilibrio nervioso, pero durante toda su enfermedad, que la retuvo dos semanas en cama, no confesó a nadie el origen. Le parecía ridículo el exceso de sentimentalismo que se apoderaba de su espíritu.

XXXIII

Envuelto en su gabán de forro de pieles, con la pipa en la boca y el paso tardo del hombre feliz, se corría Julio todas las mañanas la distancia que separaba el Banco de la Puerta del Sol.[60]

Saboreaba la vida en aquellos momentos en que era más intensa y más fuerte la vida de la ciudad.

No era la multitud de gente ociosa, de paseantes, ni el desfile de coches de lujo de las tardes. Parecía que la gente caminaba más de prisa, más atareada, más preocupada con sus negocios.

Las mujeres estaban más lindas con sus trajes de mañana. Entraban en las Calatravas[61] y en San José[62] elegantes devotas, con la coquetería de los velillos, en lugar de los sombreros.

Se paraba Julio a ver los escaparates. La vida se asomaba por sus grandes lunas.

Iba a entrar en el Banco cuando vió llegar a Matilde.

Estaba acostumbrado a verla en las oficinas; y le pareció otra distinta al encontrarla en la calle. Se fijó entonces en lo bonita que era sin hacerlo valer, con su vestidillo modesto y su aspecto de dejadez y de cansancio.

---

60 La Puerta del Sol es una plaza de Madrid donde se encuentra el denominado *Kilómetro Cero* de las carreteras radiales españolas. Especialmente destaca el reloj de la Casa de Correos que fue construido y donado en el siglo XIX y cuyas campanadas de las 12 de la noche del 31 de diciembre marcan la tradicional toma de las doce uvas a la gran mayoría de los españoles. La historia de la Puerta del Sol está plagada de acontecimientos de importancia nacional, entre los que se encuentran el asesinato del presidente del Consejo de Ministros, José Canalejas, en 1912 o la proclamación de la Segunda República en 1931.

61 Calatravas es la iglesia del antiguo Monasterio Real de la Concepción, más conocida por el de las Comendadoras de Calatrava, ubicada en la Calle de Alcalá, 25.

62 San José se refiere a la Iglesia Parroquial de San José, ubicado en la Calle de Alcalá, 45. La fachada original fue alterada en 1912 por el arquitecto Juan Moya e Idígoras, al ampliarla hacia los lados y en altura para así adecuarla a las proporciones de la vecina "Casa del párroco", construida también en esas fechas con motivo de la apertura de la Gran Vía.

Recordó sus impresiones antiguas... El veraneo... Rosales... Le pareció una incorrección y una ingratitud su alejamiento y el haberse convertido en patrono.

Se acercó a ella y la saludó cariñosamente.

—Viene usted tarde.

Enrojecieron sus mejillas con tono de granada zafari y formuló una disculpa.

—¡Oh! No se apure. Demasiado hace con venir. Tengo ganas de que charlemos un rato. ¿Quiere usted que sigamos paseando hacia la Cibeles?[63]

Se puso a su lado y comenzó a preguntarle. Quería saber todo lo que le había pasado en el tiempo que no hablaban.

—Me he quedado sola...

—¿Cómo?

—Se casó mi hermana Araceli y se marchó a vivir a Galicia con su marido, que es empleado de Hacienda.

—¿Y su madre? Y Anita?

Titubeó ella y al fin dijo:

—Anita siguió con su manía de ser cupletista... debutó... y...

—No me he enterado.

—Se cambió el nombre... Vive con lujo y mi madre acabó por vivir en su casa.

—¿Y usted?

—No quise irme con ellas. Me he quedado sola. Tengo alquilado un gabinete y unos días me arreglo mi comida y otros voy al restaurante.

—¿Por qué ha tenido esa intransigencia?

—No es intransigencia... es que hay cosas que me repugnan.

—¿No sería usted capaz de tener un amor?

—Un amor... o un amante... es otra cosa –repuso con serena tranquilidad.

—¿No lo tiene usted?

—No.

—Pero si no lo cree usted pecaminoso...

63 La Fuente de la Cibeles es el símbolo de Madrid. Las obras de la fuente comenzaron en 1780 y finalizaron en 1792, situándose en un principio a la entrada del Paseo de Recoletos, mirando hacia Neptuno. Allí estuvo Cibeles hasta que en 1895, con motivo de la ordenación de la Glorieta de Emilio Castelar, fue trasladada a su emplazamiento actual.

—Amando no hay nada pecaminoso.

—¿Entonces es que no ama usted a nadie?

—No he dicho eso.

—¿Cómo se explica?

—Los que me hablan de amor no me interesan.

—¿Hay alguien que le interesa a usted y no le habla?

—Es usted demasiado malicioso.

Julio estaba encantado de la discreción y de la soltura con que hablaba Matilde.

Le parecía una mujer distinta de la niña calladita y bobalicona del paseo de Rosales.

Recordaba sus sensaciones en aquel paseo en coche, acompañados de Alfredo y de la familia de Matilde, y sentía cierta fatuidad de creerse amado.

Pasó por su mente el recuerdo de Isabel, a la que creía fiel e impecable y a la que tanto amaba; pero lo apartó diciéndose:

—Es una tontería preocuparse de ella. Esto no tiene importancia: Son cosas de hombre.

XXXIV

La luz no quería ser prisionera en las estancias frías del Banco. Por eso se negaba a entrar por los grandes ventanales.

Era preciso recurrir a la luz eléctrica para poder trabajar.

Había allí una frialdad de ambiente que, a pesar de lo confortable de los mullidos sillones de piel y del calor de los radiadores, hacía sentir su helor.

Parecía que el *Número*, alma del universo, se quejaba de verse confundido con la *Cifra*, esqueleto de las operaciones bancarias.

Delante del gran bufete presidencial de Julio, estaba la mesita de su mecanógrafa.

Colocada de perfil, la cabeza de Matilde ofrecía una pura y dulce línea de Donatello. Quedaba toda casi en la sombra. Lo que se destacaba de ella eran las manos tecleando ligeras en la máquina.

La bombilla elécrica, sujeta al tablero, bajo su caparacete de metal, enfocaba toda la luz sobre las manos.

Julio las perseguía con la red de su mirada, como un cazador de mariposas.

Después de su encuentro con Matilde, ésta se había hecho una necesidad en su vida.

Había ascendido a su mecanógrafa para darle aquel lugar a la joven.

Nunca había sido él tan asiduo al Banco ni había trabajado tanto.

Lo encantaba la manera que tenía Matilde de cumplir su obligación. Estaba siempre puntualmente en su puesto, seria, correcta y amable.

Era raro que cometiera una equivocación de concepto ni de ortografía, ni que se permitiera opinar.

Se vestía sencillamente de oscuro. Soportaba la manga larga y la falda cumplida, sin la procacidad de las otras que enseñaban piernas y brazos, de un modo impropio en la oficina regida por hombres. Ella no se pintaba las mejillas ni los ojos ni se empurpuraba los labios.

Esta conducta le originaba la malevolencia de las que se veían censuradas en el contraste.

Cuando le habían hecho notar su diferencia, se limitó a responder:

—Yo creo que ahora, que se nos da tanta parte en la vida y en el trabajo a las mujeres, y que deseamos que nos consideren iguales al hombre, necesitamos olvidar las coqueterías y las armas que eran nuestra única defensa cuando se nos negaba todo.

Y con su seriedad y su recato triunfaba sobre todas sus compañeras.

Julio le guardaba un respeto en el que había algo del sentimiento de los golosos que retardan la hora del postre para saborearlo mejor. Tenía a Matilde siempre a su lado, la rodeaba de ternura, de delicadeza, pero no le decía ni una palabra de amor ni de galantería.

Todos los días le llevaba unas flores, unos bombones, un objeto cualquiera agradable, pero se le ofrecía de un modo tan sencillo, como una insignificancia, que permitía no concederle transcendencia.

Un día le cogió la mano y le miró las uñas.

Las tenía cuidadas, limpias, pulidas; pero los bordes estaban rotos y recomidos por las teclas. En el extremo de las yemas de los dedos se insinuaba la dureza de un callo.

Había Julio hecho llevar desde entonces dedales de goma para todas las mecanógrafas.

Veía escribir con ellos a Matilde, dominado de tristeza.

A fuerza de mirarle las manos había acabado por enamorarse de ellas, y con los dedales tan toscos le daban la sensación de estar martirizadas.

Los dedales eran como un antifaz que le ocultaba la belleza de las lindas manos, a las que no adornaba ninguna sortija.

Admiraba la forma perfecta y la expresión de que estaban dotadas.

No eran las manos blanduchas sólo capaces de acariciar ni las manos medio cordero y medio rosa de las jovencitas vulgares. Era una mano inteligente, de mujer que sabe de amar y de sufrir.

Se acercó a la joven con cierto miedo.

—¿Qué tal le va con los dedales, Matilde?

—Muy bien. Al principio pesan y entorpecen un poco, pero luego se acaba por acostumbrarse.

—¿Y protegen realmente los dedos?

—Sí. Mire usted.

Se quitó las gomas y mostró la mano desnuda. Las uñas cuidadas, avaloraban con su rosa el color moreno de la piel.

Él sacó un estuche del bolsillo.

—Me va usted a permitir, Matilde. Tengo una sortija que no vale nada, porque es una piedra de escaso mérito; pero es linda, y si usted quisiera llevarla, mis ojos, que siguen horas y horas el movimiento alado de sus manos, podrían recrearse en el brillo que ellas le prestaran.

Mientras hablaba, había colocado en el dedo de la joven la sortija de oro gris con el magnífico zircon azul, que brillaba como una estrella.

—Esto es mucho para mí –acertó a decir ella sugestionada por ese maleficio de las gemas sobre las mujeres.

—Acepte usted –insistió él–, no es un brillante... es una piedra rara pero vale poco. No me haga la ofensa de creer que envuelve esto una segunda intención.

Matilde no supo qué responder. Su semblante estaba tan rojo como pálidas sus manos.

Se puso los dedales y continuó mecanografiando.

Miraba encantado los reflejos de la estrella azul, al moverse las manos trabajadoras.

—Riri riri. Riri riri. Él respondió a la llamada:

—¿Quién?

—¡Ah! ¡Isabel!

Sintió miedo de las ternezas con que había de hablarle delante de Matilde y rubor de ser sorprendido por su mujer en pleno delito.

—Sí, que deseas.

Cesó el ruido de la máquina y Matilde salió de la habitación.

—¿Deseas ir conmigo a las carreras?

—Desde luego.

—Como tú quieras.

—No hay más voluntad que la tuya.

—En seguida voy.

—Sí... Adios, mi vida.

Se quedó indeciso al colgar el auricular. No había sido infiel hasta entonces, pero le parecía poco importante su infidelidad.

—En cuanto salga de aquí –pensó–, compro otro zircón para Isabel.

A fin de realizar su proyecto llamó al timbre.

—El coche –ordenó–. Me tengo que ir.

Se puso el abrigo y se disponía a salir, libre de la molestia de llevar sombrero, cuando vio a Matilde delante de él; tan pálida y vacilante que no le parecía la misma.

—¿Qué le sucede a usted? –le preguntó.

—Tengo que despedirme de usted.

—¿Cómo?

—Es imposible seguir aquí.

—¿Ha mejorado usted de fortuna o ha encontrado otro empleo mejor?

—Demasiado sabe usted que no y que por nada de eso lo dejaría. No me ofenda.

—¿Pues qué sucede? Dígamelo y perdone mi brusquedad, hija de mi... interés por usted.

—Todos murmuran de que usted me distingue demasiado –exclamó ella con franca decisión.

Julio reflexionó un momento y dijo:

—Sin duda dicen que yo la amo a usted, ¿verdad?

Matilde no contestó.

—Y dirán que usted me corresponde.

Siguió ella en silencio.

—Lo primero, es verdad –exclamó él cogiéndole las dos manos –¿y lo segundo?

—No sé... –dijo ella, bajando la cabeza–. Yo soñaba… pero... Ese teléfono me ha despertado...

—Es inútil pensar en la fatalidad –exclamó Julio decidido–. A pesar de todo, yo te amo y tú me amas. ¿No es cierto?

Matilde no respondió, pero sus ojos lo dijeron todo.

XXXV

¡Plaf! ¡Pammm! ¡Plaaaa! ¡Cómo repercutían en las altas bóvedas los golpes y los ruidos de mover sillas o de andar por el templo! Resonaban los pasos como más pesantes y aplastadores. Como pasos de palmípedos que llevasen zapatos herrados. Las puertas parecían abrirse y cerrarse sobre la eternidad.

Se deformaban todos los ruidos y tomaban un eco ronco, resonante y hueco en la repercusión. Un poco de rumor de tempestad, fraguándose en las altas cúpulas. Las laringes tomaban el timbre que dan las notas graves en los tubos del órgano.

—¡Ay, Jesus!

—¡Ay!

Suspiros débiles salían de los pechos, como para aliviar un asma atenuado y poder respirar mejor en el ambiente denso y enrarecido.

Olor inconfundible de flores marchitas, tallos en agua estadiza, incienso desvanecido, humedad de recinto cerrado, con luz escasa... Influencia de un algo pegajoso, casi impalpable, invisible como niebla cercana a la pupila... vaho de cementerio escapado de los cuerpos encerrados en los mausoleos o en las tumbas ocultas bajo las losas, que retardan la descomposición.

Doña Milagros iba a la iglesia todas las mañanas desde que comenzaba la primavera. Hacía un verdadero sacrificio en salir de casa, con sus piernas hinchadas de reuma, más incurable por su afición a la carne y por su glotonería.

Dormitaba largas horas en la media luz difusa y bella del templo. Luz de cielo, alta, cernida a través de vidrios preciosos. Luz dosificada y dulcificada, para dar la medida de la claridad necesaria. Cuando un rayo de sol se metía por los rosetones, semejante a un chicuelo travieso en cercado ajeno, tenía algo de hiriente como espada arcangélica.

Necesitaban atravesar las devotas para entrar en el templo por medio de los pobres que imploraban la caridad en el atrio y de los que ofrecían medallitas, con valor de talismanes. Una visión de pobreza, de laceria[64], de enfermedad, de vejez, necesaria para preparar el espíritu a la renunciación, de un marqués de Borja o un príncipe Buda.

Y después de aquella visión macabra era todo dulce y acogedor dentro de la iglesia. Un ambiente de baño... Una fiesta para los ojos. Mármoles, alabastros, ágatas y lapizlázuli revistiendo paredes y columnas. Dorados, flores, luces, lámparas, estatuas... Una suntuosidad de decorado y de arquitectura... Todo unido bajo la solemne austeridad del templo románico, que rimaba mejor que el gótico con el espíritu cristiano.

Cuando no había función, la iglesia en soledad incitaba a dormirse, pero acólitos y sacristanes, que no dejaban de ir hurgando de altar en altar, producían una bulla enorme porque todos los ruidos se ampliaban y se reproducían.

Había muchas mujeres sentadas allí horas y horas; parecían dormir o meditar y de vez en cuando se escuchaba una prece bisbiseada. Todos se hablaban en voz baja y junto al oído.

Los hombres viejos, con sus cabezas calvicanas, en actitudes reverentes, parecían grandes pecadores arrepentidos, y los jóvenes pecadores, de pecado mortal.

Miraban todos los devotos con ira los grupos de turistas que recorrían curiosos el templo.

Lo que más se destacaba de todas las mujeres al entrar eran los pies, que parecían más grandes.

A doña Milagros se le olvidaba que tenía que volver a su casa. Se encontraba siempre a gusto allí, menos cuando había grandes funerales; el *Dies Irae,* grandioso y potente, tenía, más que acentos de súplica, ecos de la maldición de Jehová y la impresionaba fuertemente.

Era muy religiosa, porque rezaba mucho y no se metía a discutir lo que no podía entender. Cada día era mayor su fervor y su intransigencia con los que no pensaban como ella. Precisamente había reñido con doña Anita, a la que tanto quería, porque ésta andaba

64 *Laceria*: miseria, pobreza.

ahora tratando de probar con el Antiguo Testamento, que los israelitas en el desierto fueron comunistas, y que en el Nuevo Testamento se ve el comunismo triunfante entre los primeros cristianos.

Eso y el que le quisieran hacer creer que los apóstoles, y hasta San José y la Virgen, fueron judíos, la sacaban de tino.

Se desesperaba con su catarro porque la privaba de ir a la iglesia hacía ya una semana.

Le anunciaron una visita. Una señora desconocida, vestida de negro y con velito.

—Perdóneme, señora –le dijo la desconocida–. Temo molestarla pero... ¿No me conoce usted?

—En este momento...

—Soy la que ocupo el reclinatorio enfrente del suyo en la iglesia.

—¡Ah !

—Tantos días sin verla me han inquietado... y he dicho... ¿Estará enferma esa señora?... Me he atrevido a preguntar... Como da la casualidad que vivo en la casa de al lado...

Y doña Milagros no la dejó salir sin tomar chocolate; pero se quedó intranquila y comentó con sus hijas:

—Acaso es una llamada de Dios. No estaba lo bastante enferma para dejar de ir a misa. ¡Nadie se preocupa más que de vivir su vida, y vamos dejando desierta la Casa del Señor!

XXXVI

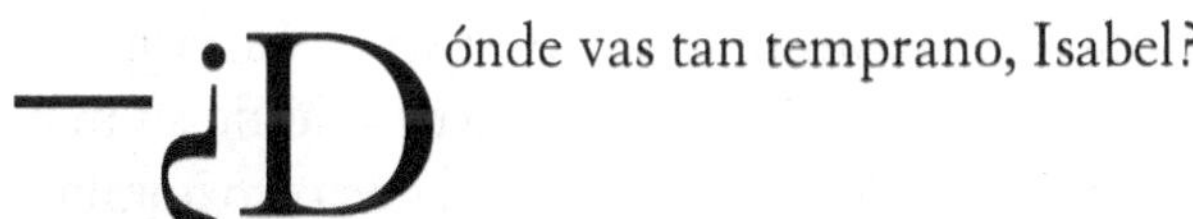

—¿Dónde vas tan temprano, Isabel?

—A misa.

—No creí que para eso tendrías que madrugar tanto.

—Estoy haciendo los Siete Domingos para que se mejore Berta. Es un sacrificio que hago por su salud.

—¿Pero crees de veras que puedes influir con tus rezos en la suerte de las personas?

—¡Naturalmente! Cuando mi madre estuvo tan grave el año pasado, hice los Siete Domingos y se puso buena.

—¡Es una suerte no necesitar médico ni botica, si con que ayunes un día o con que oigas una misa nos salvamos!

—¡No me hagas burla!

—Comprende que no es burla, sino deseo de que no te dejes arrastrar, tú que siempre has tenido un espíritu superior y nada fanático, por esa soberbia de las beatas suponiendo que con una novena suya se acaba una guerra mundial o cesa una epidemia y que tienen en su mano la felicidad de una familia.

—Porque Dios acepta sus ruegos y sus promesas.

—¿No crees que es tentar a Dios ofrecerle promesas condicionando su voluntad, como se hace con las personas que no nos merecen consideración? Nadie va a decirle a un magistrado ni a las personas respetables que hacen justicia: «Si haces esto te daré aquello, y si no, no te lo daré».

—¡Ay, Julio! Cómo me hace sufrir tu descreimiento. ¡Bien se ve los amigos que tienes!

La portera sonrió al verlos pasar y levantó en el aire el trapo sucio, empapado en agua, con que lavaba la escalera.

—¡Hace frío... frío...! –les advirtió, con su costumbre de dar el parte de la temperatura a todos los vecinos.

Era agria la mañana, recién salida de los brazos de la noche.

Al lado del auto estaba el carro de la trapera, que iba vaciando en él los cubos, según los recogía de la escalera.

Estaba envuelta en su pantolón pardo y con un pañuelo amarillo rodeado a la cabeza.

—¡Buenos días, señoritos!

El amor propio ordenaba disimular su disgusto y Julio no se atrevió a recordarle su prohibición de confesar, hecha desde su matrimonio, más por celos apasionados de la intimidad con otro hombre que por motivos de religión.

—Te llevaré hasta la iglesia –dijo.

Lanzó el cantar de su rebuzno el pobre borriquillo, sucio y maltrecho, enganchado al carro de la trapera.

Se acomodaron Isabel y Julio en el auto y el chófer agarró el volante con las manazas entumecidas dentro de unos guantes tan enormes, que se hacían lo más visible de todo.

—¿No sería mejor irnos al Pardo? –propuso Julio.

Entonces reparó Isabel en lo anómalo de que su marido saliera a aquella hora.

—¿Dónde vas tú? –le preguntó.

—Tengo una cita con los accionistas. Pero soy capaz de faltar a ella. ¿Quieres?

Isabel vaciló un momento.

—¡Plátanos! ¡Plátanos, que son de la Habana! –voceaba un vendedor con su carrillo en la esquina.

Había varios carromatos de verduras y puestecillos en las aceras.

Tenía toda la calle un aspecto distinto al que tomaba en las demás horas del día.

El suelo lavado parecía resbaladizo y capaz de hacer patinar al auto.

Pasaban obreros con gesto de meterse dentro de sí mismos para escapar del frío.

Mujeres arrebujadas en sus mantones, con el jarro de la leche o la cesta de la compra.

Tenían sueño los escaparates y estaban adormilados los automóviles en sus puestos.

De buena gana hubiera accedido Isabel a ir de paseo con su marido. Buscaba razones para tranquilizar su conciencia con sus deberes de esposa, y dejar la iglesia por la diversión.

Recordaba que el confesor le decía:

—Tiene usted un marido y una obligación en el mundo, hija mía. Piense en la Epistola de San Pablo. Su cuerpo no le pertenece. Tiene usted que cumplir los fines del estado que eligió; porque es usted la responsable de los actos que por causa de su esquivez o su falta de celo cometa su esposo.

Por eso había ido a bailes y a teatros con Julio y el confesor la había absuelto; aunque exigiéndole en cambio que no descuidara ocuparse siempre de la salvación del alma de su marido.

—Tiene usted que valerse de su belleza y del cariño que su marido le tiene y tratar de inclinarlo al bien.

—Julio es bueno.

—No lo dudo, pero hará como todos. Seguramente lee la mala prensa... y libros poco edificantes.

—No puedo evitarlo.

—Todo puede conseguirse poco a poco. Haga que la acompañe al templo... procure que observe las vigilias y viva de acuerdo con los mandamientos de nuestra Santa Madre Iglesia. Suscríbase a periódicos católicos... puede leerle algunas cosas... cuidar que no tenga a mano los libros pecaminosos... o que le falte ocasión de leer. Una caricia a tiempo... En fin... No olvide, hija mía, que sus almas se salvarán o se perderán juntas.

Aquella amenaza asustaba a Isabel. No encontraba en la religión, tal como se le presentaba, el consuelo que buscó en ella. Su superstición le hacía experimentar no sólo miedo a los castigos extraordinarios, extrahumanos y eternos en la otra vida, sino a sufrirlos en ésta. El confesor le aseguraba que Dios le había perdonado los pecados que cometió en la época de inconsciencia, pero ahora era más responsable. Le sobrevendrían enfermedades... y hasta podría perder su belleza.

Encarnación, aquella beata catequista, especie de monja suelta, convertida cuando ya no conservaba ni rasgos de la famosa belleza que había sido, le decía:

—Yo tengo miedo de los deseos que he despertado. Estoy segura de que el demonio me atormentaré, con las tenacillas con que me ondulaba el cabello.

Se apoderaba de ella tal terror, que tenía miedo a todo goce y no se atrevía a descotarse ni a pintarse. Apenas se atrevía a ponerse sus joyas sobre el vestido alto.

Había sido indiferente en materia religiosa, hasta que doña Milagros y Rosa se apoderaron del estado de su espíritu y de sus remordimientos por la muerte de Enrique, para inclinarla a la devoción.

—Lo que puedes hacer por el pobre muchacho –le dijo su madre– es encomendarlo a Dios en tus oraciones.

—Debes hacer los Siete Domingos por su alma –le aconsejó Rosa–. Verás cómo eso te tranquiliza.

Ella se acogió al consuelo que le ofrecían, pero bien pronto su carácter vehemente fue demasiado lejos, en lo que se le aparecía como un camino de perfección. No era ya dueña de su voluntad. En aquel momento hubiera querido ir con Julio, pero sentía miedo. No insistía lo bastante Julio para tener excusa de faltar a su devoción.

—No me atrevo a un paseo tan largo –dijo–. Ya sabes que no estoy buena.

Él estaba acostumbrado a la enfermedad crónica de su mujer. Sus estados depresivos eran más peligrosos desde que la poseía la monomanía religiosa.

Antes la afición a divertirse, el aliciente de sus triunfos femeninos, su hermosura, su lujo, sus coqueterías, la sacaban de su indiferencia y tenía alternativas de optimismo y de alegría. Ahora sólo su obligación de ir a misa, al sermón, a la novena y a las hermandades y las juntas de beneficencia que antes había desdeñado, era lo que sacudía su pereza.

Ya iba Julio sintiendo cierta indiferenca. Se resignó de buen grado.

Iba Isabel a mostrarle su descontento por la conformidad, que la contrariaba, pero una nueva idea la distrajo.

—¡Julio, di al chófer que pare!... ¡Manda parar!

Tocó el timbre y el auto se detuvo. Parecía que su motor eran aquellos guantes del chófer.

—¿Qué quieres?

—Pensé que aquella señora era mi madre.

—No le parece en nada.

—¿Estás seguro?

—Mírala.

—Es cierto... Julio... me amenaza una desgracia... Siempre que creo ver a un conocido en la calle, estoy segura de que es anuncio de muerte.

—Te has vuelto supersticiosa.

—No lo creas. Pero tengo que rendirme a la evidencia. Cuando me acuerdo de una persona, estoy segura de que me escribe o de que la veo... pero si la veo, tal como es... entonces... Me ha pasado tantas veces...

Guardaron los dos silencio. Volvieron la cabeza hacia la ventanilla más cercana... Tenían deseos de que llegara el momento de separarse.

XXXVII

No sentía remordimiento Julio de engañar a Isabel. Era el amor único de su vida. Al lado de ella palidecía todo y olvidaba, como cosa insignificante, las relaciones que lo unían a Matilde.

Había nacido un niño de aquella unión, que lo envolvió, con la fuerza del capricho y el deseo, sin dejarle medir las consecuencias.

Matilde le había ofrendado, sin hacerlo valer, su vida toda. Había más nobleza en darse así, sin exigir nada, sin garantía ninguna, en un momento de pasión, que resguardada por un contrato matrimonial.

Él la quería, era incapaz de abandonarla, pero no llegaba a poder sustituir a Isabel.

Tenía la esperanza de que ésta, dada su discreción, no se había de enterar nunca.

Había instalado a Matilde en un piso cercano al Banco, al cuidado de una antigua criada de su familia, fiel y adicta, de cuya adhesión no había que temer.

En realidad no había experimentado por el hijo la pasión que él esperaba sentir, cuando se casó, por un hijo de Isabel.

Cuando le enseñaron aquella criaturita blanda y rosa, entre lazos y encajes, su corazón no le dijo nada.

Fue después, poco a poco, cuando el niño empezó a ganar su cariño, al verlo ya celebrar su llegada, agitando los bracillos, en la falda de su madre, con movimiento de muñones de antiguas alas.

Ni el cariño en que había degenerado su capricho por Matilde, ni el amor al hijo, influían en su pasión por Isabel.

Cerca de Matilde sentía una gran dulzura. Ella ponía en su cariño un matiz de ternura maternal que nunca había encontrado en su mujer.

Era un amor amistad el que lo unía a Matilde; se había acostumbrado a verla, a reposar a su lado y hasta a hacerle sufrir arbitrariedades que Isabel no le consentía.

No amaba más a Matilde por su condición de madre. Él veía al hijo desligado de la mujer que se lo había dado. No sabía si era de Matilde, de Isabel o de otra desconocida. En el fondo sólo lo amaba por suyo, gracias a la sabiduría materna que le hacía apreciar sus gracias y sus caricias.

Comprendía ahora cómo los hombres prescinden con tanta facilidad de los hijos como de una cosa que se desprende de su ser con tan poca importancia.

—Se ama al hijo por la mujer que nos lo da –pensaba–, más por lo que tiene de ella que por lo que tiene nuestro. Es lo contrario de lo que a ellas les pasa.

Y le causaba pena no querer a aquel niño como lo hubiera adorado siendo hijo de Isabel.

Pero todas las mañanas robaba un par de horas al trabajo para pasarlas en casa de Matilde. Algunos días se quedaba a almorzar con ella, en vez de hacerlo en el Banco, como era su costumbre.

Tenía certeza de que Isabel no se enteraría, dada la exactitud con que no faltaba a su casa a la hora de comer; no salía de noche más que con ella y la acompañaba siempre en sus paseos y en sus visitas. Estaba seguro de poder pasar por el mejor marido del mundo. Matilde era un suplemento a su felicidad. Le gustaba sentirse mimado tan maternalmente, encontrar la dulzura femenina que le faltaba en su casa. Solía decirse:

—Casi todas las mujeres son incestuosas cuando aman, porque siempre miran al amante como si fuera hijo.

Así, en cuanto dejó a Isabel en la iglesia, se hizo conducir al Banco, y no tardó en salir a pie, como hacía todos los días.

Matilde lo esperaba impaciente.

—¡Cuánto has tardado!

Él se dio cuenta de que había estado a punto de no ir, y para borrar su ingratitud la acarició cariñoso.

—¿Te quedarás a almorzar conmigo? –preguntó ella.

—No sé si podré.

—Tengo un plato que te gusta.

Salió de la alcoba el lloro de un niño.

—Silencio, que está aquí papá –gritó Matilde.

Respondió la voz gozosa del pequeñuelo, cambiando su llanto en alegría.

—¡Papá, papá!... Un beso.

La vieja criada llegaba con las zapatillas en la mano, dispuesta a descalzarlo.

Sentía Julio la sensación de hallarse allí más cómodo que en su hogar. Todo era para él caricia en aquel ambiente. Lo llenaba todo su cariño, su influencia y su cuidado.

Matilde estaba más hermosa y más femenina. Había engruesado mucho y esto aumentaba su aspecto matronil.

Julio acabó por dejarse ganar.

Se había retrasado la hora de almorzar y tuvo que hacerlo de prisa, sin prestar toda la atención que merecían los sabrosos platos que le había preparado Matilde.

Salió de allí feliz y satisfecho, con inconsciencia de la situación que había creado a aquel hijo y aquella pobre mujer, que ocupaban en su vida un lugar tan secundario.

Consideraba aquello como un paréntesis en su vida y luego ésta volvía a su verdadero cauce. Tornaba al lado de Isabel siempre enamorado y sin dar importancia a lo que no consideraba más que como un accidente de su vida, que en nada perjudicaba al cariño de su mujer.

—Parece –pensaba a veces– que el ser culpable con mi Isabel es lo que me hace amarla tanto.

XXXVIII

—¡Julio!

Había angustia en su voz.

—¿Te sucede algo? –preguntó él alarmado.

No se le ocurrió pensar en que era una llamada cariñosa.

Isabel hacía ya mucho tiempo que huía de sus caricias.

Parecía sentir una adversión, una frialdad, una repugnancia, que le hacían intolerable la relación con su marido.

—¡Te quiero, te quiero mucho! –le decía cuando él se quejaba–, pero estoy nerviosa, enferma. No creo que sea prueba de cariño torturar mis nervios.

Él llegaba a creer que tenía razón, en vista de los trastornos nerviosos que sufría su mujer cuando insistía en someterla a sus caricias.

Trataba de disculpar la disminución exagerada del sentimiento sexual, como una cosa propia del temperamento femenino.

—Las mujeres –pensaba– son más castas por naturaleza que nosotros. La monogamía las abruma demasiado. Hay que saberlas respetar.

Tomó la costumbre de dar un beso en la frente a su mujer y entrar directamente en su alcoba, dejándola en libertad. Era una especie de separación que cada día, a pesar suyo, se acentuaba más.

Primero había entrado ella llena de gracia y de coquetería a buscarlo, con algún pretexto. Después lo había llamado o lo había recibido a su lado sin esfuerzo. Ahora los dos parecían evitarse. Tenían miedo de las luchas y de las escenas violentas que surgían tan fácilmente entre ambos después de los transportes de amor.

Acudió alarmado al llamamiento de Isabel.

Estaba sentada en la cama, con la cabellera alborotada y revuelta; su rostro tenía una gran expresión de espanto.

Al acercarse su marido, le rodeó el cuello con sus brazos desnudos.

—¿Pero qué tienes? ¿Te sientes mal? –volvió a preguntar él.

—Sí... muy mala... tengo miedo. Mucho miedo... Un sueño horrible. ¿Sabes?

Él, más tranquilo, la acarició con una especie de paternalización que le dio confianza. La sentía estremecerse contra su pecho, como si le fuese a dar un ataque de nervios.

—¡No te impresiones así... no seas niña!

Le acarició los cabellos y sintió despertarse todo el amor y todo el deseo que Isabel le inspiraba.

Tenía la alcoba un extraño olor a sahumerio: carne de mujer y emanaciones escapadas de las ropas y de los cabellos.

Un loro de porcelana[65] servía de lamparilla y por sus ojos redondos y huecos salía la luz en haces, que multiplicaban su figura reflejada en las facetas de los barrotes plateados de la cama, y los cristales de los cuadros de santos que cubrían las paredes. La pila del agua bendita, sostenida por dos ángeles, sirenas del aire, con sus alas tendidas, brillaba como una flor de porcelana y atraía hacía ella los ojos.

Isabel lo miró con angustia.

—No sabes qué sueño más terrible –continuó diciendo–. Era un teatro muy lindo, el más bello teatro que puede existir. Un jardín artificial, donde las butacas se alineaban entre naranjos de fruto de oro, y los palcos eran como nidos de rosas. Nunca vi una concurrencia más elegante, más hermosas mujeres ni más suntuosas joyas. Llevaban todas cruces de diamantes en los descotes.

—Pues no veo que un sueño así te pueda asustar.

—Es que ya he tenido otros, que fueron proféticos.

—No sé...

—Déjame contarte. El escenario estaba alumbrado con luz de sol... no recuerdo bien a los actores... uno... o más... no sé... Hablaba

65 La mención del loro de porcelana conecta la situación de Isabel con la de Emma Bovary, protagonista de la novela *Madame Bovary* (1857) de Gustave Flaubert. Igual que Isabel, Emma Bovary, con la imaginación repleta de románticas ilusiones sobre el amor y la pasión, se topa con la realidad de un insípido matrimonio que la ahoga, y busca las sensaciones sobre las que ha leído en los libros, a través de una serie de aventuras amorosas, que ella desea ver como grandes pasiones, pero que no son en realidad más interesantes que su vida matrimonial.

un joven... Era un drama ibseniano, pero un drama que seguramente no ha escrito Ibsen.[66] El acento de aquel actor era el eco del dolor de todos los corazones heridos por la traición. Su lamento era el desgarramiento de todas las almas que sufrieran condensándose en una sola voz. Algo sobrenatural , lacerante, triturador, espantso... Los espectadores no podían resistir. Las palabras los herían como puñales y se iban, abandonaban el salón sin una queja, ni una protesta. El actor era el espejo de las almas. Todos los ojos quedaban manchados por la sombra de la traición y parecían percibir el dolor agazapado, acechando. Era algo sobrenatural que rompía los nervios, como cuerdas de guitarra en excesiva tensión. Me quedé sola en mi butaca, fascinada, alucinada, sin poderme mover...

Le temblaba la voz y se estremecía su cuerpo. Julio la oía sugestionado, en aquella revelación de los bajos fondos del alma, donde en una disimulada capa inmunda puede existir la traición, insospechada para los que la llevan, como el germen de una enfermedad hereditaria.

—¿Y yo no estaba contigo? –preguntó queriendo ser chancero.

—No.

—Pues ese es el castigo de estar sin mí.

—No bromees... Aquel actor, espejo de la Humanidad, cayó presa de una alferecía[67] violenta.

Sus dientes escapaban de la boca al rechinarlos... Se retorcía igual que un látigo rastrillando y anudándose en el aire, y se desarticulaba en su convulsión.Todos los miembros bailaban la zarabanda macabra e infernal.

—No des pábulo a tu imaginación así, Isabel. Piensa que es un sueño y olvídalo.

—Es algo simbólico, Julio. Quedaba a mi lado una mujer y me miró de tal modo que yo pensé: «Esta es la Muerte». Me habló: «¿Ves? Ese hombre expresa lo que les pasa a todos. Lo que te pasa a ti. ¿No te han engañado? ¿No te han traicionado? ¿Te han hecho pedazos? Reconoce tu propia historia. Ahora te vas a tener la alferecía

66 Henrik Johan Ibsen (1828 - 1906) fue poeta noruego y padre del drama realista moderno y antecedente del teatro simbólico. En su época, sus obras fueron consideradas escandalosas por una sociedad dominada por los valores victorianos porque cuestionaban el modelo de familia y de sociedad dominantes.

67 *Alferecía*: Enfermedad, caracterizada por convulsiones y pérdida del conocimiento, más frecuente en la infancia, e identificada a veces con la epilepsia.

como él». Quise levantarme, loca de espanto, y no pude. Veía a lo lejos un bar con muchos laureles rosa. Quería irme a él, salvarme... No podía... La siniestra mujer me miraba... Ya sentía hormiguear en mi sangre la convulsión... Una niña de unos ocho años tiró de ella y se la llevó... «Mi Angel de la Guarda», pensé. Y en ese momento he despertado... Hace mucho rato, Julio... Mucho rato... y no tuve voz... ni pude mover las piernas... Había realidad en mi sueño... Tengo miedo... Sálvame.

Ocultaba la cabeza en el pecho de su marido.

Él extendió el brazo y tocó el botón de la luz. La claridad dejó ver la palidez de Isabel, su semblante alterado, sus ojos desorbitados.

Ella se vio en el espejo.

—Ese espejo..., Julio...; hay que quitar ese espejo... ¿Estaré loca, Julio?

—No, pero estás enferma, Isabel. Sufres y te atormantas sin motivo ninguno. ¿No me quieres ya?

—Déjame, no me atosigues encima.

—¿No ves cuánto te quiero? ¿Ves que es mentira todo eso, que no tienes motivo de quejarte?

—Sí... Es verdad. Déjame.

—¿Es que no te basta mi cariño?

—No preguntes tonterías, Julio; todo en la vida no se reduce a una sola cosa. Nada tiene que ver el cariño con mi enfermedad. Hay que pedirle mucho a Dios... Ser buenos cristianos..., para que no nos castigue... Para que el Demonio no nos mortifique con estas apariencias engañosas.

Julio no se atrevía a hablar. Veía a su mujer más hermosa que nunca y no olvidaba sus violencias cuando la contrariaba.

—Haremos lo que tú quieras. Cálmate. Me acostaré aquí, a tu lado.

—No hagas que me arrepienta de haberte llamado... quisiera dormir.

—Bien... Te dejo... No he de volverte a molestar. ¿Deseas que llame a Adela?

—Julio..., ¡no te vayas!... ¡Es terrible esto!... Ya estás enfadado.

—¿Quieres que esté contento cuando me rechazas continuamente?

—No es eso... Yo te quiero como siempre... Tú bien lo sabes que siempre he sido así... Una cosa natural en mí.

Él aceptó la excusa que le agradaba. En su apasionamiento no veía el esfuerzo que realizaba Isabel para prestarse a sus besos. Tenía los ojos cerrados y hacía como un desdoblamiento de su personalidad para pensar que aquellos esposos no eran ella y Julio, sino otra mujer y otro hombre imaginarios, que nada tenían de común con los dos.

—¡Isabel! ¡Isabel mía!

La sentía retorcerse a su lado, castañeteando de frío, con un ataque nervioso, cercano a la alferecía de su sueño.

Desesperado la estrechó contra su pecho y la cubrió de besos frenéticos. Esta vez la violenta pasión de su marido pareció hacerla reaccionar. Se acurrucó entre sus brazos, y conforme lloraba sobre su pecho, parecía ablandarse la tensión de sus nervios, hasta quedarse dormida, como un niño después de una barraquera. Con un sueño de respiración fatigosa y entrecortada de gemidos.

Él no dormía. Sentía toda la tristeza de aquel estado de su mujer. ¿Era enfermedad realmente? ¿Era desamor? Quería creer lo primero. No había sospechado jamás del cariño de Isabel. Daba siempre la culpa de sus destemplanzas al temperamento apático y frío que no concordaba con el espíritu noble, ni con el carácter incapaz de engaño, de que la creía animada.

Hasta aquel momento no había comenzado a vislumbrar todo el abismo que se abría ante sus pies. Toda la fatalidad que iba a destruir su ventura.

XXXIX

Le parecía que cuantos entraban en el portal de la casa donde habitaba el médico especialista tenían *aquella* enfermedad.

Los miraba Isabel con recelo, con algo de miedo. Le parecían los futuros pobladores de los manicomios y se sentía intranquila a su lado.

No había costado poco trabajo convencerla de que se dejase tratar por el doctor Nogales, el célebre neurópata, que ostentaba el prestigio de discípulo de los grandes maestros.

Jamás concedía ella que sus desigualdades de carácter tuvieran un origen puramente fisiológico. Lo único en que convenía era en la alteración de sus nervios, que le producía la neurastenia angustiosa.

Era por librarse de aquella sensación de ahogo, de los insomnios, de las visiones y de los terrores que llenaban sus noches, por lo que accedía a soportar la curación.

Ya era un martirio la antesala del doctor.

—Es molesto verse rodeada de enfermos –decía, no queriendo abdicar de su condición de enferma sana.

Tenía miedo al contagio. Pensaba que la clientela de cocainómanos, morfinómanos, neuróticos y desequilibrados de todos los géneros, desde los que sufrían taras fisiológicas, adquiridas o hereditarias, hasta los que se agotaban en un exceso de trabajo cerebral, debía dejar también microbios.

Los miraba a todos con inquietud. En la larga espera tomaba la antesala un ambiente de capilla de iglesia. De vez en cuando un criado abría la puerta para hacer entrar nuevos clientes o para avisar a otros que les tocaba su turno.

Se miraban con algo de hostilidad inconsciente unos a otros. Los que iban solos guardaban silencio, y los otros departían entre sí, siempre en voz baja.

Ya algunos se saludaban, a fuerza de verse allí, pero ninguno hablaba de su enfermedad.

Isabel se entretenía en pasar revista a todos, mientras Rosita, que la acompañaba, se quedaba dormida.

Le llamaban la atención los ojos de las mujeres. Ojos de exaltación, ojos ahuevados de hipertiroídicas, ojos brillantes de neurosis. Era como si las imágenes con que se piensa se asomaran a los ojos, revueltas, fragmentarias, iluminadas con luces extrañas y con colores insospechados.

Muchas caras demacradas, pálidas, como devoradas por los ojos.

Rostros descarnados que anticipaban la imagen de la calavera.

Bocas marchitas y caídas en rictus de cansancio.

Narices enrojecidas, carcomidas, en un constante catarro, destacándose en el amarillear de la tez.

Hubiera querido deletrear las historias de dolor y de miseria de todos aquellos enfermos, los más apiadables, porque su dolencia les había ya contaminado el alma.

No hubiera vuelto sin el prestigio del médico, el anciano de barba blanca y limpia. La impresionaba tanto el prestigio de su sabiduría como el prestigio de su barba.

—Debías dejarte la barba –le dijo un día a su marido–. Los viejos sin barba son unos viejos menos solemnes, menos de otra época. Y desde la juventud hay que preparar la vejez.

Era el doctor de la barba epopéyica[68] el que calmaba con su presencia a los enfermos los días en que cualquiera de ellos, exacerbado, fustigaba los nervios de los demás.

¡Eran tan sensatas las dos señoras que se sentaban a su lado! La enferma debía ser la mayor. Quizás solo enferma de tristeza. La oía suspirar débilmente y quedarse como dormida.

Un día, que faltó a la consulta, le preguntó por ella a su compañera.

—Mi hermana –le respondió ésta– sufría un estado depresivo y le había entrado la monomanía del suicidio.

68 El doctor de la barba no nombrado, por su anonimato y actividad profesional en el manicomio, le asocian con la figura de Sigmund Freud (1856 - 1939), médico y neurólogo austriaco, creador del psicoanálisis.

—¿Algún disgusto?

—No, es una cosa rara. Tenemos que irnos a vivir a Málaga y se empeñó en suicidarse para no perder las cuotas que le llevaba abonadas a una Sociedad de Previsión. Tiene miedo de que la familia no le haga tan buen entierro como el que ella se tiene pagado.

—Es raro.

—No. El doctor asegura que en estos estados depresivos el suicidio se convierte en obsesión por cualquier futesa. A mi hermana, que es sencilla y normal en todo, la deslumbraba la visión de su magnífica carroza fúnebre y la esplendidez de su entierro de tal modo, que era preciso estarla vigilando a todas horas. En la calle se arrojaba al paso de los tranvías; en la casa se quería tirar por la ventana o abrirse las venas con un cristal.

—¿Y está peor?

—No. Al contrario. No viene porque está curada y se ha marchado ya.

—Continuará en tratamiento.

—No ha hecho ninguno. Ha bastado que la Sociedad cancele el contrato. En cuanto perdió el derecho al entierro se acabó la manía del suicidio. Ella está buena. La que está grave soy yo.

—¿Qué tiene?

—No sé. El cuidarla sin descansar, las noches sin dormir; los sustos. Hoy he comenzado a agonizar y he venido a morirme aquí... Temo que el doctor tarde demasiado. Ya debe haber llegado el viático. He avisado que me lo traigan... y también he avisado a la funeraria... Voy a morirme en cuanto lleguen.

La exaltación de la pobre señora corrió entre los nerviosos como un reguero de pólvora.

La presencia del sacerdote con los últimos sacramentos y de los empleados de la funeraria aumentó la tragedia. El doctor no lograba calmar a su clientela. Unos pensaban que se iban a morir, y otros, que asistían a los últimos momentos de la enferma. Al fin, el doctor los tranquilizó a todos con el antiespasmódico de su aspecto sereno. Todo era efecto de una neurosis sin importancia, que había hecho sufrir a la enferma la sensación de la agonía. Le aconsejó que acabase la tarde en el teatro.

Una hora después, todos los enfermos, mezclados a la vida ordinaria, eran las personas corrientes, que se ven en todas partes. Pero Isabel estaba tan impresionada que tuvo al volver a su casa un ataque de nervios.

Como siempre, su malestar se volvía contra Julio.

—Eres tú, tú quien me ha obligado a ir allí... –decía– como si yo estuviese loca... y lo debo estar... Ya me parecerá loco todo el mundo... estoy convencida de que en la vida no se distinguen a los locos de los cuerdos... y no llegaré a persuadirme de que yo no esté loca también.

XL

Sentía un profundo disgusto de que Julio hubiera ido al teatro dejándola sola. Le molestaba perder la influencia sobre su marido, al mismo tiempo que no quería molestarse en hacer nada para atraerlo.

Estaba sola en su gabinete, que se había convertido en una especie de capilla, llena de cuadros con imágenes de santos. Aún así tenía miedo. Pensaba que el demonio se podía meter en su cuerpo y dominarla.

Llamó al timbre.

—Adela, enciende todas las luces –ordenó.

No se hubiera atrevido a entrar en una habitación a oscuras. Con la exacerbación del sentimiento de lo sobrenatural estaba llena de terrores, de alucinaciones.

Sacó su rosario y comenzó a rezar. Por mucho que quería reconcentrar la atención se distraía. No pensaba en las palabras que iban murmurando sus labios; pero el sujetar su imaginación le daba sueño.

—Este sueño es la tentación –pensaba con susto.

Tenía para un par de horas de rezo, si cumplía con todos los santos de su devoción, que se extendía diariamente a algún nuevo abogado milagroso.

—¡Adela! –volvió a llamar.

—Señora.

—¿Me has hecho tú la cama hoy?

—Sí, señora.

—¿Le has dado vuelta al colchón?

—No, señora. Ya he tenido presente que era hoy viernes.

—Bien. No olvides nunca que tengo la superstición de no acostarme en la cama, como se le de vuelta al colchón en viernes o martes.

—Yo hago siempre lo que la señora quiere.

—¿Has llevado a limpiar el vestido blanco?

—Sí, señora.

Quería prolongar la conversación para no quedarse sola.

Llamaron a la puerta. Le latió el corazón contento de pensar que volvía ya Julio.

Parecía unirla a su marido un violento amor-odio. Cuando venía a su lado y la acariciaba sentía deseo de rechazarlo, de que se fuera, de no verlo; pero cuando se alejaba quería que volviese y no comprendía la vida sin él. Necesitaba tenerlo cerca y martirizarlo.

Entró Julito.

—¿Cómo, tú aquí a estas horas?

—Estoy triste... y me he venido a buscarte.

—¿Qué te pasa?

—Me he quedado solo... Ricardo se ha ido a París con su mamá.

—¿Y no tienes más amigos?

—No... él es mi tirano... Me acapara... Pensé que como viernes no habrías salido y por si no estaba el padrino me he venido a distraerte.

No sabía Isabel si debía alegrarse. Le gustaba oír hablar a Julito, con su mezcla de desparpajo femenino y su atrevimiento varonil; pero le quedaban un centenar de salves y credos.

Se exhalaba de Julito un fuerte perfume femenino. Se dejó caer en la butaca en una muelle actitud que resultaba ridícula sin la envoltura de la falda.

—¿Sabes que se murmura demasiado de tu amistad con Ricardo? –dijo Isabel–. Debías evitarlo.

—¡Eso es una infamia! –exclamó el joven, con voz de tiple, a la que no podía dar entonación de enojo. Lo han inventado las de Montoya... Creen que todos son como ellas... Me tienen celos.

Despierto su enojo contra aquellas amigas, comenzó a retratarlas con los rasgos más caricaturescos.

—Son unas cursis... Figúrate que ayer iban por la Castellana, a la hora de paseo, en auto de alquiler. La madre se pasa todos los días la mano por la barba para ver si le ha crecido perilla como a su abuelo.

Se echó a reír Isabel y Julito, animado por el aplauso de la risa, continuó:

—Ahora van a sacar los huesos del señor Montoya para llevarlos a la tierra natal. Viven solo del prestigio de descender del gran historiador... que sería un gran chismoso y un gran embustero. Pero creo que al sacar el féretro se han encontrado con que se le ha perdido un fémur y con que tiene tres esternones. Es una desgracia para las pobrecitas.

Gritó en la calle una bocina.

—¡Qué tonterías se te ocurren! –dijo Isabel riendo.

—Es la pura verdad. ¡Si vieras qué trajes se han hecho! El de la madre es verde, con encajes de plata; y el de Pepita tiene una cola de pavo real... con unos turbantes moriscos.

Retumbaban los cristales al pasar los autos.

Isabel no podía dejar de notar cómo Julito, que tanto se burlaba de las mujeres, parecía tener la necesidad de seguirlas, de imitarlas, de estudiarlas, con una especie de solidaridad de elementos femeninos, cuya influencia no podía dominar.

Él empezó a hablar de su arte.

—Quiero que vengas a mi estudio –dijo–. Verás unos apuntes de la playa de Peña Flor, que te gustarán. Estoy preparando un cuadro para la Exposición...

Llegó hasta ellos el rumor de una conversación lejana.

De pronto Julito se puso de pie y se despidió. Había recordado algo que tenía que hacer.

—¿Estás enfadado por lo que te he dicho? –preguntó Isabel sorprendida.

—No, Tita. ¿Qué más quisiera yo? El genio necesita la mezcla de sexos. Ni los hombrotes ni las mujerucas sirven para nada.

Apenas había reanudado Isabel su rezo cuando entró Julio.

—¡Qué perfume tan intenso hay aquí! No es el tuyo –observó.

—Ha venido Julito.

—Se ha puesto insoportable ese muchacho.

—Es gracioso. Me distrae mucho.

—Sí... los que son como él, parece que tienen el privilegio de ser buenos conversadores... y hasta oradores... Castelar[69]...

69 Emilio Castelar y Ripoll (1832 –1899) fue Presidente del Poder Ejecutivo de la Primera República Española. Considerado como el más elocuente orador de España, fue también uno de los grandes prosistas del siglo XIX.

Iba cargando su pipa.

—Pero este perfume... se sube a la cabeza... Quizá es esto lo que hace que los hombres todos los tratemos demasiado bien...

—¡Pues gracias a su visita no me he aburrido tanto!

—No me recrimines por salir un rato cuando tú no quieres acompañarme.

Se oyó el ruido de un auto en la calle.

—Si me quisieras, como dices, te quedarías conmigo –dijo Isabel.

—Hazte cuenta de que estoy ocupado con las cosas del Banco todo el día y es este mi único rato de distracción.

Palmadas en la calle. Un trasnochador llama: «¡Sereno!» Ruido de puertas que se abren.

—¿Dónde has estado?

—Un rato en el cine.

—¿Te has distraído?

—Sí... era una película preciosa. Tenemos que ir a que la veas.

—Podías haber esperado a otro día para ir juntos. Sabes que no salgo los viernes de Cuaresma.

Sentía rabia de que su marido lo hubiera pasado bien. Tenía envidia de su felicidad. En aquel momento le hubiera deseado todas las desgracias; hasta la muerte.

—¿Y tú qué has hecho? –preguntó él, para desviar la conversación.

—¡Nada!

—Es incomprensible, Isabel –dijo con enojo–. Nunca has sido tú así...

—Ni tú tampoco.

—Fíjate en que cuando me quiero quedar contigo no me dejas leer el periódico. No quieres que leamos ningún libro juntos...

—Podemos conversar.

—Me dices que tienes tus rezos.

—¿Y eso te incomoda?

—Porque me roba tu atención.

—Antes me tachabas de frívola, de aturdida...

Pasos en las habitaciones del piso de arriba.

—¡Si instaláramos la radio! –propuso él.

—No me lo digas... no puedo aguantar ese barullo... esos pitidos... y te lo aseguro... tengo miedo.

—No te comprendo.

—Sí, mi madre dice que lo que creemos ruidos atmosféricos, cuando capta el aparato ondas lejanas... se parecen... a... esos golpes que dan en la mesa turnante los espíritus... o los demonios que los suplantan.

Julio la miró con tristeza. No quería provocar su cólera.

Rumor de agua corriente en la casa de al lado. Él dejó caer la cabeza en el respaldo de la butaca y cerró los ojos. Su palidez alarmó a Isabel.

—¿Estás enfermo?

—Me duele mucho la cabeza.

Sintió despertarse todo su amor. Cuando lo veía triste y enfermo era capaz de tener todas las abnegaciones y de hacer todos los sacrificios para volverle la salud.

Se acercó y le acarició los cabellos. Él le besó las manos; pero se sentía molesto. Ninguno de los caprichos ni de las extravagancias de su mujer lo habían separado tanto de ella como aquella manía religiosa. Ahora se sentía como echado de su casa por aquel nuevo espíritu que la poseía. Estaba seguro de que hasta en sus momentos de mayor pasión Isabel cerraba los ojos a la realidad y le ofrecía a Dios su sacrificio.

XLI

Sentía más Julio la tristeza de la soledad en su casa cuando se sentaba solo ante la gran mesa de comedor; hubiera deseado sentar allí el calor de hogar que ponía Matilde en torno suyo.

La doncella le advertía al avisarle que la comida estaba servida.

—La señora tiene la jaqueca.

Era ya una cosa habitual la jaqueca de Isabel. Se la miraba como una enfermedad crónica.

Sufría un estado maniático, de contradicción constante, en el que se sucedían una actividad excesiva y una especie de agotamiento.

Pasaba de uno a otro sin saber cómo, aunque solía achacarlo a la influencia de los medicamentos que tomaba.

—Estoy contenta porque la esparteína me da alegría –afirmaba a veces, cuando le proponía a Julio un paseo o una diversión.

—La ovarina me pone así de nerviosa, no me hagas caso –disculpaba en otras ocasiones.

Cuando caía en sus crisis de melancolía y desaliento se hacía imposible sacarla de ellas. Pasaba días enteros sentada o acostada, sin luz, inmóvil, presa de la jaqueca y de las neuralgias. En cambio otras veces sentía necesidad de distracciones y de movimiento.

—¡Me aburro! ¡Me aburro! –decía con desesperación.

Quería que cada día y cada hora le trajese una sensación distinta. A veces hacía que se cambiase el mobiliario de la casa, que se decorase todo de nuevo. Solía emprender trabajos: un centro de mesa, un tapiz, una colcha. Diez o doce labores comenzadas para dar de vez en cuando algunos puntos. Otras veces la fastidiaban todas aquellas cosas y compraba novelas y libros de estudio y comenzaba a leer cuatro o cinco a un tiempo sin acabar ninguno.

—Es preciso ocupar la vida –decía de pronto–; estoy cansada de frivolidades. Quiero hacer algo útil. Entonces se entregaba a las obras de beneficencia, a la actuación social, de la que no tardaba en cansarse. Se indignaba con Berta que quería retenerla y se aproximaba de nuevo a Lina, volviendo a su lujo, sus fiestas y su coquetería, con gran alegría de Julio que lo prefería todo a su beaterio.

La coquetería de Isabel era de la más temible. No experimentaba atracción hacía ningún hombre. Sufría como un mesalinismo cerebral que la impulsaba a buscarlos a todos para escapar en el momento en que se creían vencedores, con una carcajada cínica. Se complacía en la mueca de asombro del hombre, tan poco acostumbrado a que lo abandonen, y se colocaba al amparo de su marido.

Pero no tardaba en cansarse de su juego. No podía gozar de la sencilla felicidad de una vida que se desliza dulcemente, sin luchas, en la confianza de una sana pasión. Era su temperamento el que fatalmente se lo impedía, con su hermafroditismo espiritual.

Y el disgusto, el cansancio, el aburrimiento, levantaban los fantasmas medrosos que le hacían caer de nuevo en el confesionario.

Ya estaba Julio en los postres cuando entró Isabel en el comedor.

La miró con inquietud. Estaba más pálida que nunca.

—¿Para qué te has levantado? –le preguntó.

—Quería verte.

—No he entrado en tu habitación por no molestarte.

Lo miró con tristeza y le tendió la mano, impregnada de un sudor frío y viscoso, que tenía algo de entumecida y anquilosada.

Se veía que realizaba un esfuerzo para acercarse a su marido, dominando sus impulsos.

Estaba hermosa en la madurez matronil de sus cuarenta años, en el máximo poder de atractivo sensual.

Julio no notaba el desarrollo de carácteres secundarios de sexo viril, que estimulaba su impulso humoral y comenzaba a macular aquella belleza. A él le parecían nuevas gracias al color más oscuro de la piel y la firmeza arrogante con que se dejaba conocer la nuez, más pronunciada en la morbidez de la garganta.

El vello abundante, aunque recurría a las pinzas para extirpar los más indiscretos, daba un tono de pelusa de melocotón a su carne.

Los hermosos ojos, más a flor de cara, exaltados y brillantes, lo miraban con reflejos de fiebre y de neurosis.

—¿Te sientes ya mejor? –añadió él.

—Sí... y venía a proponerte que diéramos un paseo. ¿Quieres?

—¡Encantado! No tengo más deseo que verte contenta.

Ella le puso la mano en el hombro.

—Dime, Julio. ¿No estás enfadado conmigo?

—¿Por qué había de enfadarme? ¡Qué ocurrencia!

—Estoy siempre enferma. Debo resultar insoportable.

—No pienses eso. Siento que sufras, y espero que las distracciones, los cuidados y los mimos, te pondrán buena.

Se levantó y se dispuso a salir del comedor cuando ella insistió de nuevo.

—Dime... Julio... y... ¿Es verdad que me eres fiel?

—¡Vaya unas ideas que tienes hoy!

—Te ruego que me contestes.

—Pero si lo sabes. Yo no puedo querer a nadie más que a ti.

—No se trata de querer solo... Yo estoy enferma... Hay algo que no puedo vencer... Y si tú me fueras infiel cometerías un pecado por el que yo me condenaría irremisiblemente.

—No te entiendo.

—Yo sería la responsable de tu pecado ante Dios.

Se echó a llorar con desconsuelo.

Julio se acercó a ella. La miró gravemente y le preguntó con voz algo seca:

—¿Has salido hoy, Isabel?

—Sí.

—¿Dónde has ido?

—A la catedral.

—¿A qué?

—¿A qué ha de ser? He oído misa... por ti y por mí. Ya que no me acompañas.

—Ya sabes que nunca he ido a misa y veía con gusto que no fueras tú. Pero dime. ¿Has confesado hoy?

—Sí...

—¡Y es el confesor, Isabel, es el confesor el que te empuja hacia mí! No es tu amor el que te trae venciendo tus impulsos y dominando tu enfermedad. Es tu miedo al castigo de Dios, por una insinuación grosera respecto a mi modo de proceder.

—¡Julio... que nos oyen!

—¡Se acaba mi paciencia, Isabel! Veo tu variación respecto a mí y la sufro porque comprendo que no es hija de tu voluntad ni supone menos cariño. Yo sufro tu alejamiento, domino mi ansiedad de tus caricias, porque te veo enferma, pero no puedo permitir que hables de nuestras intimidades con nadie. No irás más a confesar.

—¡Julio!

—¡No irás!

—¡Tú no puedes prohibirme eso!

—Jamás te he hecho violencia. He visto sin decirte nada crecer tu fervor religioso. Me he sometido a las vigilias y a los ayunos que has impuesto en nuestra casa. He respetado tus rezos, tus devociones y tus creencias... Pero no consentiré que nadie legisle sobre nuestras relaciones conyugales ni intervenga en nuestro amor. Te he prohibido que confieses. Ha sido mi única prohibición... bien lo sabes. Las mujeres abandonadas de sus maridos. Las que no puedan convivir con ellos, tienen una excusa para ir a intimar con otro hombre por la rejilla del confesionario; pero tú no.

Estaba asustada.

—Nunca te he visto así, Julio.

—Porque nunca me he visto como ahora en la necesidad de defenderte y defender mi felicidad.

—¿Quién la ataca?

—Algo oscuro y tenebroso, que es quizás la causa de tu mal.

—No comprendo.

—Una religión mal entendida, Isabel. Mejor dicho, una superstición que te llena de terrores.

—No es eso.

—Crees que mis pecados caen sobre ti y los tuyos sobre mí.

—Eso no... Es diferente... Tú eres hombre... tienes todos los privilegios... Yo, mujer, soy la responsable ante Dios de todo... de tus pecados y de los míos... ¡Es terrible, terrible ser mujer...! ¡Hay que sufrirlo todo... todo...! ¡Hasta la condenación eterna...!

Por vez primera él no sentía lástima. Su indignación se sobreponía a todo.

—Estate tranquila... Yo acepto la responsabilidad de todo lo que en esas teorías absurdas puedes creer pecados. No te molestaré.

Y como si temiera dejarse vencer continuando allí, salió apresuradamente del comedor.

Isabel se dirigió hacia la alcoba tambaleándose.

Se dejó caer en el lecho, de bruces. Sentía ruido en los oídos, un adormecimiento en las extremidades y un hormigueo, seguido de violentos escalofríos, por todo el cuerpo.

Adela, acostumbrada a las crisis de su señora, la siguió.

—Señorita –llamó dulcemente.

—¡Déjame!

Se revolvía furiosa, próxima a caer en una convulsión.

La doncella insistió hasta lograr que tomase unas cucharadas de antiespasmódico. Estaba fría y rígida, pero no lloraba.

Poco a poco iba recobrando la calma. La opresión del pecho no la dejaba respirar más que gracias a los suspiros con que aliviaba, sin darse cuenta, el asma atenuada de su congoja. Al fin se apoderó de toda ella un estado de insensibilidad, de inconsciencia, de estupor.

XLII

Se veían poco Julio y Alfredo, aunque éste había dejado su cargo de médico de emigración para instalarse en Madrid de nuevo.

Explicaba su decisión de un modo pintoresco:

—En los grandes transatlánticos –decía– el médico está obligado a asistir de etiqueta al comedor y al salón y se ve en la necesidad de besar a alguna pasajera de cámara, cuando cruzan por ese pasadizo de los besos, estrecho y oscuro, que forma en la proa el puente de paseo. No he llegado a saber si esto es cosa inherente al cargo o un abuso de él. En la duda he preferido renunciar.

Aquella noche leía sentado ante su gran mesa de despacho sin prestar atención al ruido de las campanadas desacordes de sus relojes, ni a los ecos de la radio. Por la ventana abierta venía el aire perfumado de los pinares.

El balcón ofrecía el aspecto de un jardín, con las macetas de cactus de diversas especies.

—Son las únicas plantas resistentes en este clima –decía Alfredo– las que viven sin incomodar a nadie con exigencias de cultivo. Yo las veo con cierta superstición. Me parecen restos de una flora antidiluviana, detenida en su evolución. Algo así como animales fracasados y algo feroces.

El grito agudo del timbre se sobrepuso a todos los demás ruidos, con algo de protesta. Nadie llamaba a su puerta a esa hora. Manuela ya se había acostado.

Acudió Alfredo presuroso a decirle que no se levantase y quedó sorprendido al encontrarse con Julio.

—¿Qué te sucede? –le preguntó sorprendido al ver su palidez y su agitación.

—El estado de Isabel que me inspira serios cuidados.

—¿Está enferma?

—No lo sé... Vengo a buscar no sólo al médico, sino al amigo.

—Celebro que sea lo último, porque como médico, al lado de Isabel, fracaso siempre.

—Creo que tienes una prevención injustificada acerca de ella.

—No lo creas; pero adivino que siente por mí esa antipatía que profesan casi todas las mujeres al amigo íntimo de su marido. Es una especie de celos retrospectivos; no me molestan, pero trato de evitárselos.

—¡Le era tan necesaria tu ciencia!

—No. En Isabel, como en casi todas las mujeres que están en su situación, se da el fenómeno de que no quieren poner nada de su parte, cuando aún es tiempo, para curarse. Prefieren seguir pensando que la Providencia lo dispone todo.

—El estado de Isabel es desconcertante.

—Veo que hay algo que no te atreves a decirme. ¿No te inspiro ya confianza?

—No es eso. Es que yo mismo no sé lo que quiero decirte.

—Trataré yo de averiguarlo. Isabel tuvo una educación varonil pero en la pubertad triunfó una feminidad bien definida. Ahora se inician nuevas influencias con su climaterio, vuelve a sufrir su crisis.

—Es demasiado joven para eso.

—No importa. El desarrollo no suele ir de acuerdo con la edad. Seguramente está irritable, nerviosa.

—Lo ha sido siempre. Ahora se trata de algo más.

—No te comprendo.

—Ha dejado de amarme.

—Eso no lo creo.

—Peor aún. Me aborrece.

—Estás en un error. Tu mujer, como varias veces te he dicho, es una hipertiroídica, y en esos temperamentos es frecuente el estado maníaco, exaltado o depresivo. No saben lo que quieren ni lo que aborrecen.

—Pero es que yo no sé cómo explicarte...

— No me ocultes nada.

—Parece que me quiere, pero que siente repugnancia por mí.

—¿En qué te fundas?

—Hay momentos en que la veo llena de ternura, compadecida de la ansiedad con que deseo sus caricias. Momentos en que la veo hacer un esfuerzo por vencerse y llegar a mí; pero a costa de tal violencia que cae presa de ataques de nervios.

—Eso ya es peor.

—Otras veces me rechaza sin consideración ninguna y luego, como si se arrepintiera, cae en un estado de depresión extraordinaria. Sin el gran amor que se sobrepone en mí a todo y me hace cuidarla y distraerla, se moriría de inanición.

El rostro de Alfredo se había ensombrecido.

—Es preciso que te hable francamente, Julio –dijo–. Yo he estudiado a Isabel con interés y he tratado de no querer ver la realidad, pensando que me engañaba, pero ahora no dudo. Creo firmemente que se trata de un caso de intersexualidad.

—Veo que sigues siempre fiel a tu teoría.

—No es mía, ni siquiera nueva. Los antiguos, que divulgaban la ciencia vestida con el manto de la poesía, lo expresaron ya hermosamente, cuando Aristófanes[70] nos habla de tres castas de seres dobles: Unos varones, que procedían del Sol; otros hembras, que procedían de la Tierra; y otros andróginos, de la Luna.

—Pero todos eran bien diferenciados.

—Sí, hasta que Jupiter los cortó con un hilo por medio, como si fuesen huevos duros mondados, y eso trajo la perturbación, porque cada uno busca desde entonces su mitad y no se satisface con hallar la mitad de otro sexo contrario, aunque coincida con la suya exactamente, como un papel recortado. Lo que vulgarmente se llama la *media naranja*.

—¿Y qué quieres inferir con eso?

---

70 Aristófanes (444 a. C. - 385 a. C.) fue un dramaturgo griego. Relata que, en un principio, todo varón era, al unísono, mujer, y viceversa. Encontraban en su propio cuerpo la posibilidad de satisfacer sus deseos amorosos y su afán de descendencia. Autosuficientes, nada ni nadie exterior a ellos podía despertar su interés ni convertirse en objeto de su deseo. Según él autor, los dioses, humillados por esa indiferencia que los privaba de la veneración humana, escindieron, con rencor, sus partes femeninas de las masculinas. Las ideas sobre la sexualidad de Aristófenes fueron fuentes de inspiración para los científicos modernos que teorizaban sobre el hermafroditismo.

—Que de ahí nacen todas las dificultades; lo que hace que no nos entendamos y que ninguna moral ni ninguna filosofía hayan logrado ponernos de acuerdo. Todo el equilibrio se rompe por los elementos del sexo contrario que van en nuestro interior.

—Siempre había creído que hablabas de esto en broma.

—En serio y muy en serio. En el estudio de las influencias sexuales y de la determinación de sexos podemos tener muchas sorpresas. Yo conozco el caso curioso de un amigo mío que adoraba a su mujer y de pronto la vio cambiar de morfología, tomar voz de macho, nacerle barbas... Por fortuna se le pudo extirpar con éxito el tumor que padecía en la parte cortical de la glándula suprarrenal, y que había desarrollado su masculinidad.

—¿Estás seguro de eso?

—La operé yo mismo.

—Verdaderamente se plantea un problema grave.

—Sobre todo por sus consecuencias. El desequilibrio sexual, en desacuerdo al instinto con la morfología, es un semillero de vicios y degeneración. Casi todos los crímenes más absurdos y repugnantes los practican seres de esa clase. Los destripadores, los feroces, las fieras humanas, suelen ser estos anormales. En casi todos esos crímenes hay una fuerza física que obra como una fatalidad. Recuerda ese asesino cuyo pulgar excesivamente desarrollado lo arrastraba a estrangular.

—No sé qué pensar. Me aturde todo esto.

—Lo comprendo. Cuesta trabajo aceptar ciertas verdades, pero la evidencia nos hace conocer que el mal no es una fuerza ajena a nosotros. El mal va en nosotros mismos. El enemigo no es el sexo contrario, sino la parte de él que existe en nuestro organismo. Se han mezclado tanto unos elementos con otros que puede afirmarse que no existe un sexo completo en absoluto; el hermafroditismo es general. La tarea de la ciencia en lo porvenir, con todos los recursos de inyecciones, injertos y glandulas ha de ser purificar los sexos, el único medio de perfección de la humanidad, pues ya sabes que los animales, cuanto más se elevan en la escala zoológica, más tienden a la diferenciación.

Se levantó, tomó un libro de su biblioteca, lo abrió y se lo ofreció a Julio.

—Lee lo que dice sobre esta materia uno de nuestros principales sabios –dijo.

Julio leyó:

> «Los dos sexos, la masculinidad y la feminidad, no son dos entidades que se oponen punto por punto; hay ciertos momentos de su evolución ontogénica y filogénica en que esta oposición absoluta tiene una apariencia de realidad; pero fuera de esos momentos, la masculinidad y la feminidad se van acercando y acaban por confundirse. No de otro modo que el día y la noche, tan opuestos en las horas cenitales, se enlazan en las largas horas del crepúsculo, en una gradación insensible de momentos en los que la luz y las sombras se mezclan en proporciones sucesivas.»

Estaba aturdido, sin saber qué pensar.

—No está bien estudiado –continuó Alfredo– el problema de la dualidad de nuestro organismo. Durante uno de mis viajes a América vi el Manicomio de Lima. Es el único sitio donde tratan bien a los locos. Allí, en un museo de pinturas hechas por ellos, noté que todos están de acuerdo en poner detrás de las figuras humanas otra figura distinta; a veces un signo, pero siempre algo que significa desdoble de la personalidad. Por cierto que había dos locos que tenían la misma manía de creerse que no habían nacido aún. A veces no querían tomar alimento porque se hallan en el claustro materno.

Julio no atendía a lo que hablaba su amigo, preocupado por una idea fija.

—Pero no vayas a creer –interrumpió– que Isabel tiene ninguna aberración.

—Estoy convencido de eso. La intersexualidad, no es mal del individuo, sino de la especie. Lo sufren los animales y las plantas, el cuerpo y el espíritu. Así, con una morfología perfectamente femenina y con una conducta moral correctísima, sin ningún extravío sexual, puede existir en la mujer que sufre su crisis una marcada inversión de sexos, o, mejor dicho, un predominio del masculino en la mezcla de ambos.

—¿Y no puede contrarrestarse eso?

—Es una cosa cuasi fatal. Esa mezcla de gérmenes de los dos sexos, hacen triunfar el femenino en la niñez y en la adolescencia. Esta es un peligro para el varón y un triunfo para la mujer, por regla general. Después triunfa lo masculino, y entonces el peligro es para ellas y la afirmación para los varones. Luego comienza a cerrarse la curva de la vida y vuelve la niñez con su carácter insexuado. Acabas de leerlo.

—¿Y no influye la educación?

—Algo, pero no por completo. La educación contribuye a modificar los impulsos que nacen de todos nuestros tejidos, por decirlo así, y se mezclan unos a otros. Están repartidos en nuestras células de modo que cada parte del cuerpo tiene su sexo que influye en las más simples manifestaciones de la vida humana. Desde luego es un error educar en desacuerdo con la morfología. Isabel ha tenido una educación demasiado viril. Cuando se desarrolla en las niñas el elemento masculino, o en los niños el femenino, no pueden esperarse buenos resultados.

—¿Pero en esa crisis de masculinismo no es que la mujer se haga marimacho ni extraviada?

—Nada de eso. Suelen limitarse a ligeros cambios morfológicos, que se atribuyen a la edad: El modo de andar, de accionar con las manos, el timbre de la voz, el nacimiento de vello.

—¿Y en lo moral?

—Veo que es eso lo que más te preocupa. No temas. Desde luego, se desarrolla mayor energía. Fíjate en que todas las mujeres que matan a los maridos, en un arranque de celos, son mujeres ya maduras. Domina el virilismo, que es intransigente con la infidelidad. Casi todas las mujeres maduras tienen también mayor libertad en sus actos y a veces solo en sus palabras. Se desarrolla en ellas mayor interés por las funciones propias de la naturaleza masculina: les interesa más la vida pública, la sociología, la política, el feminismo. Es curioso que cuanto más triunfa en ellas el varón son más feministas.

—¿Cómo explicas eso?

—Como una atracción sexual subconsciente y como un mayor desarrollo de las ideas de justicia.

—Pues ya ves que los hombres no solemos hacerla.

—A causa de los elementos de mujer que nos restan.

—Eso es algo arbitrario; yo atribuyo esa tendencia hacia la actuación pública, a la necesidad que tienen de ocupar el tiempo, inútil ya para el amor y la galantería, y al deseo de no quedar relegadas al olvido.

—Algo puede añadir eso; yo creo que se debe fomentar esa tendencia: Todo lo que sea distracción.

—Isabel estuvo mejor mientras le duró el entusiasmo por su Club y sus sociedades, sin descansar un momento.

—Sí. Esas tareas de propaganda social las compensan. Siempre ha habido una válvula abierta a sus actividades. En nuestras abuelas era el misticismo, en nuestras madres la filantropía, ahora la propaganda social de un lado y los deportes de otro; pero todo se suma y se condensa en una palabra: Ocupación y libertad.

—Yo no trato de coartársela a Isabel; pero su estado de depresión hace que ella no la desee. No tiene ganas de nada.

—¿Tiene alguna queja de ti?

Julio no se atrevió a confesarle a Alfredo sus relaciones con Matilde. Las miraba solo como un consuelo de su soledad, que en nada afectaban a su amor por Isabel. Pensaba que ella no se enteraría nunca.

—Soy para ella como siempre –contestó.

—Dime a qué atribuyes que se agudice así su malestar.

—No sé... Ha cambiado mucho... Se ha apoderado de ella un fervor religioso que la martiriza. Es observante, intransigence, está llena de preocupaciones, de terrores, y te aseguro que eso es lo que más me asusta.

Alfredo meditó un momento y luego dijo:

—Esta vez tienes razón. Te debo franqueza y, por doloroso que sea, he de decirte que la clientela femenina de los manicomios está formada en gran parte por esos tipos. Es frecuente que la intersexualidad provoque en el climaterio el estado maníaco un poco depresivo, con accesos de mesalinismo unas veces y de odio al hombre otras... Pero cuando se llega a la monomanía religiosa, la curación es casi imposible... Ten cuidado. ¡Es como si el mal hubiera profundizado ya hasta la raíz del alma!

XLIII

—Me divierto... No me preocupo por nadie... Vivo mi vida –dijo Lina.

Isabel sonrió. Sabía el significado que tenía para su amiga aquella frase.

—¿Entonces, estás contenta al fin? –dijo.

—Sí... he acabado por estarlo... Me he convencido de que tengo suerte con Miguel. Llego a la conclusión de que es preferible un marido viejo.

—En eso has cambiado de modo de pensar.

—Y en muchas cosas. Los hombres, si se les toma en serio, hacen siempre sufrir. Mira la pobre Berta después de quedar en ridículo con Luis.

—Eso son calumnias...

—No te esfuerces en defenderla... Me da lo mismo... El caso es que se ve que sufre...

—Es su carácter...

—Tú crees que nadie sufre. Te sientes feliz... y debes serlo. El pasado se olvida, y no amas lo bastante a tu marido para inquietarte... sin embargo, no te gustaría estar en ridículo.

—No he tenido motivos para pensar en eso. Julio me quiere.

—Sí... pero los hombres, aunque quieran a su mujer, no dejan de ponerla en ridículo si llega el caso.

—No sé cómo...

—Fíjate en todos los que conocemos. A ver cuántos hay que no le hicieran traición a sus mujeres o a sus novias, si quisiéramos.

—¿De dónde sacas eso?

—Se ve claro. Se derriten de galantes.

—Pero no suelen pasar de ahí. Haríamos mal en ponerlos a prueba. A mí me gusta que Julio galantee a mis amigas. Lo que me tendría en ridículo sería que fuese un oso y pasar yo por celosa.

—¿No lo eras?

—Creo que no.

—Pero no lo aseguras.

—No he tenido ocasión de comprobarlo. Julio no se ha interesado por ninguna mujer. No le he visto jamás mirar con intención a ninguna... Hasta el hablar de ellas le molesta. No es como esos tipos que no saben ocuparse de otra cosa.

—Eso es cierto.

—Y sé de algunas que hasta le han tendido lazos.

—¿Enamoradas de él?

—O deseosas de triunfar sobre mí. Pero eso no me ha inquietado jamás. Algunas veces ha tenido el valor de afrontar hasta el ridículo... Según entienden los hombres estas cosas, por no desagradarme.

—Pues me alegro por ti.

Le llamó la atención a Isabel la insistencia.

—Parece que quieres insinuar algo –dijo.

—No... es que se habla tanto... Pero algo hubieras tú notado... Esas cosas se conocen siempre... Caballo cansado...

—¿Quieres hablar con claridad?

—Si no es nada... chismes...

—¿Qué te han dicho?

—Me aseguraron que tu marido tenía amores con una muchacha que ha sido mecanógrafa de su Banco.

—¡Qué tontería! Él no falta ni una hora de mi lado o de su oficina... Tú comprenderás que...

—¡Ni decir tiene! Y hasta aseguraban que tenía un chico...

—¡Eso sí que no me hace gracia que lo inventen!

—Y me dijeron que lo veían entrar todas las mañanas en casa de ella.

Isabel se sentía molesta.

—¡Ah! Daban domicilio y todo.

—Sí... en esa calle que hay a espaldas del Banco... No recuerdo cómo se llama.

—Los Madrazo.[71]

—Sí... creo que es esa... No sé bien... Como todo es mentira...

—¡Claro! Chismes de desocupados.

—Y de envidiosas. ¿Querrás creer que la persona que me lo dijo le daba la razón, en el supuesto de ser verdad?

—¿Sí?

—Decía que tiene más derecho una amante con hijos que una esposa sin ellos.

—¡Siempre la maternidad!

—Es el baluarte que les queda a las insignificantes. Pero es cosa más extendida de lo que crees. Ya ves ahora en Francia. Es un país donde las mujeres no tienen fama de maternales... y todos han estado en favor de esa dama inglesa que le dio un tiro a la esposa de su amante porque él no se quería divorciar para casarse con ella.

—Pero los tribunales...

—Eso es lo curioso. La han absuelto, porque ella era madre y la mujer legítima no.

Isabel había tenido tiempo de recobrar su orgullo.

Comprendía que Lina había ido a verla, después de tanto tiempo de ausencia, por el deseo de mortificarla.

Rió aparentando la mayor inocencia.

—Pues yo no esperaría a que me matara... se lo cedería antes –dijo.

—¿Y si él no se quería ir?

—¡Esa sería la mayor desgracia!

71 La Calle de los Madrazo está paralela a la Calle de Alcalá y unos pasos del Banco de España donde trabaja Julio.

XLIV

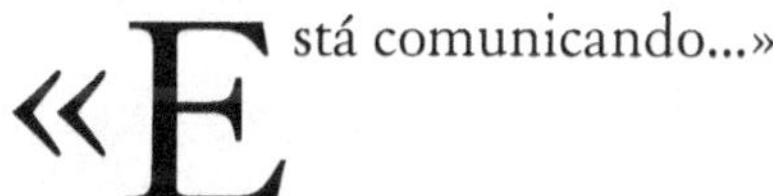

«Está comunicando...»

Oía el *rrrrr* de la electricidad que servía de salvaguardia a las voces de los que hablaban por teléfono.

Dejó pasar unos minutos para llamar otra vez.

«Está comunicando...»

Y era el teléfono particular de su marido, que sólo usaba él en el Banco.

Esperó un cuarto de hora.

«Está comunicando....»

Surgió la duda de si estaría mal el suyo y llamó a Berta. Cuando oyó el acento de su amiga experimentó aquella confianza que invitaba a la confidencia. Debía ser la voz cálida, con una nota de franqueza afectuosa, la que le captaba a Berta tantas simpatías.

Pero no tenía ganas de hablar. No hizo más que citarla para el día siguiente.

Volvió a llamar al teléfono de su marido. Era como una infidelidad cometida en su misma presencia aquella conversación tan larga, de la que no podía enterarse.

En las vibraciones eléctricas le pareeía oír risas y acentos de mujer.

Veía a Julio con actitud galante sosteniendo su auricular y diciéndole ternezas a la mujer que debía tener el otro auricular y que debía estar también sonriente y complacida, con esa expresión que se toma al hablar por teléfono, igual que si se viera la cara de la persona con quien se comunica.

Indudablemente Julio hablaba con algún accionista o se ocupaba de sus asuntos; pero a Isabel le parecía una infidelidad que el teléfono no respondiese a su llamada.

No quería confesarse que estaba celosa. Eran su amor propio y su dignidad los que sufrían.

Había ella fundado su orgullo en la fidelidad de su marido. Hasta podría decir que era el único lazo verdadero que la había unido a el.

Llamaron a la puerta.

—Vienen a ver el contador del gas –explicó Adela.

Al fin respondía el teléfono a la llamada.

—Julio.

—¿Quién es?

—Soy yo.

—¿Ah! Señora, don Julio acaba de salir.

—¿No ha almorzado ahí?

Vacilaron en contestar.

—No, señora.

Creyó que venía hacia ella y fue a su tocador. Su instinto de mujer se aprestaba a la defensa. Quería estar hermosa.

Pero volvía a acometerla el sentimiento de creerse inferiorizada, al faltarle el misterio, para con su marido.

Sintió un despecho inmenso. Le parecía desierta la vida.

—¡Cuánto tarda!

Había tenido sobrado tiempo para llegar. Se aproximaba la hora de comer.

Apareció Adela con una carta en la bandeja.

—Un continental.[72]

Era de Julio.

Letra gruesa, fuerte, nerviosa, pero sin titubeos... Palabras de ternura y de pasión... Un almuerzo con el corresponsal extranjero...

Recordó cómo menudeaban desde hacía algún tiempo los compromisos que retenían al marido fuera de casa y en los que no había reparado.

La idea de que podía llegar hasta ella viniendo de los brazos de otra mujer, la enloquecía.

Pensaba que la repugnancia de su instinto era un don de adivanación que le hacía rechazarlo.

---

72 *Continental*: mensaje enviado a través de esta agencia y portado por uno de sus empleados.

Llamó al timbre.

—Avisa el coche.

Quería salir. No sabía a dónde iba ni qué haría, pero necesitaba hacer algo. Era incapaz de permanecer quieta y resignada. Su temperamento no admitía la sospecha ni la incertidumbre: cuando dominaban, fortuitamente, sus elementos femeninos, podía traicionar, mentir y someterse; pero cuando un latigazo sacudía su virilismo necesitaba obrar con energía masculina. Era incapaz de resignarse.

Ella no pensaba en que había engañado a su marido, en que le había sido infiel. Le daba tan poca importancia a su falta como le daban los hombres a las suyas; pero su temperamento viriloide no podía tolerar la infidelidad del marido, a pesar de todo. Tenía todo el sentimiento y todo el instinto de los machos.

XLV

—No podría perdonarte una infidelidad. Soy demasiado hombre para eso –le había advertido Isabel a su marido, en las confidencias de sus momentos de ternura.

Ahora lo recordaba él temiendo que hubiera en sus palabras más verdad de la que había creído.

Continuaba amando siempre a Isabel con la misma ternura. Era su única pasión y estaba asustado de perderla.

Isabel se negaba a verlo y a oírlo. Le devolvía sus cartas sin abrir. No consentía que le hablasen de él ni de volver a su casa.

—Mientras me deje tranquila, nada haré –declaraba–, pero si me quiere obligar a vivir a su lado pediré el divorcio.

Se había ido a casa de su hermana y eran inútiles cuantos razonamientos le hacían para convencerla de la diferente consideración que otorga la sociedad a las hembras y a los varones. No atendía más que a su sentimiento y su sentimiento era en aquellos momentos completamente masculino, dominador e intransigente.

Como todos los hombres, no daba importancia a las faltas de fidelidad que ella había cometido, pero no perdonaba las que se cometían contra ella.

Tenía toda la lógica arbitraria masculina.

Era inútil que Antonio tratara de explicarle:

—No tienes razón, Isabel. Los hombres somos polígamos por naturaleza. Estamos acostumbrados a aprovechar todo lo que nos sale al paso, pero siempre hay una mujer, sola y única, cuyo amor no se merma y es el que llena nuestra vida.

Estaba convencida de eso, por ella misma, que no había dejado de querer a Julio a pesar de sus enamoramientos pasajeros, pero su orgullo se negaba a perdonar.

Los ejemplos que le ofrecían para convencerla la indignaban más.

Antonio lograba mantener el amor de Rosa contándole todas sus infidelidades. Se sentía ella orgullosa de ser la propietaria de un marido buen mozo, como lo podría estar de un caballo de carreras: Ser la dueña de lo que envidiaban las demás, la satisfacía. Le bastaba con su derecho a la legitimidad.

Era elocuente Antonio al hacer la defensa de Julio.

—Está desesperado –le decía–, dispuesto a hacer cuanto tú quieras. No ha dejado de amarte jamás.

—¿Y qué me importa ya un amor en el que no puedo tener fe? –argüía ella.

Rosa y su madre trataban de intervenir contándole infidelidades de los hombres que parecían más puros...

—Tu padre... –confesaba doña Milagros.

—Mi marido... –decía Berta.

—Fíjate en Antonio... –añadía Rosa.

Ella se exaltaba.

—¡No puedo tener vuestra mansedumbre ovejuna!

—Es que tú no tienes la comprensión femenina que se somete y perdona, tita –decía Julito– tienes el concepto de tu dignidad *a lo hombre*, y haces bien.

Pero cuando se quedaba sola toda su fortaleza desaparecía. Se le hacía insoportable la vida.

La idea de que Julio amaba a otra mujer la volvía loca. No se daba cuenta de cómo había ella contribuído a que se alejase de su lado. Recordaba solo su ternura, sus caricias, sus mimos. Se había borrado de su mente la idea de que había sido también culpable, para poder ser comprensiva.

Quizás era su amor propio lo que más sufría al verse vencida por una mujer oscura, insignificante. Vencida por su maternidad que la hacía parecer superior.

A la lucha de su temperamento y de sus sentimientos contradictorios, se unía su monomanía religiosa.

—La mujer tiene que perdonar –le decía el confesor sin atender ninguna de sus razones, del modo inflexible con que la ley pronuncia un fallo.

Experimentaba cansancio de la vida. Deseo de morir.

Se acordaba de Enrique y la idea del descanso que ofrece el suicidio la obsesionaba.

A veces creía sentir a su lado la caricia suave del amor de Enrique. Haberlo condenado por conservar a su marido le parecía un hecho culpable, digno de castigo.

—No he sabido distinguir el amor verdadero del amor hipócrita –se recriminaba.

Se volvía cada vez más supersticiosa. A veces en su desesperación llamaba a Enrique y sufría alucinaciones en las que le parecía verlo y sentirlo a su lado.

Quería morir, libertarse, irse con él: la última ofensa al marido y la suprema venganza.

Pero al mismo tiempo sentía miedo de arrostrar, con el momento de la muerte, el último gran dolor de la existencia.

Sentía miedo de la condenación eterna, con que la Iglesia amenaza al suicida.

—Acaso el alma de Enrique, condenada por mi culpa, llama a la mía –solía decirse.

Pero no formulaba esa duda, como si no quisiera que ni los mismos seres sobrenaturales, que lo saben todo, se enterasen...

Quería engañar a la Divinidad. En sus arrebatos de desesperación se levantaba de la cama cuando todos dormían, descalza, desnuda, se empapaba las ropas en agua fría e iba a exponerse ante el balcón a la corriente de aire.

Y así se quedaba horas, inmóvil, callada, atenta; como si esperase sentir llegar la sombra que había de apuñalarla.

Cuando al día siguiente se encontraba tan llena de salud como si hubiera realizado un ejercicio higiénico, se indignaba contra su naturaleza sana y el deseo del suicidio se aferraba más a su mente.

El arma elegida era la enfermedad: La única forma de suicidio que podía darle tiempo de arrepentirse y de salvar su alma.

XLVI

La sierva de María se quitó lentamente su manto. Lo dobló. Se puso el delantal blanco y los manguitos. Se sentó a la cabecera de la cama de Isabel.

Tomó su libro de oraciones y se quedó inmóvil, como una figura de cera. Parecía poner una mayor paz en torno de la enferma.

Berta entró de puntillas y se acercó al lecho. No distinguía el rostro de Isabel en aquella media luz. Esa luz rara de las habitaciones de los enfermos graves, en que parece que se revuelven la claridad y la sombra y hay mañanas de tinieblas y madejas luminosas.

Miró a su alrededor con el recelo de quien cree percibir presencias invisibles en la atmósfera enrarecida.

Isabel abrió los ojos y la acarició con una mirada dulce.

—¿Te sientes bien? –preguntó Berta.

—Sí.

—¿Te duele algo?

—No... debo tener mucha fiebre.

—¿Por qué crees eso?

—Me siento feliz... y solo la fiebre me da esta sensación de bienestar... De que no tengo cuerpo... y que me pesa menos el alma.

Le brillaban los ojos exaltados.

—Tranquilícese, hija mía –intervino la monja.

—Si estoy tranquila, hermana, y pienso que si a todos los enfermos les pasa lo que a mí los hospitales no encierran tanto dolor como creemos.

—Es Dios Nuestro Señor que da el consuelo.

Isabel se volvió hacia Berta.

—¿Y Julio? –preguntó.

—Le hemos hecho que se acostase un rato, mientras te descansabas. En todo el tiempo que has estado grave no hemos logrado que se separe de ti.

—¿Pero es verdad que estoy fuera de peligro?

—Así lo afirma el médico, si no haces ninguna imprudencia.

Isabel guardó un momento de silencio y luego preguntó:

—¿Cuántos días estoy ya en cama?

—Doce.

—No me he dado cuenta. ¿Dicen que he sufrido mucho?

—Sí... estabas tan nerviosa... te querías levantar... tirabas la ropa... No había medio de hacerte tomar las cosas... y luego la tos...

—Pues yo no me he enterado de nada de eso.

—La hermanita ha tenido una paciencia de santa.

—Cuánto se lo agradezco.

—Pues es preciso que se lo pruebes no volviendo a hacer locuras.

—He sido impulsada por un dolor tan grande que bien me podeis perdonar. ¡Soy una mujer tan ávida de amor y comprensión! –dijo con voz mimosa.

—Eso lo somos todas –aseguró Berta–. Quisiéramos hacer cuna de los brazos de un hombre y nos encontramos con que nos mecen demasiado fuerte.

—Sí... es cierto... los hombres no nos comprenden. No nos entenderán jamás. Sólo cuando nos aproxima la pasión el deseo parece compenetración y a nosotras nos sucede lo mismo...

—Sí –respondió Berta–, pero no por ser un mal común es menos sensible. No hay nada tan doloroso como después de muchos años de convivencia y de mostrar el corazón desnudo, encontrar que las personas con las que hemos tenido toda la sinceridad nos desconocen por completo, y, lo que es más doloroso, no las conocemos a ellas. Es como si hubiesen estado ocultas detrás de un gran espejo, en el que nos veíamos nosotras mismas, cuando creíamos contemplarlas.

Isabel cerró los ojos sin decir nada. Se había buscado aquella enfermedad impulsada por su amor-odio hacia Julio; por un vago deseo de venganza, del ultraje femenino común que había que vengar en el hombre y dejarle un remordimiento y una amargura; y al par con un deseo de reavivar su canto y que no la olvidara.

Luego, a pesar de su voluntad de suicidarse, cuando se vio grave, no quiso morir. Pidió que llamaran a los doctores más notables, y fue docil para sujetarse a sus prescripciones.

Parecía haberle otorgado a Julio un perdón tácito, conmovida por su ternura y sus cuidados. En aquellos momentos era cuando podía realizar la unión llena de castidad y de dulzura, que ella había soñado en el matrimonio.

Ahora, cuando le aseguraban que estaba fuera de peligro, se entristecía.

Era como si la vida le hubiera hecho retroceder en el camino que ya había andado y que tendría que recorrer de nuevo. Con la salud volvían las malas pasiones que habían tenido tregua en la enfermedad: celos, rencor hacia Julio... descontento de vivir.

Berta la creyó dormida y salió lentamente.

En la antesala estaban doña Milagros y dos o tres señoras de las que venían habitualmente a preguntar por Isabel.

Se notaba también allí la presencia de algo invisible, como un aura de la enfermedad. Hablaban todos en voz baja. Sobrecogía el ánimo un sentimiento de final de drama.

La conversación entenebrecía más el espíritu. Sólo se hablaba de enfermedades. Doña Manuela, que no dejaba de visitar a todos los amigos enfermos, había hecho ya aquella tarde diez y ocho visitas. Tenía muchas escenas trágicas que contar para distraerlas y proporcionarles el placer de la compasión.

En cuanto salió Berta, Isabel volvió a abrir los ojos.

—¡Hermanita! –llamó.

La sierva aprovechó la ocasión para verter una medicina en el aguamanil y acercarlo a los labios de la enferma. Ella no se atrevió a rechazarla. La monja arregló las ropas del lecho con instinto de madre que arregla la cuna y volvió a su asiento.

Sentía Isabel la paz de la religiosa. Su perfil tenía una línea de reposo que se contagiaba.

—Me ha dicho Berta que le he hecho sufrir mucho –dijo.

—No lo crea. Estamos para eso.

—¿Es usted de Madrid?

—No... soy andaluza... de Huelva.

—¿Y no tiene familia?

—Sí... Padre, madre y dos hermanos.

—¿Y no los ve?

—Vienen de vez en cuando.

—¿Están contentos de que sea usted monja?

—Mire... eso... al principio no querían. Ahora comprenden que yo soy feliz así. Era mi vocación.

—Pero sentirán que los haya dejado...

—Ha sido por seguir a mi Divino Esposo... Mis hermanas los dejaron para casarse con los que aman y no son tan perfectos.

—Y dígame, hermana... ¿Cree que es bueno dejar la familia para profesar?

—No puede haber comparación entre el amor de Dios y el amor de los hombres.

—¿De modo que si yo, aunque tarde, quisiera ser religiosa?...

—Usted es casada.

—Pero no tengo hijos.

—Si su marido le diera permiso...

—¿Podría ser admitida?

—Sí –hay algunos casos... y de viudas... Si Dios toca al corazón... para abrazar un estado más perfecto... Pero ahora duérmase...

—No tengo sueño.

—Descanse... no quiero que se fatigue.

Cedió Isabel al acento persuasivo de la sierva y cerró los ojos.

Entre sueños oía el susurro del rezo de la monja.

Mater purísima.

Mater castísima.

Mater admirábilis.

Mater amábilis.

Ella pensaba que había encontrado la manera de no ser la mujer de Julio, sin tener que condenarse por eso. Se persuadía de que tenía vocación de monja. Su imaginación le hacía creerse ya en el convento. Se miraba en un gran espejo, colocado para ella en el claustro, y se sentía dichosa de ver lo hermosa que estaba con las tocas.

XLVII

Se sorprendió Julio de ver luz a aquella hora en su despacho.

Sentada en el gran butacón de piel, cerca de la chimenea, estaba Isabel. La vió por los vidrios de la puerta, iluminada por el resplandor rojizo de la lumbre, con reflejos de brasa. Se destacaba su perfil de medalla romana del fondo carmelitano de su traje, alto y cerrado, en el que lucía como única joya el escudo de plata, colocado sobre el corazón.

Al sentir entrar a su marido, se puso de pie. Tenía algo de severo y adusto con aquel hábito semi monjil. Su figura era más rigida. Parecía más alta en su delgadez, que acentuaba el cinturón charolado en torno del talle y la larga correa que pendía hasta el borde de su vestido.

—¿Qué haces levantada, Isabel, a esta hora, con lo delicada que estás? –dijo Julio en tono de reproche.

—Te esperaba.

—¿Qué sucede?

—¡Que yo no puedo vivir así, Julio! ¡Que es imposible que continuemos juntos, sintiendo yo a cada hora y a cada minuto tu desamor!...

—No comprendo de que te quejas. Apenas salgo de casa desde que tú has vuelto a ella.

—Es inútil que te esfuerces. ¡Dame tu permiso para que yo pueda retirarme a morir santamente, alejada de todo... sola!

—¿Pero... persistes en esa locura?

—Es preferible para los dos esta separación amistosa en lugar de recurrir al divorcio.

—¿Qué razón tienes para tratarme así, Isabel? Por qué eres inflexible, queriéndote yo tanto?

—Te lo he dicho. No puedo soportar esta situación.

—Si no tienes nada que soportar, si yo te adoro siempre. Si todo lo que te molesta se ha acabado... no fue más que una tontería, una locura... hija de tu alejamiento de mí...

—¿Quieres decir que yo he sido la culpable?

—No... culpable, no... La vida que es así... Mira, Isabel mía, te juro que no hay hombre más amante de su mujer ni más bueno que yo. Fíjate. Es mi única falta... En nada llega al fondo de mi cariño.

La conmovía, a pesar suyo, el acento sincero y apasionado.

—¡Perdóname! –imploró él.

—¿Me perdonarías tú a mí? –preguntó con fiereza.

—No es igual, Isabel.

—¿Por qué? ¿Crees que el alma tiene sexo? Que el corazón entiende de leyes y conveniencias sociales?

—Pero las consecuencias...

—Sé lo que vas a decir... ¿No es lo mismo que la mujer traiga un hijo ajeno al hogar o que el hombre deposite un hijo suyo en el hogar de otro?...

—No podemos hablar de estas cosas, Isabel... yo te quiero...

—Es que yo, para perdonarte, necesitaría ofenderte... tener un hijo de otro hombre...

—¡No digas eso!

Se endurecía la voz de Isabel.

—No soy de las mujeres que pueden perdonar… No soy mujer en absoluto.

—Yo te lo haré olvidar todo...

—No puedo sufrir este tormento, cuando te pierdo de vista...

—Sólo pienso en mi trabajo y en ti.

—Desde que te sé infiel mi imaginación no descansa.

—Pues no tienes motivo.

—¡Te veo al lado de… de… ella!... ¡Me das asco!

—Te juro que para mí ha muerto como mujer. Quizás soy injusto, pero al pensar que he podido perderte por causa de esta locura, aborrezco todo lo que con ella se relaciona.

—Pero la sigues viendo...

—Es...

—Sí... es el hijo... lo sé...y precisamente yo no tengo celos de esta mujer... Es el hijo lo que me inquieta... Ese amor irracional al hijo...¡Asegurabas que no lo sentías!... Me creerás inferiorizada...

—No pienses tal cosa.

—Yo no puedo tolerar que veas a esa mujer.

—No es a ella... Tú tienes una conciencia recta... Date cuenta de cómo la fatalidad me ha creado un deber...

—Sí... pero eres rico... págale espléndidamente y no te ocupes más...

—¿Y el deber moral con la criatura?...

Isabel tuvo un rasgo generoso. Triunfaban la mujer y el amor de Julio.

—Tráete él... el hijo... ¡yo seré su madre!

Él la abrazó con un transporte de pasión.

—¡Isabel mía! ¡Qué buena eres!...

Hubo unos momentos de silencio. Isabel notó que Julio lloraba.

—¿Qué es esto?

—¡Que mi corazón responde a tu cariño ofrendándote el mayor de los sacrificios! Prescindiré de... de... del chico... No lo veré... Te sacrificio, mi conciencia y mi alma. ¿Estás satisfecha?

—¿Por qué no me lo traes?

—Sería arrancarle el alma a su madre. No tengo derecho...

—¿Y crees que una mujer así puede querer al hijo?

Julio guardó silencio. Ante el injusto agravio de Isabel sentía deseo de defender a la sacrificada.

Debió notarlo ella y exclamó exasperada:

—¡Haces bien en no hacerle padecer!... ¡Quédate con ella... y con el hijo!... ¡Que quizás ni será tuyo!... Yo nada quiero... No lucho... Sólo quiero alejarme... Irme... No volverte a ver...

El amor propio herido se sobrepuso en Julio.

—Si lo quieres así... Pero piensa en lo irreparable...En el escándolo... en que nos perdemos para siempre...

Parecía vacilar el corazón de Isabel. Estaba hermosa en su agitación, con su melena revuelta y sus ojos de mirar incierto y fugitivo.

Julio se acercó a ella y le preguntó con voz conmovida:

—¿Quieres que me vaya?

—¡No!...

Volvía a triunfar el elemento femenino. Le parecía que al perder a Julio se le escapaba la vida.

Animado por el eco de caricia, él insistió:

—¡Quiéreme!

—¡Sí!...

La estrechó entre los brazos y la besó apasionadamente en la boca. No existía para él más que su Isabel, siempre ella, la misma y varia, suya y reconquistada.

Isabel permaneció inmóvil. Como si hiciera un esfuerzo por vencerse.

Pero cuando los labios de Julio buscaron sus labios y sus ojos ya no pudo dominarse. Forcejeó quierendo escapar de sus caricias.

Volvía la lucha –en aquel supremo momento, que decidía su vida–, del sentimiento femenino que había de inmolar su repugnancia y su orgullo para conservar el amor, y el sentimiento viriloide que le hacía irresistible el someterse.

En aquella lucha de los dos sexos, uno frondoso y otro mezquino, el masculino había estado vencido durante mucho tiempo y se escondió, se quedó agazapado, como dormido, pero estaba allí, latente, no aniquilado, acechando el instante de debilidad de su rival para reaparecer.

Y se presentaba en su momento preciso, cuando al estrecharse la curva afectiva entre la madurez y el descenso se exaltaba la sensibilidad y disminuía la resistencia.

Se desasió con un esfuerzo violento y le preguntó, mirándolo de frente:

—Contesta a mi pregunta anterior.

—¿Cuál?

—¿Me perdonarías tener un amante?

—¡Te mataría... porque te adoro!

—¡Yo no te mato... porque soy mujer... pero me das asco!

Se exasperó Julio y la apretó violentamente contra su pecho.

—Sí... me repugnas!... –siguió ella, en el colmo de la excitación–.

¡No te puedo aguantar... pase lo que pase!... Aborrezco a los hombres... los desprecio... y quiero ser hombre también!...

Se habían descompuesto sus facciones, como si la locura hubiera prensado el rostro con su sello. Ardían sus ojos.

—¡Isabel! ¡Isabel! –exclamaba Julio horrorizado.

—¡No soy Isabel! ¡Isabel se murió!... ¡Se ha condenado! ¡La castigó Dios... por sus pecados y por los de su marido!... ¡Porque era la mujer!... Es un asco ser mujer...

—¡Vuelve en ti, Isabel mía!... Te dejaré... Haré lo que tú quieras.

—¡Quiero ser hombre!

—¡Cálmate!

—¡Vete!

No se atrevía a dejarla sola ni a llamar. Pensaba que pasaría su excitación. Que no se le había declarado la locura.

—¡Vete! –repetía ella furiosa.

—Cuando te tranquilices.

Quiso volver a acariciarla, pero ella se revolvió furiosa, tratando de parapetarse detrás del escritorio.

Las grandes tijeras relucían sobre la mesa y atrajeron su mirada. El brillo del acero parecía sugerir la idea de matar. Permanecía inmóvil con los ojos desorbitados y la mirada fija. Julio intentó acercarse a ella y acariciarla.

Entonces Isabel extendió el brazo. Su mano sintió el frío del metal como tentación. Dio un grito salvaje y clavó las tijeras en el pecho de su marido.

Floreció la sangre sobre la ropa y sobre la alfombra, alrededor del cuerpo de Julio.

Inconsciente se acercó. Se arrodilló a su lado. Le cogió la cabeza y la oprimió contra su regazo como si lo acunase en una tardía caricia.

En sus ojos, extraviados por la locura, brillaba la mezcla de amor y de odio, de atracción y repugnancia, de piedad y de fiereza. Todo lo que en su ser había mezclado y confundido de todos los sexos y de todas las razas.

Pero la idea fija, que predominaba en el cerebro, deshecho por la lucha de elementos antagónicos, venció. Sin conciencia de lo que había, aproximó sus labios a los labios del moribundo y le sorbió el último aliento en un beso largo, largo... aspirado, profundo. Quería apoderarse de su espíritu... bebérselo... hacerlo suyo, lograr su aspiración suprema... Tuvo un grito de triunfo al creer que lo había conseguido:

—¡Al fin le he robado su alma de hombre!

FIN

Puñal de claveles
(cuento)

Caricatura de la autora

Válgame el precedente de justificación y excusa.

Existe, en efecto, el de que, en publicaciones de esta índole, después de haber publicado el retrato de un autor en la portada, con todos los honores, cuando desfilaba de nuevo con otra novela, por no repetir, se publicaba su caricatura. Naturalmente, con todos los honores también.

A esta práctica, tan saludable como expeditiva, quiero acogerme yo, en trance de tener que volver a hablar de un autor al que ya intenté diseñar en la natural prestancia de su corporeidad física e intelectual.

Pienso –y ello me anima– que nadie había de llevarlo a mal. Al fin y al cabo, subrayar no es menospreciar. Si acaso, todo lo contrario.

* * *

—Hágame el favor de hacerlo usted mismo. Yo, la verdad, no puedo. No tiene usted idea de lo muchísimo que tengo que hacer. Política, literatura, enseñanza. No me dejan, no me dejan. Es un agobio.

Y Carmen de Burgos, con la resignación de los grandes trabajadores, se quita las gafas, que se había calado un momento, y con un gesto de «aparta de mí este cáliz»; separa, aleja, rechaza un montón de papeles.

Se le hincha el pecho en un amplio suspiro que tiene algo de ímpetu agresivo.

—¡Y tengo tantas cosas que hacer! –dice–. Ahora –¿no sabe usted?– la Cruzada de Mujeres Españolas va a desarrollar una intensa y enorme labor.

Vuelve a usar las gafas y mira con un aire entre maravillado y burlón. Parece un cierto remedo de Balzac, con toda la faz radiante. En los ojos –más pequeños, no sé por qué, cuando se parapetan tras los cristales de las gafas– le ríe toda la fuerza de una socarronería que pretende ser doctoral.

En seguida, como si ella misma se diera cuenta de su distracción, compone el gesto, suaviza la voz y habla de literatura.

No deja, sin embargo, de atender, con no se sabe qué hondas percepciones felices, al rumor de su propia sangre.

—Tengo mucho que hacer. Ahora es la hora de la Cruzada de Mujeres Españolas...

Y como una burguesa en su casa, Carmen atiende a todo, menos a lo que en aquel momento solicitamos de ella.

Con su humanidad apersonada y contundente, su gran aire de revolucionaria serena, su desdén antisentimental y futurista, se levanta un momento y desaparece.

—Perdón –dice al regresar–, he ido a ver cómo estaba mi amiguita. La pobrecilla, sola, me echa mucho de menos.

Y Carmen, con su gran aire, etc., etc., acaricia dulcísimamente, con mimo, a una tortolita que se le ha subido al hombro.

RAFAEL MARQUINA

I

La primera amonestación[1]

La tarde de primavera estaba llena de promesas de fecundidad. El campo ofrecía ya la plenitud de la cosecha con los meses que comenzaban a enrubiar y mecían las espigas de granos hinchados y lucientes.

Un intenso olor a día de primavera lo envolvía todo de un modo penetrante.

Después de los días grises del invierno reseco, árido y triste, se dejaba sentir con más fuerza el despertar de la Naturaleza en pleno campo, como si se escuchasen las pulsaciones de un corazón que cobraba nueva vida con la circulación de la savia que lo reanimaba todo.

Pura apareció en la puerta del solitario cortijo, puso la mano derecha como toldo a los ojos y tendió la vista a lo largo del camino, que se extendía zigzagueando entre los declives de las montañas.

Se veía avanzar por él una burra cargada con capachos, sobre los que iba colocada una arqueta de madera. A su lado, un hombre, varilla en mano, parecía ayudarle a andar, más que arrearla, para que continuase su camino.

— No me había engañado –murmuró la joven.

Se volvió hacia el interior de la casa y llamó con voz alegre:

—¡Madre! ¡Cándida! ¡Isabel! Por ahí viene el tío Santiaguico.

Se oyó un rumor de crujientes faldas almidonadas, y otras dos jóvenes llegaron al lado de Pura, con expresión contenta y curiosa.

El buhonero que llegaba tenía fama de llevar de cortijo en cortijo las mercancías más bellas que cambiaba por recova.

La madre apareció detrás.

---

1 Las *amonestaciones* en las bodas católicas son el anuncio público de la futura boda, para que si hay alguien que crea que ésta no debe celebrarse pueda impedirlo. La costumbre data de la época del emperador Carlomagno frente a la cantidad de matrimonios consanguíneos. Las amonestaciones o avisos públicos se colgaban en la puerta de la iglesia para que todo el mundo pudiera verlas.

—Esto es un plaga. Estas gentes no nos dejan parar. Desde que se sabe que se casa Pura parece que se han dado cita aquí.

Los perros comenzaron a ladrar y fingir furiosos ataques en dirección del lugar por donde se aproximaban el hombre y la caballería.

La voz de Pura se elevó imponiéndoles silencio.

—«¡Zaida!» «¡Sola!» ¡Aquí!

Las dos perras se acercaron, mansas, a tiempo que llegaba el vendedor, al que su pequeña estatura valía la disminución de su nombre.

—¡A la paz de Dios! –dijo.

Y la madre respondió:

—¡Dios te guarde!

En seguida, Santiaguico se dirigió a la burra y comenzó a descargarla no solo de la arquilla[2], sino de los aparejos.

La hospitalidad del campo de Níjar exigía que el viajero se quedase a dormir en el lugar donde se le ponía el sol, ya que la distancia de cortijo a cortijo era siempre larga.

Se viajaba casi sin pagar posada. Un pienso de paja para la bestia y la ración de comida para el hombre eran como una cosa obligatoria. Nunca faltaba un rincón para que durmieran los improvisados huéspedes; en el pajar, durante el invierno; o entre la mies[3] de la era[4], en el verano.

Debía estar acostumbrado Santiaguico a pernoctar en el cortijo del Monje, porque no vaciló en llevar la borrica a la cuadra y en colocar los aparejos sobre un poyo de piedra cercano a la puerta.

Una vez hecho esto penetró con la arquilla en la cocina de arco, que era la primera pieza de la casa.

—No te canses en enseñar nada –dijo la madre–. Ya te advertí el otro día no vinieras en mucho tiempo. Pura lo tiene todo comprado.

—A las mujeres les falta siempre algo. Traigo preciosidades. Usted no tiene más hija que esa, tía Antonia. No sea roñosa, que no se va a llevar el dinero al otro mundo.

Mientras hablaba había abierto la arqueta y aparecía ante las jóvenes toda la bisutería y las baratijas que la llenaban. Isabel llamó:

—Rosiya, Encarnación.

2 *Arquilla*: un cofre pequeño.

3 *Mies*: cereal de cuya semilla se hace el pan.

4 *Era*: espacio de tierra limpio y firme donde se trillan las mieses.

Acudieron otras dos muchachas en refajo[5] y con los pies descalzos, pero admirablemente peinadas y con ramos de alhelíes blancos en la cabeza.

Las cinco jóvenes aproximaban sus cabezas, morenas y graciosas, para contemplar el fondo de la arquilla.

Había allí botones de nácar y de metal brillantes; imperdibles y alfileres con piedras raras; aretes de pasta roja y de latón, anillos, collares de coral y de cuentas con vidrio; puntillas y listones de todos colores. Una porción de nonadas que miraban con embelese y que atraían también la atención de la tía Antonia, aunque ella no quisiera dejar ver su impresión, pues pocas personas tenían tanta noción de su importancia de labradora rica.

Estaba satisfecha de su gordura que le impedía casi moverse, y le hacía andar naneando[6] como un pato, porque le parecía una cosa señoril. Desde que engordó, su carne parecía haberse rejuvenecido, y su piel, estirada y brillante, causaba la envidia de las mujeres de la comarca, la mayoría de ellas cetrinas y acartonadas, como si estuviesen curtidas, y sus carnes formasen al esqueleto una corteza de piel dura, en la que se veía tallada la red de los nervios.

Desde que llegó a las diez arrobas[7] tenía fama de belleza. El instinto moruno de los campesinos andaluces hacía residir la hermosura en la frescura de la carne. Jamás se decía que era guapa una mujer extremadamente delgada y, en cambio, ante la obesidad, solía exclamarse un admirativo: ¡Dios la bendiga!

Pura tenía fama de guapa, y, al decir de las gentes, prometía parecerse a su madre. Pero por el momento no se le asemejaba en nada: Tenía una belleza carnosa, escultural, con la tez muy blanca y los ojos tan azules que parecían teñidos de añil, en contraste con la negrura de cejas, pestañas y cabellos.

La conciencia de su hermosura y de la riqueza de su padre, uno de los labradores más acaudalados del contorno, le habían hecho coqueta y caprichosa; pero había acabado por acarrearle un sentimiento de tristeza.

Estaba satisfecha su vanidad; triunfaba en los bailes sobre todas las otras y se sentía envidiada de las mozas y deseada de los mozos. Veía llegar a su cortijo, montados en soberbios caballos o magníficas mulas,

---

5 *Refajo*: En los pueblos, falda corta y vueluda, por lo general de bayeta o paño, que usan las mujeres encima de las enaguas.

6 *Nanear*: andar como los patos.

7 *Arroba*: medida antigua de masa. Equivale a 25 libras (11,502 kg).

a todos los jóvenes casaderos para solicitar su amor. ¿Pero qué valía todo eso en su vida cansada y monótona? ¿De qué servía ni siquiera ser hermosa en aquel desierto?

Por instinto, comprendía que la belleza necesitaba otro marco, y que ella era superior a los hombres que la solicitaban.

Así, amándose demasiado a sí misma, y soñando con una vida distinta en otros horizontes lejanos, no se había decidido por ninguno de sus pretendientes, y había rechazado los partidos más ventajosos, con gran desesperación y disgusto de su madre, que deseaba consolidar su posición de labradores ricos con un enlace brillante para la hija.

Allí había también sus jerarquías sociales. Los jornaleros no tenían la consideración, un poco de magnates, de los dueños de las grandes haciendas.

Frasco Cruz, su marido, y ella venían de la clase humilde de los jornaleros. Era un verdadero milagro su fortuna.

Aquel cortijo del Monje pertenecía a un viejo carlista que al ver perdidos sus ideales había ido a enterrarse en la soledad, y con los últimos restos de su patrimonio había construído allí su panteón de familia, declarando que deseaba vivir y morir siempre en sus dominios.

Don José tenía un carácter tan irritable y violento que todos los de la casa le temblaban. Había convertido el cortijo en una especie de monasterio, aislado de todo, pues sólo salía de él cuando era preciso hacer alguna compra un criado viejo, que lo acompañaba siempre; y no recibía visitas ni dejaba que se acercara nadie a la puerta. Los caminos, a fuerza de no ser pisados, se iban convirtiendo en veredas y borrándose bajo la hierba.

Los primeros en ocupar nichos en el cementerio, unido al cortijo como un corralón, lleno de cipreses y con una gran cruz sobre la puerta, fue la pobre esposa de don José, a la que no tardó en seguir su hija. Se murieron como flores marchitas, faltas de ambiente, en aquel encierro a que don José las había condenado.

Se decía que el viejo no las sintió mucho, y que más bien les agradeció el placer de ir a esperarlo en aquella morada.

Le entró un deseo de coleccionador de muertos. No se ocupaba más que de buscar los cadáveres de todos sus antepasados y hacerlos llevar a su panteón de familia.

Cada uno de aquellos sombríos entierros era una fiesta para él y un motivo más para alejar la gente del contorno por el miedo supersticioso que todos tenían a los muertos.

Así era que no le paraban los criados y sólo Frasco Cruz y su mujer tuvieron la paciencia suficiente para aguantar los malos humores y las rarezas de su amo; pero su sufrimiento tuvo, al fin, recompensa.

Cuando menos lo esperaban, don José decidió marcharse a la ciudad, y dejó la finca a Frasco Cruz, para que la fuese pagando a plazos, sin más condición que la de respetar y cuidar a toda la familia que dejaba sepultada en el cementerio, como si la hubiese llevado allí para verse más libre de ella.

La envidia que provocaba la fortuna de Frasco Cruz hacía que las gentes criticaran más despiadadamente a don José, por haber vendido los huesos de sus antepasados.

Unos hablaban de apariciones que lo tenían asustado, con el temor de que sus muertos tomasen venganza de sus crueldades. Otros sostenían que se había marchado de miedo a la vista de aquel único nicho vacío que le estaba destinado y que parecía dispuesto a tragárselo.

Pero el caso fue que Frasco Cruz y su mujer se vieron, cuando ni siquiera se hubieran atrevido a pensarlo, dueños del cortijo del Monje.

Frasco continuó su vida sencilla y de trabajo, pero Antonia comenzó a engordar, a tomar importancia y a hacerse dar el tratamiento de *tía Antonia*, que equivale allí al de *doña Antonia* en la ciudad. Se diría que había heredado el orgullo y dignidad de las antiguas dueñas, y hasta el mal genio, autoritario, de don José.

Como el protocolo de la alta sociedad campesina que se observa tan severamente allí como se guardaba en los antiguos cortes, no permitía a las mujeres casadas componerse, ni siquiera llevar la cabeza descubierta, ni asistir a fiestas, sino con las hijas, los deseos irrealizados de la juventud de la tía Antonia venían a encarnar en Pura.

Se divertía en vestir y adornar a la hija para que llamase la atención entre todas las mozas, porque a ella le alcanzaba también el triunfo. Pura llevaba las modas más audaces con una tendencia señoril que escandalizaba a las gentes conservadoras de sus tradiciones. Había llegado a peinarse sin moño[8] y a presentarse en el baile sin pañuelo al talle, cosa que no se permitían las aldeanas.

---

8 *Moño*: rodete que se hace con el cabello para tenerlo recogido o por adorno.

Pero, pese a las críticas de los envidiosos, todos los mozos se juntaban en torno a Pura. Cada vez que salía a bailar se le cantaban coplas y coplas que le impedían dejar el baile. Hubo veces de bailar quince coplas seguidas. Cantaban los mozos a pares, los bailadores se pedían la vez para acompañarla con ese: —¿Hace usted el favor, amigo?, que obliga a retirarse al que actúa y dejar el puesto a otro.

Se componían coplas para ella y surgían los piropos mas poéticos cuando se le pedía a su pareja: «¡Dígale algo a esa niña!»

La madre gozaba en eso seguramente más que Pura, la cual, siempre seria y contemplativa, parecía no interesarse por nada.

Tenía deseo la madre de vivir la novela de amor de la hija y la desesperaba su indiferencia por los hombres.

—Parece que esperas algún príncipe –solía decirle–. Mira que los años pasan y te vas a quedar para vestir imágenes.

Aquel último razonamiento hacía impresión en la muchacha. Había ya cumplido los veinte años y veinte años eran muchos años allí, donde las mujeres, prematuramente maduras, se casan a los quince o dieciséis, lo más tarde. No estaba ya en edad de descuidarse.

Así es que cuando su padre le habló de que la había pedido en matrimonio Antonio el Peneque, que gracias a su suerte en el contrabando había llegado a ser dueño del cortijo de los Tollos, ella lo aceptó sin alegría y sin repugnancia.

Antonio tenía un tipo moreno, moruno; se recordaba al verlo que la tierra fronteriza africana se divisaba desde lo alto de las montañas de la costa, cuando al salir el sol reflejaba sobre ellas. Era fuerte, sanguíneo, con una rojez que recordaba la sangre de toro. Eso hacía murmurar que le gustaba tomar un vaso de vino algo más de lo corriente; pero nadie podía decir que lo había visto embriagado. Si tomaba alguna pítima[9] era a sus solas, cuando podía dormir sin que lo vieran.

No era ya muy joven; andaba cerca de doblarle la edad a Pura; y a pesar del asedio que le habían puesto todas las muchachas del contorno, no se le había conocido ninguna novia.

Ya se iban reconciliando con él las que lo odiaban, creyéndolo incasable, cuando vino a sorprenderlas la noticia de la boda con Pura.

El noviazgo tenía que ser corto, dada la edad y la posición del novio, que no era de pasatiempos.

---

9 *Pítima*: embriaguez, borrachera.

La boda prometía ser un acontecimiento, un alarde de ostentación, con la que los nuevos ricos querían afianzar su prestigio de labradores acaudalados. Había allí también sus prejuicios de aristocracia, y se echaba en cara a la familia de Frasco Cruz haber sido *sirvientes*, que era todavía un estado inferior al de *jornaleros*. En cuanto a Antonio, no era más que un contrabandista enriquecido sabe Dios cómo.

Se le conocía solo por Antonio el Peneque, apodo que llevaban ya sus antepasados, y que era el único apellido que podían ostentar, pues el único que sabía su verdadero apellido fue un abuelo que se ahogó en el mar una noche de alijo[10]. Cuando llamaron al hijo a declarar no pudo decir su apellido; solo pudo decir, casi llorando:

—El apellido se ha ahogado en el mar con mi padre.

Y desde entonces no los conocieron más que por los Peneques, y a sus enemigos les servía de risa y comidilla la anécdota de su verdadero apellido ahogado en el mar con el abuelo.

Aunque aún faltaba más de un mes para la boda, no se hablaba de otra cosa en todo el contorno. Las mozas se preparaban para la fiesta con la secreta esperanza de que se realizara el refrán de que siempre de una boda sale otra.

Todas comentaban envidiosamente los preparativos que harían en el cortijo de los Tollos para recibir a Pura, pues aunque todas aparentaban despreciar a Antonio, hubieran querido estar en lugar de la novia.

Las que habían logrado ver los preparativos decían que toda la alcoba tenía cortinillas blancas, y que a la cama le habían puesto tantos colchones que estaba más cercana al techo que al suelo.

Las camas altas eran como un lujo de la comarca. Debajo de ellas se guardaban ropas y herramientas, y como las colchas no bastaban a cubrirlas, se ponían delanteras bordadas, que consistían en volantes de encajes y entredoses[11], los cuales caían como las guarniciones de los altares.

Todos los buhoneros que con sus arquillas sobre las burruchas[12] o sobre las espaldas iban vendiendo telas, encajes y baratijas, acudieron a los cortijos de los novios y se hacían lenguas contando las compras que les habían hecho. Se sabía que Antonio le había regalado a la novia un traje de olancete, otro de merino negro, un mantón de manila y un collar de corales.

---

10 *Alijo*: conjunto de géneros o efectos de contrabando.

11 *Entredos*: tira bordada o de encaje que se cose entre dos telas.

12 *Burrucha*: despectivo para *burra*.

Sin embargo, los vendedores continuaban yendo, después de cada viaje de recova, a Níjar o a Almería, con las nuevas novedades.

Las cabezas de las cinco muchachas se unían para mirar todas aquellas cosas del fondo de la arquilla.

La juventud y la gracia las igualaba a todas. Cándida e Isabel eran primas pobres que vivían en compañía de Pura; y Rosa y Encarnación, vecinas que les servían de criadas. Pero entre todas se había formado una especie de camaradería que borraba diferencias: todas atendían a los quehaceres del cortijo y todas comían en la misma mesa y se iban juntas a los bailes.

Rosa se puso en su mano regordeta, colorada, donde el frío del agua había abierto grietas, una sortija de gran piedra azul y la miraba a la luz como si hubiera sido un diamante.

Isabel ponía sobre su pecho un alfiler que fingía un racimo de uvas encarnadas. Cándida miraba embelesada unos aretes de latón y cristal; y Encarnación y Pura reconcentraban la atención en la caja de flores contrahechas donde lucían soberbias rosas rosadas, de tamaño descomunal, sobre hojas de papel de talco.

Tan distraídas estaban que no oyeron el ruido de los pasos de las cabalgaduras que se aproximaban. Bien es verdad que debían ser amigos, porque «Zaida» y «Sola» no ladraron.

Así es que las sorprendió ver detenerse a la puerta los tres potros enjaezados y la voz de Antonio y sus dos amigos al pronunciar el saludo habitual:

—A la paz de Dios.

No los esperaban tan temprano aquel domingo. Rosa y Encarna salieron huyendo para que no las viesen sin vestir de gala aún. Isabel y Cándida se ruborizaron de esperanza.

Antonio iba rara vez solo. Siempre llevaba amigos. Sobre todo no faltaba jamás Joseíyo, cuya visita no parecía desinteresada, pero que no acababa de decidirse por ninguna de las dos primas. Aquella tarde los acompañaba también Ceferino, un primo de Antonio, al que no le parecía costal de paja[13] Cándida. Esto parecía indicar que José se inclinaría a Isabel.

Mientras Antonio iba a cumplimentar a la futura suegra y Ceferino amarraba las bestias por las bridas a los hierros de la ventana,

13 *Parecerle costal de paja*: (coloq.) resultarle indiferente.

José se acercó a las muchachas.

Pura tenía en la mano la gran sortija azul, abandonada por Rosa en la huída.

—Supongo que no te irás a comprar eso –dijo.

—Pues es muy bonita.

—Sí, pero Antonio te ha comprado una que vale más que esa.

—¿Cómo lo sabes?

—Porque me la ha enseñado.

—¿Y cómo es?

— Se enfadará si te lo cuento.

— No le diré nada.

—Pues es de oro macizo.

—¿Quieres callar?

—Y con una gran perla verdadera. Es la que te pondrá cuando os velen.

La joven se quedó silenciosa.

— La he traído yo de Almería.

—¿Has estado en Almería?

—Sí... me quiero ir a Orán y fui a preparar el viaje.

—¡Qué suerte irse lejos! ¡Ver tierras! –dijo Pura– ¿Cuándo te vas?

—Cuando os caséis. Ahora Antonio me necesita para todo. Le he traído hasta las arras[14] en moneditas de oro de dos duros que son una preciosidad, chiquitas, para que te quepan bien en las manos.

La voz de Antonio los interrumpió.

—¿Qué andas charlando ahí?

— Me decía que le gusta esa sortija azul –dijo José.

—Eso vale poco –respondió con orgullo el novio.

—Lo que le gusta –interrumpió Santiaguico– son este par de rosas.

—¿Y qué valen?

Pura atajó:

—No, no quiero que me las compres. Me gustan porque a mí me gustan mucho las flores…, pero no me las he de poner.

—Esta noche hay baile en el Granadillo... –insistió el buhonero.

—Pero ella ya no puede ir –dijo la madre, con cierta satisfacción–.

14 *Arras*: conjunto de las trece monedas que, al celebrarse el matrimonio religioso, sirven como símbolo de entrega, pasando de las manos del desposado a las de la desposada y viceversa.

Esta mañana se ha corrido en Níjar la primera amonestación.

— ¡Ah!, vamos, que estás ya presa –dijo el vendedor– . Cómpramelas tú, Isabel.

—No tengo dinero.

—Si me dejas que yo te las regale –dijo Ceferino.

—Regálale otras –dijo Antonio–. Aunque Pura no vaya al baile, quiero yo que se ponga esas rosas esta noche.

La joven había enrojecido. Sentía una sensación de malestar. Le parecía que era verdad que con aquella amonestación lejana estaba presa.

Su cautividad le impedía ya salir a la calle. Una mujer amonestada no se presentaba en ninguna parte ni salía de su casa.

Le pareció que los ojos de Antonio la miraban con expresión distinta, con algo de amo, de vencedor, como si la valuase y tomase posesión de su cuerpo. Experimentaba algo doloroso, algo de vergüenza. Quiso protestar de aquel regalo.

—A mí me gustan las flores naturales, que tengan olor..., los claveles y los nardos...

Pero Antonio no le hacía caso.

— Vamos a ver, Santiaguillo, si llevas un buen pañuelo de la cabeza para la tía Antonia.

—¿También para mí? –dijo la madre contenta.

—Pues ya lo creo. A ver, Rosa, Encarnación, tomar lo que más os guste.

—Nosotras no estamos amonestadas y nos estamos vistiendo para ir al baile del Granadillo –respondieron desde dentro las muchachas.

—¿Y por qué no vais vosotras también? –preguntó Ceferino, que había ofrecido un par de peinas con cuentas de vidrio a Cándida e Isabel.

—Pues claro que sí van –afirmó José.

Las muchachas dudaban.

—¡Dejar sola a Pura!

— Las novias no necesitan a nadie –respondió el joven.

— Pero, ¿quién nos lleva?

La severa moral campesina exigía que no fueran las mozas solas, aun reuniéndose tantas, y la madre tenía que quedarse para guardar a los novios.

—¿Dónde está el tío Frasco? – preguntó Ceferino.

—Mi padre fue con las muchachas a recoger los pares del haza[15] –respondió Pura.

—Entonces no debe tardar y lo convenceremos.

—No costará mucho trabajo –dijo riendo la esposa–, que, viejete y todo, siempre le gusta echar una cana al aire.

—Pero usted no se disgustará.

—¿Por qué? No me va a traer ningún chico a casa.

Protestaron las sobrinas con el deseo de ir al baile.

—El tío no mira a las mujeres.

—Que os creéis vosotras eso –repuso con viveza, como si la indiferencia de su marido fuese algo ofensivo–. Los hombres, cuanto más viejos más pellejos. Y no me pesa, porque caballo que no relincha cuando ve a la yegua...

Las dos muchachas salieron compuestas, frescas y lavadas, anunciando que ya estaba la olla pronta para volcarla.

No fue preciso esperar mucho. Frasco Cruz llegó del campo con los muleros y aceptó con alegría el ir de guardián de las muchachas. Dos de los criados los acompañarían y se quedarían otros dos a cuidar las bestias.

Fue preciso que se cambiaran el turno entre ellos para que le tocara ir al novio de Rosiya.

La comida fue alegre. Se puso una mesa pequeña y baja en medio de la gran cocina, de dos naves, partidas por un arco, en cuyo centro había una argolla de hierro. Era la cocina donde en las noches de baile cabían doscientas personas y que servía de comedor, de recibimiento, de dormitorio a los muleros, cuando se quedaban en casa, y hasta de almacén, porque en torno de la nave primera se amontonaban los objetos, y detrás del gran portón claveteado, que se atrancaba con mozo y cerrojos, se ocultaban durante el día las labores de esparto y los aparejos de las bestias.

Se cubrió la mesa con un blanco mantel, se colocó encima la enorme fuente vidriada con honores de lebrillo[16], y las dos muchachas volcaron en ella, no sin trabajo, la olla, que esparció con su vapor el perfume apetitoso del tocino y los garbanzos cocidos con la berza y las patatas, capaz de tonificar la desgana más pronunciada.

15 *Haza*: Porción de tierra labrantía.

16 *Con honores de lebrillo*: con las demostraciones de respeto otorgado a la vasija de barro o metal, más ancha de borde que de fondo, que sirve para lavar ropa. la frase significa «con descuido».

No se ponían platos ni vasos. Los que tenían sed se levantaban a beber en las rezumantes jarras de barro, que ofrecían su frescura sobre la cantarera, a cuyos lados colgaban las coquetas toallas blancas, con encaje de crochet, que no se usaban nunca.

El vasar[17], de arco, empotrado en la pared, estaba atestado de platos y de vasos; en torno de él colgaban de las asas, o sujetas por lazos, tazas y jícaras; las paredes estaban cubiertas de grupos de botellas formando piñas[18]; entre ellas se veían cromos y estampas de santos mezcladas con panochas, pimientos secos o calabazas de cuello que llamaban la atención por la forma o el tamaño, mereciendo por eso el honor de conservarlas como rareza.

Pero nada de esa loza se usaba; ni los cobres y las ollas colocadas en el alero de la leja[19], sobre el extremo donde estaba el hogar, servían nunca. Solo una cuchara para cada uno y una faca[20] para partir el pan de todos les bastaba. El vino, las raras veces que, como aquella noche de gala, se bebía, daba la vuelta al corro en el mismo jarro.

Comían todos en la misma fuente. La madre ponía en el lado de cada uno el pedazo de tocino que le correspondía. Sólo se había sacado en tazones la comida de los zagales, que, por su poca edad, no se sentaban aún a la mesa de los mayores, y que habían ido a comerse su ración sobre el tramo de la puerta, cerca de los perros, que los miraban ansiosos esperando su vez.

Estaban alrededor de la mesilla todos, amos, amigas, huéspedes y criados. Si había mucha gente todo se reducía a que el corro fuese mayor.

Se hablaba, se reía, se bebía en abundancia. La olla resultaba tan cargada de tocino que, al decir de Santiaguico, era capaz de resucitar a un muerto. El pan era de trigo, sin mezcla de cebada ni de maíz, pan de ricos, que atestiguaba felicidad y bienestar.

Cuando acabaron de comer, las chicas levantaron la mesa y un cuarto de hora después los que iban al baile se despidieron alegremente.

La noche era oscura, los caminos áridos y pedregosos; tenían que

---

17 *Vasar*: poyo o anaquelería de ladrillo y yeso u otra materia que, sobresaliendo en la pared, especialmente en las cocinas, despensas y otros lugares semejantes, sirve para poner vasos, platos, etc.

19 *Leja*: vasar.

20 *Faca*: cuchillo de grandes dimensiones y con punta, que suele llevarse envainado en una funda de cuero.

andar más de una legua para llegar al Granadillo[21], pero todos iban contentos. En llegando bailarían y cantarían sin cansancio ninguno, y aunque no retornarían hasta el amanecer, también andando, no se les notaría fatiga en sus ocupaciones habituales.

Los dos mozos no tardaron en sacar las cabeceras de paja y los cojines y acostarse en un ángulo de la gran cocina, cubiertos con las mantas, sin más que quitarse las chaquetas, las fajas y las esparteñas. Un hombre que se desnudara para dormir será considerado allí como el colmo del afeminamiento, así como la mujer que no se despojase hasta de la camisa para entregarse al sueño pasaría por el colmo de la suciedad. Se quedaron solos Pura, su madre y su novio. Él, sentado cerca de ella, que, perezosa e inactiva, se entretenía en hacer y deshacer plieguecitos en el borde de su delantal, mientras dejaba vagar los ojos azules por los ángulos oscuros de la cocina.

La madre hilaba las placas de lana, recién cardada, bien oliente al óleo y al aroma de establo, y Antonio les narraba cómo iba la cosecha de sus campos, la abundante cría de sus ovejas y la desdicha de que atacase todos los años a su piara el mal *colorao*.

De vez en vez bajaba la voz para dirigir un cariño vulgar a su prometida, que lo recibía con esa habitual reserva campesina, bajo la que no se salía si se ocultaba pudor o disgusto.

Con la puerta cerrada, que impedía ver las cabrillas, y sin reloj que marcara el tiempo, las horas se le hacían a Pura interminables. Su pensamiento seguía a sus primas y sus amigas. Tenía idea de la animación del baile. Recordaba los triunfos a que renunciaba, y sentía la tristeza que acompañaba en su casamiento a la campesina andaluza, obligada a dejarlo todo.

Y tenía la sensación de que era preciso casarse. Una solterona allí tenía también una renuncia obligatoria de las fiestas, acompañada del ridículo de que se libraba la casada. Comenzaba a comprender por qué su madre parecía haber revivido en ella, y por qué buscaba el pretexto de tener las sobrinas al lado, ahora que ella se casaba.

Casarse era preciso; ¿pero el casarse será ir al amor o era ir al fastidio?

No se atrevía a mirar a su novio al hacerse esa pregunta. Le pa-

---

21 *Granadillo*: árbol de seis a ocho metros de altura, copa mediana, tronco y ramas tortuosas, con espinas solitarias, rectas y muy agudas; hojas ovaladas, obtusas y coriáceas, flores blanquecinas en hacecillos, fruto en legumbre vellosa, y madera dura, compacta, de grano fino y color rojo y amarillo, que se usa en ebanistería.

recía que no lo había visto bien, que no sabía bien cómo era. Era el marido en que había pensado desde muchacha, sin precisar sus rasgos.

Le había gustado triunfar de un solterón recalcitrante y de todas las que lo deseaban. La complacía el lujo que podía desplegar en su boda, la envidia que iba a despertar. Así, cuando Antonio comenzó a hablar de los muebles, las ropas y las joyas que aún tenían que comprar, se borraron de su espíritu las impresiones penosas, y la llegaron a sorprender las alegres voces y risas de los que volvían contando sus anécdotas del baile, como si retornasen antes de lo que los esperaba.

II
El ramo de flores

La semana transcurría con esa rapidez con que se ven huir los días muy llenos de cosas en nuestra vida.

Toda la gente del cortijo del Monje estaba preocupada con la boda de Pura.

La madre no se bastaba para disponer todo lo que era necesario. Había de salir de allí la comitiva y allí se había de celebrar la comida de bodas al retorno, antes de ir a casa de los novios para celebrar el gran baile y las fiestas de la tornaboda[22].

Como el futuro yerno era rico y ostentoso, y estaba dispuesto a echar la casa por la ventana, la tía Antonia no quería quedarse atrás.

Se preparaba a amasar tablas repletas de pan candeal, rosquillas y mantecados.

Una ternera de nueve arrobas se sacrificaría para el festín, y para los invitados al baile se preparaba un saco de garbanzos tostados, en su baño de cal, que les haría parecerse, con esa cosa de cabeza humana que tiene el garbanzo, a cabecitas de pierrots; y otro saco de cacahuetes, además de la gran buñolada[23] y las rondas de vino y anisado.

Las muchachas todas, así las de la casa como las de los lugares de tres leguas a la redonda, preparaban galas que ocultaban cuidadosamente unas de otras para lucir en la fiesta.

Toda la semana había estado Pura teniendo visitas con el deseo de ver sus ropas y sus regalos. Una verdadera romería al cortijo del Monje, que no le daba tiempo de aburrirse.

El goce de ver la admiración y la envidia de sus amigas, y de escuchar sus elogios, le hacía no cansarse de abrir las arcas y mostrar

22 *Tornaboda*: fiesta celebrada el día de la boda.

23 *Buñolada*: cantidad de buñuelos.

una y otra vez todas sus ropas.

Su madre apenas podía ocuparse de las visitas no sólo por los quehaceres, sino por vigilar a Rosa. Desde la noche del baile el novio y ella estaban tan amartelados que la tía Antonia sentía miedo de su responsabilidad si le ocurriera algo a la muchacha en su casa.

El vivir los dos novios bajo el mismo techo era un verdadero peligro en aquellas circunstancias, en las que el no oír hablar más que de bodas y amores había de excitar su pasión.

Y precisamente en aquellos momentos no podía prescindir la tía Antonia de ninguno de sus servidores. Prefería sacrificarse a una vigilancia continua. Donde iba Rosa, allí aparecía Juan, y no era que el muchacho la perseguía, porque cuando él no venía lo buscaba ella.

No podía dejarla ir por agua al aljibe sin que la acompañara alguien de su confianza y, a veces, a pesar de sus diez arrobas aristocráticas, reveladoras de mujer que no tiene que trabajar, se veía obligada a subirse en la burra que llevaba los cuatro cántaros en las aguaderas y hacer a la muchacha que tirara del ronzal del pobre animalito, que iba dándose garrón con garrón abrumada de peso.

Eran tristes los alrededores del cortijo del Monje; cortijo de secano en medio del despoblado, entre los cerros chatos y pelados, sin más flora que la leña, la palma y las atochas. No había más árboles que un almendro y una higuera, rodeados de un balate[24] de piedra, más allá de la era, frente a la puerta del cortijo. Allí habían plantado las chicas unas mantas de palo santo y hierbabuena, y algunos alhelíes, y clavellinas, por lo que le daban pomposamente el nombre de *El huerto*.

El cortijo era grande, tenía cierto aspecto feudal cuando se le veía de lejos, porque el estar en la hondonada hacía que se descubriese el extremo de los arcos de las tinadas[25] de las reses y tenía cierto aspecto de claustro, que rimaba con la puerta del cementerio y los cipreses puntiagudos y tristes.

Para regar aquellas pocas plantas tenían que ir por agua al aljibe, a un cuarto de legua de la casa. Aunque se quejaban de aquella excursión que necesitaban hacer unas veces bajo un sol de llamas y otras con una lluvia que calaba los huesos, no dejaba de ser divertida para mozas y mozos, cuando iban juntos, en medio de la monotonía de aquella vida.

24 *Balate*: terreno pendiente o lindazo de muy poca anchura.

25 *Tinada*: cobertizo para animales.

El aljibe estaba situado en un sitio solitario y medroso, en el entrecruzamiento de las cañadas, cuyas vertientes lo llenaban de agua.

Era un depósito enorme, hundido en la tierra, capaz para abastecer de agua el cortijo, pero se hacía difícil sacarla con un cubo al extremo de una cuerda y un sistema de poleas.

Cerca del aljibe había un pilón para beber las bestias, y antiguamente iban allí los caminantes a descansar y dar agua a sus caballerías, pero ahora únicamente abrevaban los ganados de la finca, y el aljibe tenía puerta cerrada con llave. Se habían hecho pequeñas troneras para que entrase el agua de las lluvias.

Esto obedecía a un suceso macabro, del que se conservaba memoria por la cruz puesta sobre la puerta del aljibe. Las aguas habían ocultado un cadáver, no caído casualmente, sino asesinado, porque una gran piedra lo había sujetado al fondo. Durante muchos años se había bebido aquel agua, hasta que al fin, en una limpia, fue encontrado el esqueleto.

Esta leyenda hacía más lúgubre aquella cañada, desde la que se distinguían dos cruces a orilla del camino, entre los montones de piedras que acumulaban a su alrededor los devotos cuando, al pasar, rezaban una oración y arrojaban aquella especie de cuenta de rosario por el alma del asesinado o el muerto sin confesión, que debía tener su purgatorio en aquellos lugares, y a veces se aparecía pidiendo algún sufragio. Todos los cortijeros sabían ya la mezcla de invocación y exorcismo para estos casos: «De parte de Dios te pido que me digas quién eres y qué quieres».

Todo esto hacía que las mozas tuviesen miedo de ir solas por agua al aljibe, y esperaban la ocasión de reunirse varias y aprovechar las horas en que llevaban los mozos el ganado al abrevadero. Esto tenía para ellas la ventaja de que los zagales les ayudasen a tirar del cubo chorreante del agua de lluvia fresca y amargosa que salía del aljibe, y de que a veces les ayudasen a llevar los cántaros, que ellas sabían colocar tan airosamente sobre la cadera, rodeándolos amorosas con el moreno brazo; porque las andaluzas no ponen los cántaros sobre la cabeza, quizá por la costumbre de llevarla enflorada desde que se levantan.

Ahora, con el noviazgo, la tía Antonia no se atrevía a dejar a Rosa, y tenía que ir de vigilante o enviar a la misma Pura, porque temía al compañerismo con que las muchachas se hacían capa.

—No quiero que ocurra nada en mi casa –solía decir.

Y a veces añadía ufana:

—Podían atribuirlo a mi marido.

Todo el mundo se hacía lenguas del equipo de Pura, aunque criticaban que era demasiado para una labradora. Tenía por docenas los pañuelos de seda para la cabeza, ya que era costumbre que las casadas no la llevasen descubierta.

Y por docenas también tenía las camisas de lienzo fino, largas, anchas, con grandes mucetas de cadeneta[26], y los justillos, las enaguas de volantes encañonados[27] a fuego, refajos de lana magenta y amarillos acabada de tejer.

Tenía vestidos de merino y de olancete para toda la vida; pañuelos de crespón del talle en varios colores: garbanzo, tórtola y aceite. No faltaba el clásico mantón negro bordado en colores y otros dos más, uno blanco y otro color manteca, de esos que casi no se ponen las casadas y que luego heredan las hijas y las nietas.

—Haces bien, hija –decían las envidiosas, viendo sábanas marcadas, almohadones de jaretón, toallas de complicados flecos–. ¡Lo que la novia no ve en la boda...!

Aunque gozaba con aquellas vanidades, Pura se ponía triste cada vez que revolvía en sus arcas. Por un sentimiento casi inconsciente le parecía que lo tenía todo para su boda menos el novio.

La Naturaleza, al darle un cuerpo más hermoso que el de la mayoría de las mujeres, le había dado también un espíritu diferente, más fino, más lleno de inquietudes. Había mirado muchas veces desde el fondo de la hondonada en que vivía hacia los cerretes que, bajos y todo, le limitaban el horizonte, dejando el lugar como en el fondo de un pozo. Y, mirando hacia allá, había soñado en cómo se divertirían las mujeres de las ciudades. Había estado en Níjar y en Almería lo bastante para vislumbrar una vida diferente de la suya.

Y luego los hombres en la ciudad eran más finos. Su novio, tan mayor para ella, tan rudo, no era para despertar su pasión. Esta vivía sólo en su cerebro y así podía sujetarla a lo que era la conveniencia

---

26 *Muceta de cadeneta*: esclavina que cubre el pecho y la espalda, y que, abotonada por delante, llevan las mujeres en esta región de España. Decoraron estas prendas con hilo en forma de cadena muy delgada que llamaron *cadeneta*.

27 *Encañonado*: Encajados un pliego dentro de otro.

para los suyos; pero, a cada momento, según avanzaban los preparativos, se sentía más triste.

Iba a abdicar esa especie de cetro que allí tenía la mujer soltera, para entrar en las obligaciones y la esclavitud de las casadas; en un lugar donde, por amantes que fueran, los hombres tenían que mostrarse fuertes, duros, si no querían caer en el descrédito de que los supusieran dominados por las mujeres. Y al dejar su vida de soltera no tenía la recompensa de la ceguera que dominaba a Rosa y a Juan. Ella hubiera querido poder enamorarse así.

El sábado llegó Joseíyo solo. Traía un enorme ramo de claveles reventones, color de sangre de toro, con esa fuerza que da la tierra de Andalucía a sus flores.

Los corazones de Cándida y de Isabel latían apresuradamente pensando en una declaración y creyéndose cada una la preferida.

Pero él se acercó a Pura.

—Te traigo este encargo de parte de Antonio –dijo–. Él no puede venir este domingo. Me encarga que te lo diga. Está haciendo las particiones y ese día llega de Sorbas su hombre bueno.

—¿Y cómo me manda esto? –preguntó Pura un poco extrañada de tanta galantería.

—¡Como dijiste el domingo pasado que te gustaban tanto las flores naturales!

—Es verdad.

Todas las muchachas celebraban el ramo con esa paradoja que es comparar las flores artificiales con las verdaderas, o viceversa:

—¡Son tan rojos que parecen negros!

—¡Parecen contrahechos!

—¡Como si fueran de papel picado!

Pura las olía tan ansiosamente que casi había ocultado el rostro entre los pétalos.

Cuando levantó la cabeza estaba pálida y parecía que se había encendido en sus pupilas azules una luz extraña.

—¿Qué tienes? –preguntó la madre.

—Estoy un poco mareada.

—¡Es que esos claveles huelen que trasciende! –dijo Rosa.

Pura se había levantado para ponerlos en agua.

Frasco Cruz invitó a cenar a José. Él tampoco podía volver el domingo próximo, porque se marchaba a Almería para arreglar su viaje a Orán. Ahora se ocupaba en traer caballos árabes del Africa francesa y venderlos en el pueblo.

Les contaba las grandezas de aquella tierra; las cosas, casi milagrosas para ellos, que allí existían. Se ganaba el dinero sin trabajar y se divertía uno.

Su imaginación le hacía inventar cosas fantásticas que suspendían de sus labios al auditorio.

—Figúrese usted, tío Frasco, que todo se hace con máquinas: la siembra, la siega, la trilla, todo. Pero máquinas que no hay más que tocar un botón y estar sentadito mirando cómo se hace.

—¡Caballeros!

—¡Digo!

Exclamaron con asombro los oyentes.

—He visto una máquina que se metía la mies por un lado y ella la trillaba, la aventaba, molía el grano, cernía la harina, amasaba el pan. Así, en un santiamén, en menos que dice misa un cura loco, entraban las gavillas por un lado y salía el pan calentito por otro.

A nadie se le ocurría poner en duda lo que aseguraba haber visto el mismo, pero la tía Antonia se santiguó y dijo:

—¡Ave María! Yo no me comería ese pan. Debe ser cosa de brujería.

III
El embrujamiento del perfume

Al domingo siguiente fue Antonio solo. Era ya la última amonestación y nadie salió del cortijo. Se quedaban acompañando a Pura en su último domingo de soltera. La boda sería la semana próxima.

Durante la comida se habló de los proyectos que hacían encenderse de rubor las mejillas de Pura y brillar los ojos de Antonio, cuando se clavaban en el rostro de su prometida.

Tenían que salir el sábado de madrugada para llegar a Níjar a hora de recibir la bendición y, después de descansar las horas de sol de la siesta, volver con la fresquita, a fin de estar a tiempo de la comida y marchar al cortijo de los Tollos para armar el baile, que duraría ya hasta el lunes de madrugada. Iba a ser una boda de rumbo.[28]

Pero la velada, a pesar de la promesa de diversiones, transcurría cansada y triste. Faltaba Joseíyo, tan decidor y alegre, que él solo llevaba la conversación y los animaba a todos. Ceferino, por más esfuerzos que hacía, no llevaba a igualarlo.

Rosa y Pura estaban sentadas cerca de sus novios haciendo uso de ese permiso de hablar en voz baja, abstraídos de la reunión, que se concede a los enamorados.

Pura se sentía más inclinada que lo había estado nunca hacia su novio. Durante aquella semana se diría que la había penetrado un sentimiento nuevo, como un deseo de fusión de su ser, para hacerse más amplio. Era un sentimiento que le había dado el manojo de claveles con su fuerte olor a clavo.

De día lo tenía en el vasar y de noche se lo llevaba al ventanillo de su cuarto, que a causa del calor permanecía abierto.

---

28 *De rumbo*: pomposa, de ostentación y aparato costoso.

El airecillo penetraba hasta su cama y le oreaba el rostro con suavidad de abanico perfumado. Era una caricia la de aquel perfume que la envolvía.

Le causaba a un tiempo una sensación de placer y de malestar; la ponía nerviosa, la quitaba el sueño, y la hacía levantarse, ir a la ventana, abismarse en aquella paz desolada del campo y del cielo sereno y brillante. Escondía el rostro entre los pétalos suaves y frescos de los claveles, aspiraba, con hambre y con sed de todos los poros, el perfume penetrante y sentía ganas de llorar, sin saber por qué.

Era una sensación fuerte y poderosa: la poseían los claveles, con el aroma que la penetraba como un puñal. Entonces pensaba en un hombre. Se sentía atraída hacia su novio por haberle enviado aquellas flores que estimaba más que todos los regalos que le había hecho de trajes, mantones y collares. Era el primer mensaje que le hablaba de amor, la primera vez que sentía estremecerse su carne con el deseo de un beso.

Pero, ahora, sentada cerca de Antonio, le parecía que se iba desvaneciendo aquel sentimiento de amor que había experimentado cuando estaba lejos. El hombre no realizaba la promesa del ensueño.

Ya se iba a despedir para marcharse, antes de que se pusiera la luna e hiciera peligrosos los caminos, pues el novio no tenía hospitalidad en casa de la prometida, cuando ella le dijo:

—Los claveles están frescos todavía, ¿sabes?

—¿Qué claveles?

—Los que me enviaste con Joseíyo.

—¿Yo?

—¡Ah!

Los dos callaron, seguros, cada uno, de haber dicho una simpleza.

Momentos después Antonio hacía trotar a su caballo en dirección a su cortijo. Aunque no era cobarde para con los hombres, le amedrentaba la cosa de cementerio que rodeaba al cortijo del Monje en aquel paraje agreste, hundido eh la tierra árida, con la desolación de sus cipreses y sus cruces.

—Por fortuna he hecho mi última visita –pensó.

Ya sólo había de volver una vez para buscar a la esposa. Lo había martirizado en su noviazgo la necesidad de pasar aquellos caminos en las noches invernales, cuando entre las sombras parecía que se agrandaban la cruz del aljibe y las otras dos cruces, conmemorativas una de un carabinero asesinado allí por los contrabandistas y la otra de una enferma que falleció sobre la mula en que llevaban al pueblo para ver al médico.

Empezó a cantar a dos voces, como hacían los que no querían que se creyese que iban solos, sin pensar que el ruido de la cabalgadura denunciaba que no tenía compañero.

Iba furioso. ¿Por qué le llevaba Joseíyo flores a Pura sin saberlo él?

Le mordían los celos, y eso que creía en la amistad de José, que lo había acompañado todo el invierno, pacientemente, en sus visitas al cortijo del Monje.

De pronto en el cruce del camino oyó el trote de otro caballo. Puso el suyo al paso y se previno, mirando en las tinieblas, hacia el lado de donde venía el ruido.

Oyó la voz bien conocida de José que le preguntaba:

—¿Eres tú, Antonio?

Respondió con otra pregunta:

—¿De dónde vienes?

—Estuve en los Abercoques, en el baile. A ti no hay que preguntarte.

—Sí, vengo de casa de Pura.

—¿La última visita?

—¡La última!

Había algo raro en el acento de los dos amigos. De pronto, Antonio dijo:

—Oye, José, entre hombres no hay que andar con rodeos. ¿Qué es eso de llevarle flores a Pura de mi parte?

Se escuchó la sonora risa de Joseíyo.

—¡Calla, pues es verdad! No te he visto después para advertirte. No le habrás dicho que no había sido tú?

—No te comprendo...

—Pues es sencillo. Cuando me enviaste a decir que no podías venir el domingo pasado, me di la vuelta por la Hortichuela y todo el huerto de Montano estaba lleno de claveles. Me acordé de que Pura dijo que le gustaban, y pensé que llevándole un ramo de tu parte se le quitaría el amargor de boca de saber que tú no ibas.

—¡Podías haberme advertido!

—¿Es que has dicho que no eran tuyos?

—No. Me sentó mal. ¿A qué negarlo? Pero creo que ella no ha comprendido.

—Puedes creer que no he tenido ninguna intención. Soy tu amigo.

—Hombre, ni que decir tiene..., te lo agradezco.

—Bueno. Yo me marcho por aquí ya.

—¿Te has ofendido?

—¿De qué me iba a ofender? Es natural que te sorprendieras.

—¿Por qué no vienes al cortijo?

—Tengo mucho que hacer. Ya sabes que me quiero ir a Orán en el primer barco. Yo no tengo genio de estarme aquí, siempre en el mismo sitio. Tengo un espíritu inquieto... raro...

—Pero ¿vendrás a la boda? Quiero que seas testigo.

—Y a mucha honra.

—Además, deseo encomendarte unos potros y dos yeguas.

—Lo que quieras. Yo pasaré por tu cortijo un día de estos.

—¡Que no faltes!

—Tenlo por seguro. Buenas noches.

Dos coplas, alejándose en sentido contrario, marcaban el caminar de los dos amigos entre la plácida dulzura de los campos, en la sombra de la noche.

IV
La revelación

En cuanto Antonio se alejó un poco José torció la rienda de su jaca y subió la ladera opuesta. No tardó en encontrarse al otro lado del barranco. Allí, en la solana[29], el aspecto de la Naturaleza cambiaba. La nota triste y fosca de la hondonada se borraba en el dilatado horizonte, en cuya lejanía distinguíase el mar azul.

Estaba la tierra cubierta de un tapiz de florecillas menudas; las primaveras, blancas y chiquitas, como estrellitas de nieve, cubrían las hazas.

En los balates crecían el trébol amarillo y, a su sombra, las graciosas orquídeas silvestres, con sus flores de aspecto de candiles y de abejas; mientras que en los riciales[30] lucían las amapolas y los jaramagos[31], formando las bandas de rojo, verde y amarillo.

Cruzó el arenal de la rambla, entre las lujuriantes adelfas y los rosales silvestres, y llegó a la tapia de Montano, la única finca cultivada como jardín de todo el contorno.

Estaba materialmente llena de claveles. Se apeó de la jaca, sacó la faca que llevaba entre la faja y comenzó a cortar flores, sin hacer caso de los perros, que ladraban desaforadamente, transmitiendo el aviso de su presencia a los cortijos cercanos, cuyos perros ladraban también, en respuesta.

Cuando tuvo un brazado grande de flores sacó del bolsillo de la chaqueta un listón y las amarró fuertemente. Satisfecho de su robo volvió a montar y emprendió a todo galope el camino del cortijo del Monje. Se sumió de nuevo en la hondonada triste, entre las laderas

---

29 *Solana*: sitio o lugar donde el sol da de lleno.

30 *Riciales*: se dice de la tierra en que, después de cortado el trigo en verde, vuelve a nacer o retoñar.

31 *Jaramagos*: plantas silvestres anuales con flores amarillas que son comunes entre los escombros de Andalucía.

florecidas de tomillos y cantuesos[32] y se dirigió al cortijo. Al llegar al aljibe se apeó y dejó la jaca amarrada de una de las argollas cercanas al pilón.

Avanzó a pie en dirección al cortijo, donde lo recibieron los perros con caricias, como a un buen amigo.

Se orientó un momento, y llegó al pie de la ventanilla de Pura. Estaba abierta y sobre ella se veía el gran puchero de barro que servía de búcaro al ramo de claveles, ya marchitos.

Él llegó, se empinó, tomó el puchero, quitó el ramo y puso en su lugar el que traía.

Sin duda, Pura no dormía. Oyó el crujir de la cama bajo el peso del cuerpo. El ruido de levantarse, y sintió cerca de él, en la ventana, a la que había llegado descalza, la voz de Pura, que preguntaba con más ansiedad que miedo:

—¿Quién está ahí?

Era ella... Allí, cerca, blanca y desnuda, como había saltado del lecho. Se sintió sobrecogido de una angustia sin nombre.

La voz de la joven susurró de nuevo:

—¿Quién está ahí? ¿Antonio?

Aquel nombre, en aquel momento, le produjo el efecto de un latigazo en la cara, y amparándose en la sombra huyó como un forajido hacia el aljibe para buscar su jaca.

Entretanto, Pura, con la ventana abierta, bebía con todo su ser aquella fragancia renovada de los claveles.

Había visto y conocido a José, o mejor, lo había adivinado. Era él quien le llevaba las flores. Ahora los claveles tenían un nombre, un rostro, un aliento. No era Antonio el que la hacía temblar de amor, era José el que la envolvía en su caricia con aquel perfume penetrante como un puñal que penetraba en su carne.

---

32 *Cantahuesos*: el cantahueso (o cantueso) es una planta herbácea endémica de la costa española mediterránea, estrechamente emparentada con el tomillo común.

V
Doble pasión

Había llegado al fin el día de la boda. En un ángulo de la gran cocina estaban preparados los aparejos nuevos para enjaezar las bestias y las *sobremantas* delanteras y almohadones con que se habían de adornar.

Las mulas en que cabalgarían Pura y la comadre debían llevar silletas, altas como un castillete, recubiertas de bordados. Era preciso que se distinguieran en toda la cabalgata, que había de ser numerosa, según las comitivas anunciadas que vendrían para unirse a ella de los lugares cercanos.

La tía Antonia se quedaba con Rosa y Encarnación para preparar el banquete, y Cándida e Isabel acompañaban a su prima.

A pesar de las tareas de prepararlo todo, lo que más preocupaba a las muchachas era su atavío. Cuando llegaron Antonio y José encontraron a Isabel, Cándida y Encarnación ante una lumbrarada[33] de abulagas[34], que habían encendido cerca de la puerta para depilarse denodadamente los vellos indiscretos.

—¿Qué diablos hacéis? –preguntó Antonio.

—¿No lo ves? Nos quitamos el vello de los brazos.

—Voy a llevar un vestido blanco, sin mangas –dijo Cándida.

—Yo uno de vuela, color de aceite –añadió Encarnación.

—No queremos estar feas y peludas –concluyó Isabel.

—¡Pero os vais a asar!

— No hay miedo.

— Es que ya huele a carne chamuscada. Por cierto que debe ser Cándida la que se quema, porque el olor es a carne morena.

---

33 *Lumbrarada*: lumbre grande con llamas.

34 *Abulagas*: también conocido por el variente aulagas, es una planta de un metro de altura, espinosa, con hojas lisas terminadas en púas y flores amarillas. El resto de la planta se machaca, aplastando las espinas, para darlo en pienso.

—¡Qué gracia! Como si no fuera igual…

—No lo creáis. La carne morena huele de otro modo.

—Si lo dices por burlarte no me importa –dijo algo enfadada Cándida–. A mí me gusta ser morena: «Lo moreno lo hizo Dios y lo blanco lo hizo un platero.»

Las tres muchachas reían, haciendo resaltar las líneas de luz de los dientes, iguales y blancos, sobre sus rostros juveniles.

—No te enfades –dijo Antonio–. Mira que éstas se alegran de verte picada.

—Todo el mundo se alegra del mal ajeno –respondió Cándida.

—No, mujer; tanto como eso, no... –dijo José– ; alegrarse es demasiado, pero la verdad es que cuando le pasa algo desagradable a los demás no se puede evitar sentir por dentro *cierto fresquillo* de satisfacción.

Antonio había entrado a la casa en busca de Pura, y el futuro suegro, que había comenzado a hacer uso del aguardiente, se preparaba a convidarlo, y preguntaba:

—¿Dónde se ha metido Joseíyo?

—Con las muchachas. Está siempre como Periquito entre ellas.

José se apresuró a presentarse, y por más que quiso disimular, sus ojos buscaron a Pura. Ella lo miró un momento y los dos temblaron.

—¡Qué hermosa! –pensó él.

—¡Qué guapo! –se dijo ella.

Estaba en verdad interesante el muchacho, en contraste con el novio.

No muy alto, bien proporcionado, de un moreno rubianco, como tostado y trigal; con el cabello rizado y los ojos pardos, grandes y dulces, tenía una expresión franca y risueña que atraía.

Toda la tarde estuvo locuaz, excesivamente nervioso, causando la risa de cuantos lo oían con sus graciosas salidas.

—A ver cuándo te casas tú, que ya te llama la iglesia –dijo la tía Antonia.

—Yo no quiero hacer desgraciada a nadie –respondió él–. Tengo un carácter inquieto. Seguramente le daría disgustos a mi mujer.

—Eso es que no te has enamorado de veras.

—¡Quizá! Para yo enamorarme se necesitaría una cosa muy

grande, muy extraordinaria y que me pillara de sopetón, sin lugar a pensarlo.

—Tienes razón, muchacho –dijo Frasco Cruz–. El casarse tiene que ser como el que se tira al baño: de cabeza…

Pura se conservaba seria, indiferente, excesivamente fría; pero a nadie llamaba la atención su actitud por el comedimiento a que obliga el exagerado recato campesino en víspera de boda.

Ella misma no sabía lo que le pasaba. Sentía abrasarse sus entrañas en una ansiedad desconocida. Todo su ser de virgen se estremecía de pasión no sentida, que despertaba con la boda, pero no para el novio: hubiera dado la vida entera por estrechar contra su pecho a José. Era como un suplicio tener cerca a Antonio. Se estremecía de repulsión al más leve contacto suyo, como si todo su ser protestara. Se sentía morir de angustia al pensar en que iba a pertenecerle; y aquel odio y aquella pasión nacían en la víspera de la boda, como un producto de la sensualidad que la preparación del casamiento y la entrega de la virgen al hombre había puesto en el ambiente.

—Quizá el perfume de los claveles estaba embrujado –pensaba con miedo– o me ha dado algo para que lo quiera. ¡El olor de esos claveles ha sido para mí como una puñalada!

El regalo de aquellas flores había sido la confesión del amor de José. Pero ¿por qué no se lo había dicho antes? ¿Por qué había dejado que llegara aquel momento inevitable que dentro de algunas horas la haría esposa de Antonio?

Por fortuna se suprimió la velada aquella noche, y al acabar de comer cada uno se fue a acostar. Era preciso salir a las cuatro de la mañana. Había que levantarse lo menos a las dos y tener a las bestias bien piensadas[35]. Hubo sus bromas consiguientes respecto al sueño de los novios y a que las otras parejas no podrían dormir de envidia, ni las muchachas descansar pensando en adornarse para ir hechas un brazo de mar con sus galas y sus flores.

Pero a pesar de las bromas casi todos los hombres no tardaron en dormirse. Se oían los ronquidos de Antonio, que había abusado un poco de peleón[36] y del aguardiente del suegro.

Poco antes de las doce se levantó José.

---

35 *Piensadas*: alimentadas con pienso.

36 *Peleón*: col. [Vino] ordinario y basto.

—¿Dónde vas? –preguntó entre sueños Antonio, que dormía en la cabecera de al lado.

—A dar el pienso a las bestias –respondió él.

—Iré contigo...

—No haces falta. Descansa.

—Gracias. ¡Voy a necesitar bien las fuerzas!

La torpe alusión encendió la ira de José.

Salió de la casa, fue a la cuadra, y en lugar de dar pienso a su caballo lo aparejó.

—Es mejor que me vaya –se decía furioso–. No podré soportar ver que este animal se lleva a Pura. ¡Y pensar que soy yo, yo solo, quien se la ha entregado, por mi cobardía y mi idiotez!

Él había ido allí las primeras veces como amigo, y aunque reparó en la belleza de la muchacha, no había pensado nunca en ella, hasta aquella tarde en que hablaron con el buhonero. Cuando ella rechazó las rosas porque ya estaba presa, cuando se dio cuenta que se había corrido la primera amonestación. El eslabón primero de la cadena que la separaba de él. Se preguntaba por qué no se había ido ya; pero ni él mismo sabía cómo vivía desde entonces.

No podía dominar el impulso de buscar a Pura, de llevarle flores, de ir hacia ella, y luego sentía vergüenza de su doblez con el amigo, miedo de la repulsa de la muchacha, algo que le obligaba a huir y a disimular. Pero ahora se daba cuenta de que había contado demasiado con su fuerza. Tal vez porque acababa de recibir la certeza de que ella también lo quería. Su pericia de hombre le revelaba la pasión de la joven.

—¡Está tan loca por mí como yo por ella! –se decía–. Pero ¿qué hacer?

En su locura descartaba la amistad de Antonio. No valía ésta un sacrificio, y si lo tomaba a mal, de hombre a hombre no había gran diferencia. Si en eso hubiera consistido la posesión de Pura, se la hubiera disputado faca en mano.

Pero no era eso. Era algo que se había formado con los preparativos de la boda y que tenía tanta fuerza como la boda misma.

Tenía que huir desesperado. Precisamente salía el domingo barco de Almería para Orán. Todo era adelantar el viaje una semana. Caminando toda la noche podría llegar a tiempo.

Cuanto más lo pensaba veía que era lo mejor que podía hacer. Sentía los comentarios sólo por ella; pero no había otro remedio. Si seguía allí ocurriría una barbaridad. No podría ver que un hombre, fuese como fuese, ponía la mano sobre Pura. Sólo de pensarlo sentía impulso de matar.

—Me iré, me iré –decía con resolución desesperada–. Me iré; no volveré a verla. Me recomeré los hígados.

Y en el momento de irse lo invadía de nuevo el deseo loco de volverla a ver.

—¡La vez última!

Llevando el jaco de la brida se acercó a la ventana, que le pareció cerrada. Se detuvo indeciso y vio que sólo estaba entornada y que se abría de par en par.

—¡Pura!

—¡Joseíyo!

—¿Me esperabas?

—Sí.

El apremio de tiempo excluía toda coquetería y recato.

—¿Dónde vas?

—¡Muy lejos! Para no verte en poder de otro o para no matarlo.

—¡No te vayas, José! ¡No me dejes! –imploró la voz de ella–. ¡Me moriría de pena!

—¿Me quieres?

—¡Más que a mi vida!

—¿Y te vas a casar?

—¡Qué remedio me queda!

—Puedes decir *no* al pie del altar. Para eso pregunta el cura.

—¿Y si me falta valor? Es una cosa tan seria, delante de todos…

—Sí... ¡Pero piensa que no puedo vivir ya sin ti...!

—¡Ni yo quiero más que a ti en el mundo!

—¡Vente conmigo! –propuso él en una resolución súbita.

—¿Dónde?

—¡No sé...! ¡Lejos...! ¿Quieres?.

—¡Yo! ¡No sé...! ¡No sé...!

—¡No hay tiempo que perder, Pura! Tenemos los minutos contados. Sí o no. *¡Para siempre!*

—¡Voy contigo!

—¡Corre!

La joven hizo un gesto desesperado.

—Mi madre ha cerrado la puerta que da a la cocina.

Aquella previsión materna, celosa de la virginidad de su hija, que deseaba entregar al esposo *como Dios manda*, fue un nuevo aliciente a la pasión del joven.

—¿No hay otra salida? –preguntó con angustia.

—Tendría que atravesar el cuarto de mis primas.

—¡No te importe! ¡Ven! ¡Atrévete! ¡Que yo te tenga en mis brazos y no te quitarán de ellos!

Se inclinó ella, tomó los zapatos en la mano y echó a andar hacia el interior resueltamente.

Él, con la jaca de la brida, fue a colocarse frente a la puerta de la cuadra, un poco amedrentado de la proximidad del cementerio, como si creyese que allí había alguien que lo sabía todo y que velaba mientras los demás dormían. Fueron momentos crueles que le hacían sudar.

Al fin apareció Pura.

Sus brazos se enlazaron y un beso apasionado y largo selló los desposorios.

—No hay tiempo que perder.

La tomó en la grupa y espoleó la jaca.

Comenzaba a iniciarse en el cielo la luz del amanecer por el lado de oriente, mientras que las sombras se amontonaban al otro extremo.

La jaca corría como una flecha. Él sentía los hermosos brazos de la muchacha en un abrazo estrecho en torno de su cintura. Ella percibía el calor del cuerpo de José y la caricia de los cabellos que, perdido el sombrero, flotaban al viento.

Pasaron sin santiguarse y sin verlas ante las cruces del camino y, sin mirar atrás, salieron del triste valle donde quedaba el cortijo unido al camposanto de los muertos como un cementerio de vivos. Tuvieron que cruzar una haza para no tropezarse en el camino con una de las alegres pandillas que venían para unirse a la cabalgata de boda. Sólo después de una hora de carrera se detuvieron para dar descanso a la jaca. Se sentían felices, como jamás hubieran podido serlo en una pasión serena y en una boda preparada.

Gozaban, sin saberlo, la voluptuosidad suprema de las uniones primitivas. La boda por rapto. Aquel deleite de los enamorados que en las tribus salvajes robaban a la esposa y escapaban con ella. Parecía más intenso así el placer de la conquista. Y la voluptuosidad de ellos era aún mayor, porque iba acompañada del sentimiento del peligro.

Era indudable que dentro de poco se habrían de dar cuenta en el cortijo de la falta de Pura, y cuando no encontrasen tampoco a José ni a su caballo tendrían la revelación de lo sucedido.

Aunque en el fondo todos sentirían *ese fresquillo interior* que suele causar a los envidiosos el mal ajeno, se dejarían llevar de la indignación contra los que quebrantaban las costumbres establecidas.

Disipadas las borracheras de Frasco Cruz y de Antonio, correrían en su busca, secundados por amigachos, servidores y parientes.

Si los encontraban en aquel país vengativo, la muerte del muchacho era cosa segura. No se podía detener; pero era preciso tratar con consideración al caballo para poder hacer aquella jornada.

José se apeó. Puso sobre la silla a Pura y volvieron a emprender la marcha trotando él al lado de la cabalgadura.

Iba ella a cuerpo, con sus collares y alhajas puestas, vestida ya con las ropas de novia y lavada y perfumada, con esa impudicia con que las familias preparan la entrega de la hija. Sin duda todo aquello era lo que más se la había dado. La muchacha, excitada con sus preparativos de boda, viéndose hermosa ante el espejo, había oído el llamamiento de la Naturaleza que la inclinaba hacia el hombre joven, fuerte y hermoso, y le hacía huir del que le estaba destinado. Era una eclosión de juventud, de sensualidad suprema la que los había envuelto.

Y los dos corrían hacia la dicha, embriagados en el perfume del amanecer y en los olores a jabón y a colonia que emanaban las ropas de la muchacha mezclados con los efluvios de la carne morena y primaveral. La clave de la pasión andaluza estaba en la sensualidad de los perfumes de su tierra.

La carrera hacía que el aire refrescase sus frentes y sus cabezas, que parecían ir a estallar, según les martilleaban las sienes.

A veces tenían que internarse a campo traviesa temerosos de encontrar algún conocido que denunciase su ruta; pero la hora temprana tenía ambos caminos desiertos. Sólo las alondras, cantando a la aurora, y la música de violín de los grillos, interrumpían el silencio.

Y avanzaban resistiendo el deseo inmenso de detenerse allí y no perder ni un instante de la pasión poderosa que los cegaba.

No podía haber ninguna pasión más intensa que la que sentía José robando del mismo pie del altar la mujer de su amigo. La misma mala acción, el peligro a que se exponía, lo extraordinario de la empresa, ponía en su aventura una nota épica, acre y áspera, que excitaba un extraño y fuerte sadismo.

Su sentimiento prendía en Pura y la iniciaba en la pasión desenfrenada y loca. Despiertos sus sentidos con el penetrante perfume de los claveles, obrando sobre sus nervios como una revelación.

No era raro en la comarca que un antiguo novio robase a la desposada en su boda, en el momento supremo de ir a perderla, y de que una boda preparada con alegría terminase con sangre. Encajaba dentro de las costumbres de aquel pueblo de clima meridional, de raza moruna y de temperamento sin desbastar.

Lo más raro y sin precedente era que su unión se había verificado al mismo tiempo que la revelación de su amor y que la primera confesión fuese unida a su primer beso. Tenía la embriaguez que causa el perfume que se aspira en los azahares o los jazmines en el momento de abrirse.

Necesitaban dominarse para retener el impulso de sus corazones ansiosos de latir unidos, pero era preciso apresurar aquella carrera de la que dependía toda su vida.

Sólo respiraron al comprender que llevaban ya delantera bastante para poder escapar hacia otro continente, hacia la promesa de una vida nueva, olvidados de todo, cegados de luz, en una ingratitud suprema para el pasado y envueltos en la ola de aquella pasión duplicada por el triunfo sobre todos los convencionalismos y por el puñal afilado del aroma de los claveles.

Carmen de Burgos
Colombine

Thank you for acquiring

Quiero vivir mi vida
Puñal de claveles

from the

Stockcero collection of Spanish and Latin American significant books of the past and present.

This book is one of a large and ever-expanding list of titles Stockcero regards as classics of Spanish and Latin American literature, history, economics, and cultural studies. A series of important books are being brought back into print with modern readers and students in mind, and thus including updated footnotes, prefaces, and bibliographies.

We invite you to look for more complete information on our website, **www.stockcero.com**, where you can view a list of titles currently available, as well as those in preparation. On this website, you may register to receive desk copies, view additional information about the books, and suggest titles you would like to see brought back into print. We are most eager to receive these suggestions, and if possible, to discuss them with you. Any comments you wish to make about Stockcero books would be most helpful.

The Stockcero website will also provide access to an increasing number of links to critical articles, libraries, databanks, bibliographies and other materials relating to the texts we are publishing.

By registering on our website, you will allow us to inform you of services and connections that will enhance your reading and teaching of an expanding list of important books.

You may additionally help us improve the way we serve your needs by registering your purchase at:

http://www.stockcero.com/bookregister.htm